KB070600

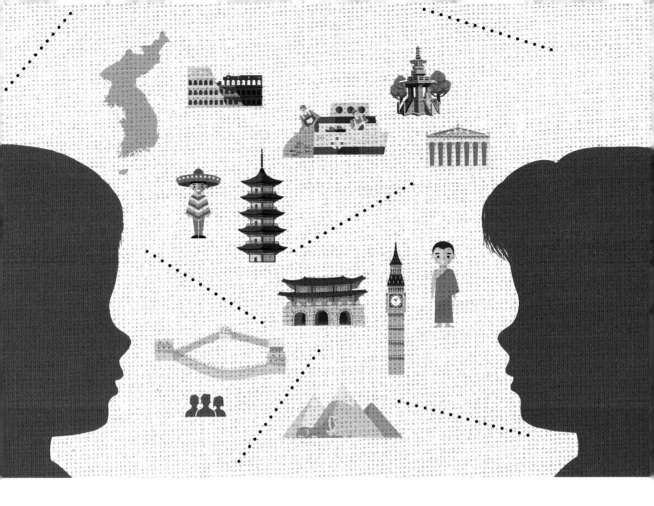

유아사회과교육

Social Studies Education for Young Children

김승희 저

학지사

이 연구는 2017년도 광주대학교 대학 연구비의 지원을 받아 수행되었음.

머리말

　사회과교육은 사회과라는 학문을 학교교육에서 가르치고 배우는 교과다. 사회과교육은 오랫동안 교과로 존립하고 있음에도 여전히 그 개념과 성격에 대한 논란이 거듭되고 있다. 왜냐하면 사회과교육의 학문적 배경이 매우 다양하기 때문이다. 특히 유아사회과교육은 사회과교육의 성격과 유아의 특성을 함께 고려해야 하므로 유아사회과교육의 성격을 규명하기가 더 어려운 실정이다. 그럼에도 유아사회과교육의 성격을 분명히 하는 것은 매우 중요하다. 유아사회과교육의 목적 및 목표, 내용, 방법, 평가 등을 분명히 할 때 유아의 사회적 경험을 극대화할 수 있는 교수–학습이 이루어질 수 있기 때문이다.

　따라서 이 책은 유아사회과교육의 성격을 철저히 규명하는 데 많은 노력을 기울였다. 유아사회과교육의 배경이 되는 학문을 살펴보는 것에서 시작하여 그 학문에 기초한 유아사회과교육의 영역을 내용과 방법으로 구분하여 상세히 기술하였다. 이는 현재 유아교육현장에서 시행되고 있는 많은 교수–학습 활동에 대한 이론적 근거를 제시하는 것으로, 유아교사가 자신감 있게 수업의 목표와 방향을 설정하는 데 도움을 제공한다. 즉, 유아교사가 무엇을 어떻게 가르치고 배워야 하는가에 대한 관점을 명확히 하고 수업을 전개할 수 있도록 도와주는 것이다.

이러한 목적을 달성하고자 이 책은 크게 유아사회과교육의 기초, 영역, 설계, 실천의 네 부분으로 나누어 총 13장으로 구성하였다. 기초에서는 사회과교육의 개념과 유아사회과교육의 성격을, 영역에서는 역사교육, 지리교육, 경제교육, 문화교육, 시민교육 등에 대한 내용과 방법을 상세히 기술하였다. 설계에서는 다양한 교수—학습 모형을 소개하면서 실제 수업을 설계하는 데 필요한 교수—학습 목표와 방법, 활동, 평가 등에 대한 정보를 제공하였다. 실천에서는 실제로 현장에서 시행할 수 있는 수업을 모형에 따른 수업과 주제에 따른 수업으로 나누어 제시하였다.

특히 이 책은 유아가 시민성을 기르는 데 필요한 사회과학적 지식과 기술, 태도, 가치 등을 강조함으로써 유아가 시민의 권리와 의무를 수행할 수 있도록 하는 데 주안점을 두고 있다. 미래의 시민이 아닌 현재의 시민으로서 유아가 지금 여기에서 무엇을 어떻게 해야 하는가를 제시하는 데 초점을 두는 것이다. 다시 말해, 이 책은 단지 지식의 습득이 아니라 실생활에서 직접 실천하고 응용할 수 있는 기술과 태도, 가치 등의 습득에 초점을 둠으로써 유아의 시민성 함양에 크게 기여할 수 있다. 또한 유아가 사회현상에 대한 문제의식을 가지고 적극적으로 사회문제를 해결할 수 있는 능력을 기르는 데 기여할 것이다.

이 책은 새로운 시각으로 유아사회과교육을 바라보면서 기존 유아사회과교육에 관한 책들과 비교할 수 없는 방대한 내용과 정보를 제시하고 있다. 더불어 이 책은 유아교사가 체계적이고 조직적으로 수업을 계획하고 실천할 수 있도록 교수—학습 모형에 따른 수업을 제시하고 있다. 따라서 이 책은 유아사회과교육에 대한 명확한 관점을 가지고 성공적으로 수업을 전개하는 데 크게 이바지할 것으로 기대된다. 끝으로 이 책을 집필하는 데 많은 도움을 준 현장 교사들에게 감사드리며, 이 책이 대학 교재로서 그리고 현장 교사들의 필독서로서 자리매김하길 바란다.

2017년 3월

김승희

차례

제3부 유아사회과교육의 설계

제4부 유아사회과교육의 실천

제 1 부

유아사회과교육의 기초

제1장

사회과교육이란 무엇인가

사회과교육(social studies education)은 오랫동안 학교교육에서 교과로 존립하고 있음에도 여전히 그 개념과 성격에 대한 논란이 거듭되고 있다. 사회과교육이 필요한지, 사회과교육에서 무엇을 가르쳐야 하는지 등과 같은 문제가 끊임없이 제기되는 것이다. 이러한 문제가 제기되는 이유는 여러 가지이지만, 무엇보다도 사회, 사회과, 사회과교육, 사회과학 등의 용어가 혼재된 채 쓰이고 있어서 사회과교육의 개념과 성격 등을 규명하기가 어렵기 때문이다. 또 다른 이유는 사회과교육이 어떤 특정 학문이 아니라 매우 다양한 학문을 배경으로 이루어져 있기 때문이다(권호정, 2003). 즉, 학문과 교과 간에 일대일 대응관계가 성립되지 않음으로써 정체성 논란이 끊이지 않는 것이다. 이 외에도 사회과교육의 목적이 추상적이고 학교교육의 목적과 거의 같다는 점, 사회과에서 논의되는 시민성의 개념이 너무 광범위하다는 점, 시민성에 대한 관점이 학자마다 다르다는 점 등이 사회과교육에 대한 논란을 일으키는 원인으로 언급된다(최용규, 정호범, 김영석, 박남수, 박용조, 2014). 그러므로 사회과교육에 대한 혼란을 최소화하고 사회과교육의 개념과 성격을 명확히 하려면 지금까지 논의된 내용을 종합하여 일관성 있게 논의를 이끌어 가는 것이 필요하다.

1. 사회과란 무엇인가

사회과(social studies)는 1916년에 미국의 국가교육협의회(National Education Association)가 사회과에 대한 정식 보고서를 제출하면서 공식적으로 성립된 학문이다. 사회과는 급변하는 사회 속에서 학생들이 사회문제를 이해하고 새로운 방식으로 해결하며 새로운 지식을 창조할 수 있어야 한다는 문제의식에서 제안되었다. 즉, 사회과는 학생들이 변화하는 사회에 효과적으로 대처함으로써 사회적 효율성을 높이고자 제안된 것이다. 미국의 국가교육협의회는 처음에 시민성 함양을 사회과의 주된 목표로 제시함으로써 사회과의 정체성을 분명히 표명하였다. 그런데도 사회과가 이전에 학교교육에서 존재한 적이 없었기 때문에 사회과의 개념과 성격 등에 대한 논란이 지속적으로 반복되었다(Maxim, 2011). 그러나 1960년대 중반부터 베트남전쟁이나 인종주의와 같은 사회문제가 빈발하고, 이에 대한 사회운동이 활발히 전개되면서 사회과의 개념과 성격이 분명해지게 되었다(Haas, 1977). 사회과는 사실과 가치를 고려한 합리적 의사결정과 사회문제를 해결할 수 있는 사회적 능력을 중시함으로써 그 학문적 성격이 명확해진 것이다. 결국 사회과는 사회과학적 지식과 사고, 합리적 의사결정 등을 강조함으로써 민주사회의 발전에 기여하는 학문으로서 자리매김하게 되었다(김용신, 2010).

1) 사회과의 정의

사회과는 시민성(citizenship)을 증진하기 위한 통합적인 학문이다. 즉, 사회과는 인류학, 경제학, 지리학, 역사학, 정치학, 법학, 종교학, 심리학, 사회학과 같은 사회과학뿐만 아니라 인문학과 수학, 자연과학의 내용까지 포함하는 통합적인 학문이다. 사회과의 주목적은 문화적으로 다양한 민주사회의 시민으로서 학생들이 상호의존적인 세계 안에서 공익(public good)을 위해 합리적인 의사결정을 할 수 있도록 도와주는 것이다(National Council for the Social Studies, 1994). 결국 사회과는 학생들이 사회과에 포함된 다양한 내용을 학습함으로써 시민성이 증진될 수 있도록 도와주는 학문이다.

시민성은 특정 시대의 특정 사회에서 형성된 사회적 관계에서 요구되는 자질이다(Proctor, 1988). 시민성은 특정 공동체의 구성원으로서 시민이라는 지위에서 요구되는 자질로(김왕근, 1995), 구체적으로 교회 공동체나 시장 공동체, 도시 공동체, 지역 공동체, 국가 공동체, 세계 공동체 등의 구성원으로서 시민이 논의되고 있다. 결국 시민성은 특정 시대의 특정 공동체 내에서 시민의 권리를 찾고 의무를 수행하는 시민의 자질을 의미한다(송현정, 2003). 시대나 공동체에 따라 형성되는 사회적 관계가 다르기 때문에, 시대가 바뀌거나 공동체가 다르면 시민성도 다르게 정의된다.

시민성은 크게 시민의 지위와 시민의 활동, 시민의 자질로 나눌 수 있으며, 시민의 활동은 다시 정치적 활동과 사회적 활동으로 나뉜다(정성화, 2011). 시민의 지위는 시민의 법적인 지위를 말하는 것으로, 시민에게 부여되는 자격이나 시민으로서의 정체성 등과 연관된다. 시민의 정치적 활동에는 시민이 가지는 권리와 의무, 정치 참여의 권리, 정치적 행동 등이, 시민의 사회적 활동에는 시민의식, 공동체 의식, 시민으로서의 덕성, 시민참여 등이 해당된다. 시민의 자질은 도덕성, 문제해결 능력, 시민이 갖춰야 할 자질 등과 연관된다. 예를 들어, 소수자 권리나 정치적 의사결정, 인권 존중, 문화 다양성 존중, 경제적 의사결정, 소비자의 권리와 의무, 양성평등 등이 시민성과 관련된 내용이다.

결론적으로 시민성은 인간성과 도덕성, 사회성, 정치성 등의 내용이 유기적으로 결합하여 있는 개념이다(서용선, 2011). 시민성에는 환경과 상호작용하면서 반성적으로 사고하고 의사소통을 통해 민주주의를 실현하는 등의 내용이 포함되어 있다. 이렇게 시민성 개념이 포괄적이기 때문에 시민성을 증진하기 위해서는 다양한 학문을 포괄하는 통합적인 학문이 요구된다. 그러므로 사회과는 사회과학적 지식을 바탕으로 사회현상을 합리적으로 인식함으로써 학생들이 시민성을 증진하도록 하는 통합적인 학문이다. 사회과는 시민성을 증진하기 위해 사회과학적 내용과 사회 문제, 가치, 의사결정, 탐구, 개인, 국가, 세계 등을 체계화한 통합적인 학문인 것이다(김용신, 2010).

2) 사회과의 기반

사회과가 무엇에 기반을 두고 있는지에 대해서는 학자마다 견해가 다르지만, 크게 역사와 전통을 강조하는 입장, 지식과 사고를 강조하는 입장, 일상생활을 강조하는 입장 등으로 나눌 수 있다(강대현, 2005). 먼저, 사회과가 역사와 전통에 기반을 두고 있다는 입장은 문화유산이나 가치의 전달에 초점을 두는 것으로, 전통적으로 전해 내려오는 지식이나 가치 등을 학습함으로써 학생들의 시민성이 증진된다고 본다. 이 입장에서 시민은 어떤 관습이나 가치 등에 순응하고 어떤 규범에 따라 행동하는 사람으로 간주한다(Barr, Barth, & Shermis, 1978). 이 입장에서 학습은 과거 사실을 암기하거나 이해하는 수준으로 이루어지기 쉬우며, 학생들의 요구를 수용하기보다 권위주의적으로 역사와 전통을 강요하는 식으로 나타날 수 있다(강대현, 2005).

다음으로 사회과가 지식과 사고에 기반을 두고 있다는 입장은 학문적 지식과 과학적 사고를 강조하는 것으로, 과학적 방법으로 지식을 습득함으로써 학생들의 시민성이 증진된다고 본다. 즉, 정확한 도구를 사용하여 절차에 따라 자료를 분석하고 타당성 있는 결론을 도출하는 등 사회과학의 체계적인 탐구방법을 중시하는 것이다. 이 입장에서 시민은 사회과학의 탐구방법을 철저하게 습득하여 사물을 정확히 파악하고 논리적으로 결론을 끌어내는 사람으로 간주된다(Barr et al., 1978). 그러나 이 입장은 사회과학을 강조함으로써 실천보다는 이론에 치중할 수 있으며, 학생들의 관심과 거리가 먼 형이상학적인 지식을 제공할 가능성이 높다는 문제점이 제기된다(강대현, 2005).

마지막으로 사회과가 일상생활에 기반을 두고 있다는 입장은 일상적인 삶을 강조하는 것으로, 일상생활을 개인적인 것으로 보느냐 사회적인 것으로 보느냐에 따라 크게 둘로 나뉜다(강대현, 2005). 일상생활을 개인적인 것으로 보는 입장은 개인의 반성적 삶에 초점을 둔 것으로, 반성적 사고를 통해 합리적으로 의사결정을 내리는 사람을 시민으로 간주한다. 즉, 급격한 사회변동 속에서 선택해야 하는 상황이 자주 발생하면서 반성적 사고가 가장 많이 요구되는 시민의 자질이 된 것이다. 이와 다르게 일상생활을 사회적인 것으로 보는 입장은 사회참여와 비판에 초점을 둔 것으로, 사회구조를 비판하고 개선함으로써 공동체의 이상을 실현하려는 사람을 시민으로 간주한다. 이 입장은 경제적·사회적·문화적 재생산이론 등에 근거하여 학교에서 가르치는 가치와 지식이 지배계층의 이해와 요구를 정당화하면서 지배를 지속할 수 있는 사회구조를 재생산하는 데 기여한다고 본다. 그래서 시민성은 공동체적 연대를 모색하기 위해 기존 사회체제를 비판하고 개선하는 데 중점을 둔다.

결국 사회과는 역사와 전통, 사회과학, 일상생활의 어느 것이 아니라 이 모든 것에 기반을 두고 있다고 볼 수 있다. 왜냐하면 역사나 전통, 사회과학 등은 항상 일상생활과 연관되어 있으며, 역사의 연장선으로서 그리고 과학적 탐구의 대상으로서 일상의 삶이 존재하기 때문이다(강대현, 2005). 따라서 사회과는 역사와 전통, 사회과학적 지식과 사고 등을 포함하며 일상생활에 기반을 두고 있다. 사회과학적 지식으로 생각하고, 역사와 전통을 깊이 이해하며, 일상을 살아가는 시민의 삶이 사회과의 기반이 되는 것이다.

2. 사회과교육의 개념

사회과교육은 사회과라는 학문을 학교교육에서 가르치고 배우기 위해 만들어 놓은 교과(subject matter)다. 교과는 학교교육의 목표를 달성하기 위해 교육내용을 체계적으로 조직해 놓은 묶음으로, 단순히 교육내용을 나누어 놓은 단위인 과목(subject)과는 구별된다(최용규 외, 2014). 과목을 구분하는 방식은 일반적으로 기존 학문체계를 따르는데, 예컨대 국어학, 수학, 역사학, 물리학 등의 학문분류가 그대로 국어, 수학, 역사, 물리 등 과목의 분류가 되는 셈이다. 하지만 이런 분류방식에 따라 사회과교육이 과목으로 구분되는 것은 타당하지 않다. 왜냐하면 사회과교육은 역사나 지리, 정치, 경제 등 여러 과목을 단순히 모아 놓은 것이 아니기 때문이다. 사회과교육은 그 배경이 되는 학문이 매우 다양하고, 단순히 낱낱의 학문이 모인 것이 아니라 조직적으로 하나로 묶여서 전체를 이루므로 교과로 구분되어야 한다. 또한 기존 분류방식은 학습자의 심리적 특성을 고려하지 않은 채 학문체계를 그대로 학습자에게 주입하는 것이어서 학습자의 발달을 도모하기 힘들다는 문제점이 있다. 결론적으로 교육내용이 학습자의 심리적 특성을 고려하여 학습자의 발달을 도모할 수 있도록 끊임없이 재구성되어야 한다는 시대적 요구에 따라 사회과교육은 교과로 구분된다.

1) 사회과교육의 정의

사회과교육은 시민성을 기르는 데 필요한 지식이나 기술, 태도, 가치 등을 체계적으로 가르치고 배우는 교과다. 즉, 사회과교육은 학습자가 사회과학적 지식과 사회생활에서 요구되는 기술, 민주사회의 구성원으로서 지녀야 할 태도와 가치 등을 습득하도록 하는 교과다. 사회과교육은 교과이기 때문에 모든 사회과학적 지식을 포함하는 것이 아니라 학습자의 흥미와 요구를 고려하여 사회적 경험을 극대화할 수 있는 내용과 방법으로 구성된다.

시대가 바뀌거나 공동체가 다르면 시민성의 정의가 달라지기 때문에, 사회과교육은 시대와 공동체에 따라 다르게 정의된다(한면희, 2006). 또한 학자마다 사회과교육에 대한 견해가 다르기 때문에 사회과교육은 매우 다양하게 정의되고 있다. 그런데도 사회과교육의 정의를 분명히 하는 것은 사회과교육의 목적과 목표, 내용, 방법 등을 규명하기 위해 우선적으로 요구된다. 사회과교육의 정의는 크게 교육과정에 따라 분류될 수 있다. 교육과정이 시대와 장소에 따라 바뀌는 교육이론이나 교육사상의 경향에 기초하기 때문에 교육과정에 따라 사회과교육의 정의가 달라지는 것이다.

교과 중심 교육과정에서 사회과교육은 국가가 추구하는 보편적 가치와 규범을 내면화시키는 것으로 정의되며, 보편적 가치가 내포된 문화유산을 전달하고 이해시키는 교과로 간주된다. 이러한 정의에 기초한 사회과교육은 사회의 안정과 적응을 중시하며 애국심을 고취하는 데 중점을 두고 있다(전숙자, 2007).

경험 중심 교육과정에서 사회과교육은 교육적 목적을 위해 사회과학을 단순화한 것으로 정의되며(Wesley, 1937), 인간의 기본적 욕구를 충족시키고 생활양식과 사회제도 등을 이해시키는 교과로 간주한다. 이 정의에서 사회과교육은 실용성을 강조하면서 교육받은 생활인을 양성하는 데 중점을 둔다. 즉, 사회과교육은 사회생활에 적응할 수 있는 시민을 양성하는 데 주안점을 둔다.

학문 중심 교육과정에서 사회과교육은 사회과학을 통해 책임감 있는 시민을 양성하는 것으로 정의되며, 사회과학적 지식과 탐구방법을 가르치는 교과로 간주한다(Fenton, 1967). 사회과교육은 사회과학적 지식의 습득을 강조하면서 사회과학을 통해 책임감 있는 시민을 양성하는 데 중점을 두고 있다.

인간 중심 교육과정에서 사회과교육은 학습자의 자아실현을 도모하고 사회참여를 위해 요구되는 제반 능력을 길러 주는 것으로 정의되며, 학습자가 민주사회의 시민으로서 합리적인 의사결정을 할 수 있도록 도와주는 교과로 간주된다(Ellis, 1995). 특히 사회과교육은 사회문제를 해결하기 위한 사회적 행동을 강조하면서 합리적인 판단과 결정에 의한 사회참여를 중시한다.

이렇게 사회과교육은 다르게 정의되고 있으며, 서로 다른 이론적 배경을 가지고 있어서 교육내용이나 교육방법에서도 차이가 크게 나타나고 있다(Barr et al., 1978). 그런데도 사회과교육은 보편적으로 문화유산이나 가치의 전달에 관심이 있으며, 사회과학적 지식과 사고를 강조하고, 합리적인 의사결정과 여러 사회문제에 대한 비판과 참여 등 사회적 행동을 중시하고 있다(한면희, 2006). 또한 사회과교육은 인간과 인간, 인간과 자연 사이의 복잡하고 다양한 관계뿐만 아니라 이러한 관계들에서 발생하는 다양한 문제를 포함하고 있다. 사회과교육은 정치나 경제, 문화, 역사, 지리, 법, 복지 등과 관련된 다양한 문제를 학생들 스스로 해결할 수 있도록 도와주는 교과이며, 학생들이 주체적으로 자신의 미래를 설계하고 성공적인 사회생활을 할 수 있도록 도와주는 교과다.

2) 사회과교육의 배경

(1) 역사학

역사학(study of history)은 과거에 일어난 사건을 다루는 학문으로, 인간이 살아온 모습을 정확하고 포괄적으로 탐구함으로써 과거를 좀 더 깊이 이해하는 데 관심이 있다. 즉, 역사학은 과거를 고찰함으로써 현재의 행동에 영향을 미치는 사건을 파악하려는 학문이다.

역사학자는 과거 인간의 삶에 대한 기록을 조직적으로 해석하고 종합하고 설명한다. 역사학자는 정부나 기관의 기록물, 신문, 사진, 영화, 일기, 편지 등의 자료뿐만 아니라 역사적 인물에 대한 인터뷰를 통해 자료를 수집하고 분석한다. 역사학자는 일반적으로 특정 지역이나 국가 또는 특정 시대만을 전문적으로 다루고 있으며, 개인에 대한 세세한 정보를 모으는 경우부터 가족역사를 추적하는 경우, 역사적 건물이나 사적(historical site)에 관심을 가지는 경우 등 그 전문분야가 다양하게 나타난다(Maxim, 2011).

그러나 과거에 대한 기록이 모두 남아 있지 않을뿐더러 역사학자가 사건과 개인에 대한 세세한 정보를 모두 모을 수도 없기 때문에 역사적 기록은 역사학자의 관점에 따라 다르게 해석될 수밖에 없다. 즉, 대부분의 역사적 기록은 역사학자의 편견이나 선입견에 따라 달리 해석될 수밖에 없는 것이다. 따라서 역사는 과거에 일어난 사건을 그대로 보여 주는 것이 아니라 역사학자의 개인적 관점에 따라 선택적으로 묘사된 것이라고 할 수 있다(전숙자, 2007).

또한 역사에 대한 해석은 더 정교한 기술을 사용하여 수집한 자료에 의해 바뀌는 등 시간이 지남에 따라 변화한다(Maxim, 2011). 예를 들어, 이집트의 피라미드는 많은 역사학자에 의해 세계 최초의 거대 구조물이라고 주장되었지만, 1960년대에 탄소동위원소를 이용한 연대측정기술이 도입되면서 스톤헨지(stonehenge)보다 늦게 건축되었음이 밝혀졌다. 그래서 오늘날 역사학은 과학으로서의 역사가 고찰되는 것이라고 할 만큼 과학적 방법으로 역사를 연구하는 것에 관해 관심이 집중되고 있다.

(2) 지리학

지리학(geography)은 인간이 사는 지표면의 지역적 성격을 밝히는 학문으로, 지역마다 다른 삶의 모습을 땅과 연관 짓는 것에서 출발한다. 역사학이 시간상 잇따라 발생한 사건들에 관심을 가지는 반면, 지리학은 공간상 동시에 발생한 현상들에 주의를 집중한다. 즉, 지리학은 지구에 있는 공간과 그곳에 사는 사람들과의 관계에 대해 질문을 던지는 학문이다(Maxim, 2011).

지리학은 어떤 지역의 물리적 특성, 예컨대 기후나 동식물, 지형, 토양 등을 우선으로 파악한다. 그런 다음 그 지역의 사람들이 어떻게 그들을 둘러싼 물리적 환경에 적응하면서 생활하고 있는지를 묘사하고 설명한다. 이렇게 각 지역의 환경과 사람들의 생활을 파악함으로써 지리학은 세계 여러 지역의 물리적 특성과 생활양식을 비교하고 대조하며 이해할 수 있는 지식과 정보를 제공한다. 이러한 지식과 정보는 세계의 자원을 관리하고, 공간에서 발생하는 다양한 문제를 해결하며, 공간과 공간이 어떻게 상호작용하는지를 분석하는 데 도움을 준다(Maxim, 2011).

지리학의 연구는 야외 조사나 문헌 조사 등의 방법을 사용하며, 야외 조사를 할 때는 거시적 관찰이나 미시적 관찰의 방법을 사용한다(한면희, 2006). 지리학의 연구는 오랜 역사와 전통을 가지고 있으며, 크게 계통지리학과 지역지리학으로 구분된다. 계통지리학은 다시 연구주제에 따라 자연지리학과 인문지리학 등으로 구분되며, 자연지리학은 지형이나 기후, 토양, 식생 등을, 인문지리학은 경제나 정치, 사회, 문화, 도시, 역사 등을 다룬다. 반면에 지역지리학은 특정 지역의 지역성을 고찰하는 것으로, 특정 지역의 인문 · 자연현상을 종합적으로 연구한다.

이 외에도 지리학의 연구는 그 연구대상에 따라 자연지리적 접근, 지역지리적 접근, 문화지리적 접근, 공간지리적 접근, 역사지리적 접근 등으로 구분된다(한면희, 2006). 제2차 세계대전 이후에는 현대사회에서 제기되는 여러 가지 문제를 실제로 해결하기 위해 응용지리학이 대두하면서 자연재해나 도시계획, 지역개발 등과 같은 주제를 다루고 있다. 최근에는 세계의 자연환경이나 산업구조, 공간조직 등의 변화로 인한 문제를 해결하기 위해 지리학의 연구주제가 매우 다양해지는 추세다. 즉, 땅과 관련된 모든 문제가 지리학의 연구주제로서 지속해서 발굴되고 있다.

(3) 경제학

경제학(economics)은 개인이나 사회가 한정된 자원을 효율적으로 사용하여 여러 가지 재화와 서비스를 생산하고 교환하고 분배하고 소비하는 과정에서 발생하는 경제현상을 연구하는 학문이다. 즉, 인간이 생활하는 데 필요한 여러 가지 재화와 서비스를 생산, 교환, 분배, 소비하는 행위인 경제행위를 체계적으로 연구하는 학문이 경제학이다(한면희, 2006). 경제학은 경제문제를 해결하기 위한 방안을 체계적으로 찾아내려는 학문이기 때문에 현대사회에서는 과학으로서의 경제학이 강조되고 있다. 경제문제는 인간의 무한한 욕망에 비해 욕망을 충족시킬 수 있는 수단이 상대적으로 적어서 발생하며, 오늘날 사회문제나 정치문제와 얽혀서 매우 복잡한 형태로 나타나고 있다.

경제학자는 재화와 서비스의 생산과 분배, 소비 등을 연구하며, 경제가 인간의 삶에 미치는 영향을 고찰하면서 경제문제에 대한 해결방안을 제시하고자 한다. 장난감을 사고 싶어서 용돈을 저금하는 초등학생, 학비를 벌기 위해 아르바이트를 하는 대학생, 대출을 받아서 집을 장만하는 신혼부부 등 경제문제는 개인마다 다르게 나타난다. 경제학자는 이러한 경제문제를 적절히 해결할 방안을 모색하고자 경제학을 연구한다.

경제학의 연구는 경제이론(economic theory), 경제사(economic history), 경제정책(economic policy) 등 크게 세 분야로 구분된다. 경제이론은 여러 경제현상 사이에 존재하는 경제법칙을 밝히고, 그 법칙을 이용하여 현재 경제현상을 분석하고 미래 경제현상을 예측하는 분야다. 경제사는 과거 경제현상이나 자료를 다시 분석함으로써 경제법칙을 규명하며, 경제정책은 어떤 경제상태가 바람직한지, 그 상태를 효율적으로 달성하기 위해서 어떤 정책을 사용하여 어떻게 접근해야 하는지 등을 다룬다.

경제학자가 경제학을 연구하는 이유는, 첫째, 경제현상을 세밀히 분석하여 그에 대한 정확한 정보를 얻으려는 것이다. 둘째, 경제현상에서 나타나는 경제문제를 파악하고 그에 대한 해결방안을 제시하려는 것이다. 이를 위해 경제학자는 사회문제나 정치문제뿐만 아니라 사회 분위기나 사회적 통념 등도 고려하여 결론을 내려야 한다. 즉, 경제학자는 확고한 실증적 연구에 근거하여 가치판단을 해야 하는 것이다. 그래서 오늘날 과학으로서의 경제학이 강조되고 있다.

(4) 인류학

인류학(anthropology)은 인간에 대한 학문으로, 인간이 가진 생물학적·문화적 특성에 대해 연구한다. 인류학은 인간에 의해 만들어진 문화와 아울러 생물학적 존재로서 인간 자체를 연구함으로써 인간을 더욱 올바르게 이해하려는 학문이다. 인류학에서 가장 중요한 키워드는 문화와 다양성이다. 인간은 특정 사회의 구성원으로 태어나 그 사회의 문화를 배우면서 사회화되는데, 그 문화가 매우 다양하기 때문이다. 문화는 다른 동물에게서 찾아볼 수 없는 인간만이 가지고 있는 생활양식으로, 의식주를 비롯하여 관습, 종교, 예술, 과학 등 물질생활과 정신생활 모두를 가리킨다. 예를 들어, 무엇을 먹는지, 어떻게 입는지, 어떤 집에서 사는지 등 의식주에 관련된 것뿐만 아니라 성별에 따른 사회적 의무나 역할 등도 문화마다 매우 다르게 나타난다. 이러한 이유로 인류학의 연구는 실제로 문화에 대한 연구로 진행된다.

인류학은 타 문화에 대한 관심에서 비롯된 학문이다. 타 문화에 대한 관심은 고대에도 있었지만, 16세기 말부터 유럽인의 해외진출이 활발해짐에 따라 미개인이나 미개사회에 대한 관심이 높아지면서 본격화되었다. 이후 19세기에 진화론이 등장하면서 화석인류와 그 문화에 대한 관심이 높아지고 미개사회에 대한 연구가 촉진되었으며, 이를 바탕으로 인류학이 학문으로서 확립되었다. 인류학은 초기에는 미개사회의 문화를 집중적으로 연구하였으나, 교통과 통신의 발달로 고립된 미개사회의 수가 줄어들면서 현대에는 주로 농민사회나 도시의 산업사회, 국가와 같은 복합사회 등을 연구하고 있다. 또한 과거에는 식민통치를 위해 식민지를 많이 갖고 있던 국가의 인류학자가 타민족의 문화를 주로 연구하였지만(Wronski & Bragaw, 1998), 현대에는 세계 각국에서 배출된 인류학자가 자민족의 문화를 연구하는 추세다.

인류학자는 인간의 물리적·사회적·문화적 발전에 대한 궁금증을 해결하고자 인간과 사회, 문화의 모든 측면을 총체적으로 연구한다. 가령 어떤 민족을 연구한다면 인류학자는 그 민족의 역사와 지리, 자연환경은 물론이고 체질적 특성, 가족, 결혼, 종교, 언어, 예술, 정치조직, 법률체계 등 그 민족과 연관된 모든 측면을 총체적으로 연구한다. 인간생활의 모든 측면은 긴밀하게 연관되어 있어서 따로따로 분리할 수 없기 때문이다. 그러나 복합사회를 연구하는 경우에는 연구의 범위가 너무 넓고 취급해야 할 정보와 자료가 너무 방대하므로 인간생활의 모든 측면을 망라하여 연구하는 것은 불가능하다. 그래서 오늘날 인류학자는 인간생활의 모든 측면에 대해 총체적으로 접근하면서도 특정 측면을 집중적으로 연구한다.

인류학은 크게 고고학(archaeology), 언어인류학(linguistic anthropology), 자연인류학(physical anthropology), 사회문화인류학(sociocultural anthropology) 등 네 분야로 나뉘며(American Anthropological Association, 2016), 인류학자는 보통 이 중에서 한 분야의 연구에 집중한다(Maxim, 2011). 고고학은 유물과 유적을 통해 역사나 풍

습, 생활양식 등을 연구하며, 언어인류학은 언어와 문화, 사회적 행동 간의 관계에 관심을 가지고 문화로서의 언어를 연구한다. 자연인류학은 문화와 생물학이 서로 어떻게 영향을 미치는지에 관심을 가지면서 인간의 삶과 죽음, 원숭이와 같은 영장류, 화석인류 등을 연구한다. 사회문화인류학은 미개사회부터 복합사회까지 다양한 사회에서 사람들이 살아가는 모습에 관심을 가지면서 사람들이 무엇을 가장 중요하게 생각하는지 또는 상호작용하기 위해 어떻게 규칙을 만드는지 등 사회의 가치와 기준을 연구하는 분야다.

(5) 정치학

정치학(politics)은 정치 및 정치현상을 연구하는 학문으로, 정치현상을 과학적이고 체계적으로 분석하고 비판하면서 공공정책의 기원이나 발전, 실행 등을 연구한다(Maxim, 2011). 정치 및 정치현상은 인간이 사회적 동물로서 수많은 인간관계를 맺고 살아가는 과정에 필연적으로 나타나는 대립과 투쟁을 조정하고 사회적 안정을 찾으면서 생겨났다. 다시 말해, 정치는 서로 다른 가치관에 의해 발생하는 분쟁을 일정한 규칙에 따라 조직적으로 해결하는 데서 생겨났다. 그래서 정치학은 오랜 역사를 가지고 있으며, 그 기원이나 관심사에 있어서 여타 학문과 밀접한 연관을 맺고 있다. 예를 들어, 정치과정이나 정치행태, 정치제도, 정치기능, 정치사상 등 정치학의 관심사는 다른 학문 분야의 주요 관심사이기도 하다.

정치학의 하위 분야로서 정치사상(political thought)은 민주주의는 무엇인가, 인권은 무엇인가, 자유주의와 민주주의는 양립할 수 있는가 등의 질문에 대한 답을 찾는다. 정치이론(political theory)은 복잡한 정치현상을 체계적으로 이해하고 분석하기 위한 개념적 틀을 제시한다. 그래서 정치이론 대부분은 다양한 가설을 세우고 가설을 검증하는 등 경제학적인 것으로 나타난다. 정치행태(political behavior)는 정치조직이나 정치과정에 대한 투표자나 의원, 관료 등의 구체적인 행동을 경험적으로 관찰하고 분석하여 이론화한다. 여론조사나 현장관찰, 컴퓨터 시뮬레이션 등의 방법을 사용하여 정치적 행동을 분석하는 것이 그 예다. 정치과정(political process)은 정치구조와 정치주체 간 상호작용을 설명하고자 한다. 가령 어떻게 정책이 성립하고 어떠한 효과가 생기는지, 어떤 견해에서 시작하고 어떤 법률로 결정되는지, 여론에 의해 정치가 어떠한 형태로 수정되는지 등을 설명한다. 이 외에도 정치의식, 정치제도, 공공정책, 국제정치 등의 분야가 정치학에 포함된다.

정치학자는 공공정책을 결정하는 과정을 개선하기 위한 제안을 하며, 일반적인 사회문제와 논쟁적인 문제를 연구하고, 정책결정자들에게 정보를 제공한다. 또한 문제 해결이나 의사결정을 위해 자문을 하거나 사회적 · 정치적 목표를 합리화하고 형식화하는 일을 한다(Wronski & Bragaw, 1998). 현재 정치학자들 사이에서는 핵심적 가치로서 민주주의에 대한 합의가 형성되어 있으며, 정치적 논쟁으로 인한 분열은 이전보다 약화된 상태다. 정치학의 연구 역시 정치적 가치나 사회변화에 대한 논쟁보다 이론과 방법에 대한 논쟁이 활발한 상황이다. 정치학을 과학적으로 이론화하려는 학문적 요구가 사회변화와 정치개혁에 기여하려는 민주주의적 요구보다 강하게 작용하고 있는 것이다. 그래서 학문적 요구와 사회적 행동이 양립할 수 있는지, 정치학이 민주적 변화에 기여하는 학문으로서 자기 구실을 다할 수 있을지 등에 대한 의문이 계속 제기되고 있다(Wronski & Bragaw, 1998).

(6) 사회학

사회학(sociology)은 사회와 인간의 사회적 행동을 연구하는 학문으로, 사회의 구조와 집단, 제도, 기관 등을 연구한다(Parker & Jarolimek, 1997). 사회학은 주로 집단이 구성원들에게 미치는 영향을 분석하면서 각 집단의 구성원들이 고유한 행동을 하는 이유를 발견하기 위해 집단의 가치와 규범을 연구한다(Maxim, 2011). 예를 들어, 사회학은 사회마다 어떤 집단이 형성되는지, 집단의 구성원들이 무엇을 기대하며 어떤 어려움을 겪고 있는지, 집단은 구성원들을 어떻게 통제하는지 등의 질문에 대한 답을 찾는다.

사회학은 19세기에 유럽에서 콩트(Auguste Comte)와 스펜서(Herbert Spencer)에 의해 개척된 학문이다. 콩트는 인간사회도 자연세계처럼 과학적 방법으로 탐구해야 할 필요성을 주장하면서 사회문제를 과학적으로 설명하였다. 스펜서 역시 과학으로서의 사회학을 정의하면서 인간사회의 모든 것을 진화론적 관점에 근거하여 조직적으로 서술하였다. 이후 베버(Max Weber)는 사회학의 주요 연구대상을 사회적 행동으로 설정하고 사회적 행동을 연구하는 과학으로 사회학을 정의하였으며(Weber, 1978), 짐멜(Georg Simmel)은 사회학의 고유한 연구대상을 개인과 사회의 관계라고 보았다(Simmel, 2005). 결국 사회학은 사회를 단순히 개인의 총합으로 간주하는 입장을 비판하면서 인간과 사회를 과학적 방법으로 탐구함으로써 사회의 질서와 변동을 이론적으로 체계화한 학문이다.

사회학은 개인이 생존을 위해 집단을 필요로 하고, 개인의 행동은 집단의 규범과 체제 속에서 이루어지며, 집단은 개인이 환경에 적응하는 데 필요한 행동양식을 제공한다고 가정한다(한면희, 2006). 그래서 사회학은 개인의 행동에 영향을 미치는 사회문화적 현상에 초점을 두고 있으며, 특히 개인이 어떻게 집단이나 계층, 제도 속에 들어가 조직화하는지에 관심을 둔다. 이를 연구하기 위해 사회학자는 특정 집단을 방문하고, 구성원들이 집단 속에서 하는 일을 관찰하며, 구성원들과 면담을 한다(Maxim, 2011). 종종 사회학자는 집단을 더 완벽하게 이해하기 위해 집단 속에서 구성원들과 함께 생활하기도 한다.

사회학의 연구는 여성해방운동과 인권운동 등의 영향으로 1960년대 이후에 많은 변화가 생겼으며, 결과적으로 비판적 관점에서 사회문제를 연구하는 움직임이 나타나게 되었다(Wronski & Bragaw, 1998). 또한 엄격하게 규정되어 있던 이론과 방법에 대한 문제가 제기되면서 다양한 방법으로 사회질서와 사회적 상호작용을 연구하는 풍토가 형성되었다. 사회학의 연구는 현재도 변화를 거듭하고 있는데, 학제간 접근으로 사회문제나 사회질서를 분석하려는 시도가 그 예다. 사회학은 발생 이래 과학적 연구방법에 많은 관심이 있으며, 사례연구나 실험연구, 비교연구, 조사연구 등 다양한 방법으로 연구를 진행하고 있다. 이러한 연구의 결과는 교육자나 행정가, 정책입안자 등 공공정책을 수립하거나 사회문제를 해결하려는 사람들에게 크나큰 도움이 되고 있다.

(7) 심리학

심리학(psychology)은 인간과 동물의 행동이나 정신과정을 연구하는 학문으로, 인간과 연관된 모든 분야의 연구에 학문적 기초를 제공하고 있다. 심리학은 감각이나 지각, 사고, 성격, 지능, 적성 등 정신과정과 관련된 문제를 과학적 방법으로 해결하는 학문이다. 즉, 심리학은 인간이 왜 그렇게 생각하고 느끼며 행동하는지에 대한 질문을 던지고 답을 찾는 학문이다(Myers, 2016). 또한 심리학은 인간의 심리적 과정뿐만 아니라 인간의 행동과 연관된 생리적 과정과 사회적 과정까지 연구하는 학문이다(현성용 외, 2015). 왜냐하면 인간은 무언가를 경험할 때 괴로움이나 갈등을 겪는 것처럼 어떤 행동을 하면 그와 관련된 심리적 · 생리적 · 사회적 변화가 함께 나타나기 때문이다. 그래서 심리학자는 행동의 선천적 · 후천적 측면을 모두 고려하여 인간과 동물의 행동을 연구한다.

심리학은 과거에 종교적 · 철학적으로 연구함으로써 영혼을 탐구하는 학문으로 알려졌으나, 19세기 후반에 자연과학의 영향으로 행동을 경험적으로 연구하게 되면서 사회과학으로 인정받게 되었다(오세진 외, 2015). 즉, 관찰법이나 질문지법 등을 사용하여 수량적이고 조직적으로 연구함으로써 심리학이 발전하게 된 것이다. 오늘날 심리학은 과학적 실험을 주된 연구방법으로 사용함으로써 사회과학 중에서 가장 과학적인 학문으로 인식되고 있다. 다시 말해, 심리학은 엄격한 연구방법을 사용하여 경험적으로 문제를 해결하는 학문이다.

심리학의 연구는 크게 이론 분야와 응용 분야로 구분된다. 이론 분야에는 학습심리학, 동물심리학, 인지심리학, 성격심리학, 사회심리학, 발달심리학 등이 포함되며, 이러한 이론심리학은 통일적이고 조직적인 법칙성을 갖춘 지식의 체계를 수립하는 데 그 목적이 있다. 응용 분야에는 임상심리학, 산업심리학, 조직심리학, 상담심리학, 교육심리학, 범죄심리학 등이 있으며, 이러한 응용심리학은 이론심리학의 지식에 기초하여 개인과 사회가 현실에서 직면하는 여러 문제를 해결하는 데 그 목적이 있다. 예를 들어, 이론심리학인 발달심리학은 인간의 전 생애를 통해 나타나는 신체적 · 심리적 · 사회적 변화를 연구한다. 발달심리학은 발달이 어떻게 일어나는가를 탐구하면서 인간의 행동을 이해하고 설명하는 데 초점을 둔다. 반면에 응용심리학인 교육심리학은 인간의 행동을 바람직한 방향으로 변화시키려는 의도와 목적을 가지고 있어서 단순히 인간의 행동을 설명하는 데 그치지 않는다. 즉, 교육심리학은 인간의 행동을 긍정적인 방향으로 변화시키는 방법을 제시함으로써 이론뿐만 아니라 실천을 강조하는 데서 발달심리학과 구별이 된다.

심리학의 관심사는 가치, 자아, 동기, 학습 등이며, 특히 자아개념에 많은 관심이 있다(전숙자, 2007). 예를 들면, 심리학은 개인의 행동에 영향을 미치는 요인을 밝힘으로써 행동이 일어나게 된 동기를 이해하려고 한다. 이러한 이해를 바탕으로 개인의 긍정적 자아개념을 향상할 방법을 모색함으로써 학업 성취도를 높일 수 있다. 그래서 심리학의 연구결과는 실생활에 직접적인 도움을 제공하고 있다. 가령 인간의 심리과정을 고려하여 더 안전하고 사용하기 편한 물건을 만들거나 행복감을 고취하는 업무환경을 조성할 수 있다. 현대사회가 점점 더 복잡하고 다양해짐에 따라 과거보다 훨씬 더 많은 사회문제가 발생하고 있기 때문에 심리학의 학문적 가치는 점점 더 높아지는 추세다.

제2장

유아의 사회화

인간은 다양한 잠재력을 가지고 태어나지만, 곧바로 사회적 존재가 되는 것은 아니다. 예를 들어, 언어능력을 가지고 태어나더라도 인간관계를 통해 언어를 배우지 않으면 말을 하는 것은 거의 불가능하다. 다른 나라로 유학을 가거나 이민을 가는 경우, 그 나라의 언어나 관습, 규범, 제도 등에 익숙해지지 않으면 제대로 사는 것은 요원한 일이다. 인간이 사회적 존재로서 살아가기 위해서는 사회적 상호작용을 통해 사회생활에 필요한 지식과 기술, 태도, 가치 등을 학습해야 한다. 이러한 학습을 통해 개인은 자신의 사회적 지위와 역할에 맞는 언행을 습득하면서 온전한 사회구성원으로 성장하게 된다. 또한 자아가 형성되면서 무엇이 옳은지 그른지를 판단하고, 인간다운 삶을 살기 위해 무엇을 어떻게 해야 할지를 사고하게 된다. 결국 개인이 사회적 존재로 살아가는 데 필요한 지식이나 기술, 태도, 가치 등을 체계적으로 습득하기 위해서 사회과교육이 필요하다. 그러나 사회생활에서 요구되는 지식이나 기술, 태도, 가치 등은 실제로 학교뿐만 아니라 가족이나 또래, 지역사회, 대중매체 등 다양한 기관을 통해서 습득된다. 다시 말해, 개인을 둘러싼 다양한 기관이 사회과교육의 자원으로서 사회과학적 지식이나 기술, 태도, 가치 등을 제공하는 것이다.

1. 사회화

혼자서 살 수 있는 인간은 없다. 인간은 누구나 타인과 관계를 맺고, 주변 사람들로부터 도움을 주고받으며 살아가고 있다. 누구와도 접촉하지 않고 칩거하는 사람일지라도 타인의 도움으로 살아간다. 생존을 위해 이용하는 물은 누군가가 설치한 수도관을 통하여 전달되고 있으며, 전기와 가스도 누군가가 설치한 전선과 가스관을 통해 공급되고 있다. 자신이 밭에서 직접 재배한 채소로 끼니를 이어가는 사람도 누군가가 만든 옷을 입고 누군가가 만든 집에서 살고 있다. 설령 무인도에 떨어지더라도 인간은 이전 사회(society)에서 배운 생활방식으로 살아가게 된다. 이렇듯 인간은 누구나 사회 속에서 타인과 관계를 맺으며 살아가고 있다. 그러므로 인간은 사회구성원으로서 자신의 지위를 부여받으며, 지위에 걸맞은 임무를 수행하게 된다. 소방관은 소방관으로서, 교사는 교사로서, 학생은 학생으로서 기대되는 역할이 있으며, 각자 자신의 임무를 수행함으로써 사회가 유지되고 발전될 수 있다. 시간이 지남에 따라 부모가 되거나 다른 직업을 선택하면서 개인에게 부여되는 지위와 역할은 변화하게 된다. 결국 개인에게 기대되는 역할이 끊임없이 변화하기 때문에 인간은 자신을 변화시키기 위해 부단히 노력해야 하는 것이다.

1) 사회화의 정의

사회화(socialization)는 개인이 자신이 속한 사회에서 살아가는 데 필요한 지식과 기술, 관습, 규범, 가치 등을 사회적 상호작용을 통해 습득하는 과정이다. 사회화는 타인과의 관계를 통해 개인이 사회가 기대하는 행동양식이나 규범, 가치 등을 학습해 가는 과정으로, 무기력한 인간이 점차 주어진 환경과 문화에 익숙한 인간으로 되어 가는 과정이라고 할 수 있다. 사회화를 통해 개인은 사회생활에 필요한 지식과 기술, 태도 등을 학습하고, 문화적 가치와 신념, 사회적 역할 등을 습득하면서 자아를 형성하게 된다. 제때 등교하기 위해 시간에 맞춰 일어나 준비하고 학교에 가야 한다는 것, 복도에서는 뛰지 말고 조용히 걸어야 한다는 것, 아무리 화가 나도 친구를 때리거나 꼬집어서는 안 된다는 것 등을 배우면서 사회화가 되는 것이다. 결국 인간은 사회적 관계를 맺으면서 후천적 학습을 통해 사회화된다.

사회화는 주로 교육을 통해 이루어지기 때문에 언뜻 학교교육을 받는 동안에만 이루어지고 성인이 된 이후에는 더는 일어나지 않는 것으로 인식된다. 하지만 사회화는 사실상 태어나는 순간부터 죽을 때까지 지속된다. 학교를 졸업한 이후에도 직장을 다니거나 결혼을 하는 등 새로운 인간관계가 맺어지면서 새로운 가치와 규범, 기술 등의 습득이 요구되기 때문이다. 가게를 개업하는 경우, 손님을 대하는 법이나 물건을 저렴하게 구매하는 법, 세금을 내는 법 등을 배워야 한다. 만약 결혼한다면 남편과 아내로서 어떻게 행동해야 하는지, 배우자의 가족에 대해 어떻게 처신해야 하는지, 자녀를 어떻게 양육하고 교육해야 하는지 등에 관한 지식과 정보를 습득해야 한다.

또한 사회가 급변하고 시대적 요구가 바뀌면서 사회가 기대하는 개인의 행동양식이나 사고방식 등이 계속 변화하기 때문에 지속적인 사회화가 이루어져야 한다. 군대에 가거나 이민을 하는 경우, 이전과 전혀 다른 환경에 적응하여 살아가기 위해서는 자신의 행동양식이나 태도, 가치관 등을 변화시켜야 한다. 이처럼 새로운 환경에 적응하기 위해 새로운 생활양식이나 행동 규범 등을 학습하면서 새롭게 사회화되는 과정을 재사회화(resocialization)라고 한다. 즉, 재사회화는 단시간 동안 기존의 역할이나 생활습관을 버리고 새로운 역할이나 생활습관을 습득하는 과정이다. 결국 개인은 사회구성원으로서 살아가는 한 끊임없이 사회화됨으로써 능동적으로 자신의 삶을 꾸려 나가야 한다.

2) 사회화의 유형

(1) 1차 사회화

1차 사회화(primary socialization)는 개인이 태어나면서부터 속하게 된 사회의 규범과 가치, 행동 등을 학습하는 과정으로, 모든 사회화의 기본이 되는 사회화다. 1차 사회화는 의식주와 같은 인간의 기본적인 욕구와 관련된 것으로, 식사예절이나 옷 입는 법, 배변하는 법 등 가장 기본적인 사회적 행동을 배우는 과정이다. 1차 사회화는 주로 가족이나 또래와의 관계를 통해 영유아기 동안 이루어지며, 1차 사회화가 이루어지는 동안 개인의 주요 인성과 생활양식 등이 결정된다. 영유아기 동안 가장 강력하면서도 결정적인 사회화가 이루어지면서 인성의 대부분이 형성되는 것이다.

또한 1차 사회화는 가족이나 친척, 또래 등과의 직접적인 접촉을 통해 특정 문화권의 언어와 가치, 태도 등을 습득하는 것으로 나타난다. 가까운 사람들과의 직접적인 만남을 통해 사회화가 이루어지기 때문에 유아는 부모나 교사, 또래 등의 가치관이나 사고방식, 행동 등을 수용하고 따라 하게 된다. 부모가 장애인에 대해 편견이 있다면 유아 역시 부모와의 대화를 통해 장애인에 대한 편견을 가지게 되는 것이 그 예다. 이렇듯 1차 사회화는 일상생활을 통해 개인의 삶에 전면적으로 작용하며 지속적으로 영향을 미치기 때문에 평생의 생활양식을 좌우하게 된다.

(2) 2차 사회화

2차 사회화(secondary socialization)는 개인이 특정 집단에 소속되면서 그 집단의 가치와 태도 등을 습득하는 과정으로, 1차 사회화가 이루어진 후에 나타나는 사회화다. 2차 사회화는 가족을 벗어난 곳에서 이루어지며, 그곳의 상황과 조건에 적합한 행동을 습득하는 것으로 나타난다. 가령 학교에 가면 학교의 규칙에 따라 행동해야 하며, 학년이 바뀌어 새로운 교사를 만나면 새로운 수업방식에 적응해야 한다. 농촌에서 도시로 학교를 옮기면 도시에서 요구하는 사회적 행동을 배워야 하며, 직장을 가면 직장의 문화에 적응해야 한다. 결국 2차 사회화는 개인이 사회에 속한 여러 집단의 구성원이 되는 데 필요한 행동을 배우는 과정이다.

2차 사회화는 개인이 새로운 집단의 구성원이 됨으로써 이루어지기 때문에 가족구조나 인간관계, 취미, 정치적 성향 등의 변화를 동반한다. 2차 사회화를 통해 개인은 집단구성원으로서 필요한 사회적 행동을 습득하면서 기존에 자신이 가지고 있던 가치관이나 생활방식 등을 바꾸게 된다. 그렇지 않으면 집단에서 요구하는 사회적 기술을 습득하는 것이 어려워지며, 그 결과 2차 사회화가 제대로 이루어지지 않게 된다. 연령이 증가함에 따라 개인은 집단의 구성원으로서 자신의 임무를 수행해야 하는 경우가 많아지므로 2차 사회화가 1차 사회화보다 개인의 행동에 더 결정적인 영향을 미치게 된다.

2. 사회화 이론

프랑스의 사회학자 뒤르켐(Emile Durkheim)이 사회화라는 용어를 처음 사용한 이래 사회화의 개념은 사회학이나 인류학, 심리학, 교육학 등에서 자주 언급되고 있다. 특히 인성의 형성에 결정적 영향을 미치는 영유아기의 사회화에 대한 관심이 높은 상황이다. 그러나 사회화의 개념은 매우 다양하게 논의되고 있다. 왜냐하면 다양한 학문 분야에서 매우 다른 관점으로 사회화의 개념이 다루어지기 때문이다. 가령 사회학은 사회체제의 영향에, 심리학은 개인의 성장과정에, 인류학은 문화의 비교에 중점에 두고 사회화를 설명한다(최기영, 2010). 학문 분야에 따라 사회화가 다르게 정의되면서 사회화에 대한 이론도 매우 다양하게 제시되고 있다. 대표적인 사회화 이론으로 기능이론과 갈등이론이 있으며, 이 둘은 사회화에 대해 매우 상반된 입장을 내세우고 있다. 기능이론은 사회화가 사회통합에 긍정적임을 강조하는 반면, 갈등이론은 사회화가 지배이데올로기를 학습하는 과정이라고 말한다. 그러나 두 이론은 인간을 수동적 존재로 본다는 공통점을 가진다. 반면에 상징적 상호작용론은 인간을 사회화의 주체로 보면서 인간의 능동성을 강조한다. 결국 사회화에 대한 논의가 활발히 전개되기 위해서는 간학문적 관점에서 사회화가 종합적으로 파악되는 것이 필요하다.

1) 기능이론

기능이론(theory of function)은 사회를 사회의 각 부분이 서로 연관되어 기능하는 유기체로 간주하고 사회현상을 구성요소 간의 기능적 관계로 보는 이론이다. 기능이론은 사회의 구성요소들이 서로 영향을 주고받으면서 사회 전체의 기능화를 촉진한다고 본다. 이러한 기능화는 사회 전체의 존속과 통합을 위해 사회적으로 합의된 것으로, 사회의 안정과 조화를 위해 사회 각 부분이 자기 역할을 충실히 수행해야 함을 의미한다. 즉, 사회를 이루는 개인이나 집단, 제도 등이 각각의 기능을 제대로 수행할 때 사회의 조화와 균형이 이루어지는 것이다. 만약 구성요소들이 자신의 역할을 제대로 수행하지 못하면 사회 전체적으로 통합을 이룰 수 없으며 존속되기도 힘들다고 보는 것이 기능이론이다.

기능이론에서 사회화는 사회의 모든 규범과 관습, 가치관, 제도 등을 내면화함으로써 사회구성원으로서 자신의 임무를 수행할 수 있는 능력을 기르는 과정이다(최기영, 2010). 즉, 사회의 규범을 내면화함으로써 그 사회가 요구하는 사회적 존재가 되는 과정이 사회화다(김병욱, 2014). 이는 기존 사회의 질서 유지와 체제 존속을 강조하는 관점으로, 사회화를 현존하는 사회체제에 동화하는 과정으로 간주한다. 기능이론의 대표적 학자인 파슨스(Talcott Parsons)는 성공적인 사회생활을 위해서는 다양한 인간관계를 통해 사회적 규범을 내면화하는 것이 중요함을 강조하였다(Parsons, 1951). 기능이론은 기존 사회체제의 사회적 규범을 습득하는 것으로 사회화를 보기 때문에 사회화 과정에서 인간을 수동적 존재로 간주한다는 비판을 받고 있다.

2) 갈등이론

갈등이론(conflict theory)은 기능이론을 비판하면서 등장한 것으로, 사회의 구성요소들은 서로 갈등과 모순의 관계에 있으며 이러한 갈등이 궁극적으로 사회변동에 기여한다는 이론이다. 갈등이론은 지배집단과 피지배집단 간의 갈등과 대립이 사회에 항상 존재한다고 보기 때문에 사회현상에서 나타나는 갈등관계를 당연한 것으로 간주한다. 즉, 사회를 통합이 잘 되는 잘 짜인 체계가 아니라 무질서가 늘 존재하고 불안정해서 갈등이 일어나는 것이라고 본다. 갈등이론은 기능이론이 인간성을 말살한다고 비판하는데, 왜냐하면 개인을 기존 사회에 적응시키기 위해 사회적 힘이 일방적으로 작용한다고 보기 때문이다(최기영, 2010).

그래서 갈등이론은 사회화가 인간성을 회복하는 과정이 되어야 한다고 주장한다. 또한 현재의 학교교육이 인간의 다양성을 억압하고 획일화하고 있음을 비판하면서 사회화를 통해 각 개인의 독특한 속성이 발현할 수 있어야 함을 강조한다. 갈등이론의 대표적 학자인 일리치(Ivan Illich)는 학교교육이 다양한 상벌체제를 이용하여 사회의 특정 가치를 교묘히 내면화함으로써 개인이 심리적 무력감을 느끼게 한다고 말하였다(Illich, 1970). 더 나아가 보울스(Samuel Bowles)와 진티스(Herbert Gintis)는 직업세계의 요구와 학교의 교육과정이 긴밀히 연관됨으로써 사회화가 기존 자본주의 체제를 유지하는 데 이용되고 있다고 비판하였다(Bowles & Gintis, 1976).

결국 갈등이론은 개인의 특성과 자율적 의사결정이 보장되지 않는 기존의 사회화 과정을 비판하면서 근본적인 사회개혁을 통해 인간성이 회복하는 사회화가 이루어져야 한다고 주장한다. 즉, 사회화는 개인의 의지나 욕구가 우선됨으로써 개성이 발현되는 과정이어야 하는 것이다. 그러나 갈등이론은 인간성 회복을 주장함에도 이를 개선하는 방안으로 인간 외부에 존재하는 사회구조의 개혁만을 내세운다는 지적을 받고 있다(최기영, 2010). 또한 갈등이론은 모순과 갈등을 강조하면서 협동과 조화를 경시하고 있으며, 갈등을 해결할 수 있는 근본적인 방안을 제시하지 못한다는 비판을 받고 있다.

3) 상징적 상호작용론

상징적 상호작용론(symbolic interactionism)은 미시적 관점에서 사회적 관계에 중점을 두고 사회현상을 설명하는 이론으로(Meltzer, 1966), 개인의 능동적인 사고과정이나 주체적인 행동, 타인과의 의사소통 등에 중점을 둔다. 기능이론이나 갈등이론이 거시적 관점에서 사회현상을 바라보면서 개인의 주체성이나 능동성을 과소평가하는 경향이 있지만, 상징적 상호작용론은 미시적 관점에서 개인에 초점을 두고 사회현상을 설명한다. 상징적 상호작용론은 개인이 언어와 같은 상징을 사용하여 타인과 상호작용하면서 자신과 주변 사람들과의 관계를 깨닫고 자신이 어떻게 행동해야 하는가를 판단한다고 말한다. 개인은 나름의 방식으로 주어진 상황을 바라보며 자신의 관점에 따라 행동하기 때문에 중요한 것은 객관적인 조건이 아니라 개인이 주관적으로 인지하고 판단하는 상황이다. 빵이 다섯 개가 주어진 상황에서 어떤 유아는 다섯 개밖에 없다고 말하지만, 어떤 유아는 다섯 개나 있다고 말하는 것이 그 예다.

상징적 상호작용론은 인간이 개인적으로 생존하기에 약한 존재여서 집단으로 상부상조하면서 살아갈 수밖에 없다고 말한다(최기영, 2010). 그래서 인간은 태어나면서부터 생존을 위해 외부 환경과 상호작용하며, 지속적인 상호작용을 통해 자신을 객관적으로 바라보고 타인의 처지를 이해하는 능력이 길러지게 된다. 상징적 상호작용론은 주관적 자아와 객관적 자아로 대별되는 자아의 이중적 구조를 강조한다. 주관적 자아는 외부의 자극에 대해 반응하는 자아로서 항상 능동적이고 창조적인 성격을 띤다. 객관적 자아는 사회의 가치관이나 규범, 관습, 제도 등이 내면화한 것으로, 주관적 자아보다 안정적이고 확정적이며 전체적이다. 이러한 주관적 자아와 객관적 자아는 운동과 정지, 불안정과 안정, 조화와 분열 등을 반복하면서 통합된 자아를 형성하게 된다(최기영, 2010).

그러므로 상징적 상호작용론에서 사회화는 사회적 관계를 통해 자신의 역할을 이해하고 사회구조나 질서 등을 내면화하는 과정으로 정의된다. 사회화 과정을 구체적으로 살펴보면, 처음에 유아는 자신을 객관화하지 못하기 때문에 타인의 행동을 그대로 따라 한다. 점차 자신의 행동에 대한 타인의 반응을 보고 유아는 해도 되는 행동과 하면 안 되는 행동을 구분하게 된다. 이렇게 타인의 판단을 지각하면서 유아는 보는 대로 행동을 따라 하는 것이 아니라 스스로 모방할 태도나 행동을 선택하게 된다. 이후 사회적으로 인정받는 행동을 반복하며 사회의 가치관이나 질서 등을 내면화함으로써 사회화가 이루어지게 되는 것이다. 결국 상징적 상호작용론에서 사회화는 타인의 눈을 통해 자신을 바라보고 타인의 입장에서 자신의 행동에 의미를 부여하면서 통합된 자아를 형성하는 과정이다.

상징적 상호작용론은 거시적 차원의 사회구조가 아니라 미시적 차원의 일상생활에 주의를 기울임으로써 기능이론이나 갈등이론이 간과한 개인의 상호작용과 의미체계를 깊이 이해하고 있다(김영화, 2013). 그러나 개인의 행위에 초점을 두면서 사회구조의 영향력을 무시한다는 비판을 받고 있다. 사회구조나 권력이 어떻게 개인의 행위를 규제하는지와 같은 쟁점을 간과하고 있는 것이다(Giddens, 2006). 또한 상징적 상호작용론은 연구결과를 일반화하는 데 한계가 있다는 비판을 받고 있다. 왜냐하면 연구자의 해석을 중시하면서 연구자의 주관적 관점을 배제하기 어렵기 때문이다. 그리고 자료를 수집하고 결론에 이르는 전 과정에 대한 신뢰성과 타당성을 확보하기 어렵다는 지적을 받고 있다.

4) 사회학습이론

사회학습이론(social learning theory)은 밴듀라(Albert Bandura)가 주창한 이론으로, 왓슨(John B. Watson)과 스키너(Burrhus F. Skinner) 등이 주장하는 행동주의(behaviorism)에 바탕을 두고 있다. 사회학습이론은 사회적 맥락에서 타인의 행동을 관찰하고 모방함으로써 학습이 이루어진다고 주장하며, 사회화 과정에 영향을 미치는 사회환경에 초점을 둔다(최기영, 2010). 사회학습이론은 사회환경이 사회적 행동을 강화하는 조건으로 작용함으로써 사회화가 이루어진다고 본다. 즉, 사회환경에 의한 강화를 통해 사회구성원 모두의 생존에 효과적인 사회적 행동이 학습됨으로써 사회화가 이루어지는 것이다.

행동주의를 초기에 제안한 손다이크(Edward L. Thorndike)는 보상이 따르는 행동은 반복되지만, 보상이 따르지 않는 행동은 회피되는 경향이 있다고 말하였다(Thorndike, 1898). 결국 사회적으로 보상을 받은 행동의 빈도와 강도는 증가하고, 그렇지 못한 행동의 빈도와 강도는 감소함으로써 사회화가 이루어지게 된다. 그러나 행동주의는 인간을 통제되고 조작되는 존재로 가정하면서 강화가 없어도 발생하는 인지적 학습에 대해 적절한 설명을 제공하지 못한다는 비판을 받는다(최기영, 2010). 즉, 인간의 내적 동기나 자율적 선택 등이 전혀 고려되지 않은 채 인간 행동의 계획적 변화 가능성만을 논의한다는 점에서 비판을 받는 것이다.

그래서 밴듀라는 인간의 내면에서 일어나는 인지 과정을 중시하는 사회학습이론을 주장하였다(Bandura, 1971). 개인이 인지적으로 상황을 판단한 후 타인의 행동을 관찰하고 모방함으로써 어떤 행동의 학습이 이루어진다고 보는 것이다. 예를 들어, 유아는 텔레비전에서 폭력적 행동을 보고 따라 하면서 공격성이 증가하거나 친사회적 행동을 흉내 내면서 배려나 협동과 같은 사회적 기술을 학습하게 된다. 이는 직접적 강화나 시행착오를 거치지 않더라도 새로운 행동을 학습할 수 있음을 보여 주는 것으로, 인간의 내적 요소가 사회화에 큰 영향을 미친다는 것을 설명한다.

5) 인지발달이론

인지발달이론(theory of cognitive development)은 피아제(Jean Piaget)에 의해 제시된 이론으로, 환경과의 상호작용을 통해 인간의 인지발달이 이루어진다고 주장한다(Piaget, 1950). 인지발달이론은 사회화를 인지발달 단계에 따라 인간이 환경과 끊임없이 상호작용하면서 사회적 행동을 습득하는 과정으로 간주한다. 즉, 인지발달이론에서 사회화는 유기체인 인간이 생존하기 위해 환경에 적극적으로 반응하면서 사회적 행동을 습득하는 과정이다. 인간은 새로운 자극을 받으면 기존 도식을 사용하거나 바꾸어서 새로운 정보를 이해하는데, 이러한 동화와 조절을 통해 인지구조를 재구성하고 평형화에 도달함으로써 인지발달이 이루어지게 된다. 피아제는 인지발달의 네 단계를 제안하였으며, 사고방식이 질적으로 다른 네 단계를 따라 이동하면서 변화한다고 말하였다.

그러므로 인지발달이론에서 사회화는 인지발달의 단계에 따라 사회적 경험이 동화되고 조절되면서 변화하는 과정으로 정의된다(최기영, 2010). 즉, 인지발달이 이루어지면서 사회현상에 대한 정보를 수용하고 표상하고 처리하는 능력이 향상됨으로써 사회화가 이루어지는 것이다. 또한 외부의 자극을 분석하고 이해하고 반응하는 방식이 발달하면서 환경과의 상호작용이 원활해지고 자신의 행동을 지속해서 변화함으로써 사회화가 이루어지게 된다. 사회학습이론이 사회화 과정에 영향을 미치는 환경의 영향력을 강조하면서 인간을 수동적 존재로 보는 반면, 인지발달이론은 사회화의 주체를 인간 자신으로 보기 때문에 사회화 과정에서 인간의 능동성을 강조한다.

그러나 인지발달이론은 고정된 발달단계를 설정하여 사회화를 설명한다는 점에서 비판을 받고 있다. 왜냐하면 사회적 행동의 습득과 적용은 인지발달 단계에 따라서만 일어나는 것이 아니라 사회문화적 환경의 영향도 많이 받기 때문이다(Ziegler & Child, 1973). 즉, 어떤 사회문화적 환경에서 습득하느냐에 따라 습득되는 사회적 행동의 양상은 매우 달라지는 것이다. 나라마다 인사하는 법이나 식사 예절, 성 역할 등이 다르게 나타나는 것이 그 예다. 피아제의 이론과 다르게 비고츠키(Lev S. Vygotsky)는 사회화가 이루어지는 사회문화적 맥락을 강조하면서 사회화를 사회적 상호작용을 통해 사회적 요구를 인식하고 내면화하는 과정으로 정의한다. 비고츠키는 개인적 차원보다 사회적 차원에서 사회화를 설명함으로써 피아제가 강조하는 발달단계에 따른 개인 중심의 사회화에서 드러나는 한계를 극복하고 있다(최기영, 2010).

3. 사회화 기관

개인의 사회화에 영향을 미치는 기관은 크게 1차 사회화 기관과 2차 사회화 기관으로 나뉜다. 1차 사회화 기관은 가족이나 친척, 또래 등 저절로 이루어진 집단으로, 인간적이며 직접적인 접촉을 통해 인간관계를 형성한다는 특징이 있다. 가족은 유아기의 사회화를 결정짓는 중요한 기관으로서 부모의 양육 태도가 유아의 사회화에 지대한 영향을 미친다. 또래는 연령이나 수준이 비슷한 무리로서 결속력이 강하고 지속적이며 또래만의 독특한 문화를 형성함으로써 청소년기의 사회화에 큰 영향을 미친다. 2차 사회화 기관은 인위적이고 공식적인 집단으로, 학교나 직장, 군대, 지역사회, 대중매체 등이 포함된다. 학교는 의도적이고 공식적으로 만들어진 사회화 기관으로서 지식이나 기술을 다음 세대에 전달함으로써 사회화를 담당한다. 대중매체는 급변하는 현대사회에서 그 영향력이 증대하고 있는 것으로, 신문이나 잡지, 인터넷, 텔레비전 등을 통해 당대의 생활양식이나 가치관을 전달함으로써 사회화를 담당한다. 이렇게 여러 기관이 사회과교육에 포함되는 모든 지식이나 기술, 태도, 가치 등을 제공하면서 개인의 사회화를 담당하고 있으며, 각 기관이 개인의 사회화에 미치는 영향력은 연령이나 시대적·사회적 요구가 변화함에 따라 달라진다.

1) 가족

가족(family)은 결혼이나 혈연에 의해 맺어진 집단으로, 개인의 사회화에 가장 큰 영향을 미치는 기관이다. 개인은 태어나면서부터 가족과 함께 생활하며, 가족으로부터 가장 기본적인 생활양식과 규범 등을 습득한다. 특히 개인이 태어나서 최초로 맺는 인간관계가 부모와의 관계이기 때문에 부모로부터 사회생활에 필요한 지식이나 기술, 태도, 가치 등을 습득하면서 사회구성원으로 성장하게 된다. 즉, 부모-자녀 관계를 통해 개인의 사회화가 시작되는 것이다. 부모는 최상의 교사로서 유아의 훈육과 양육을 책임지고 있으며, 역할모델로서 유아의 성격이나 태도, 가치관 등에 결정적 영향을 미친다. 부모-자녀 관계는 타인과의 관계에도 직접적·간접적 영향을 미치는데, 가령 부모와의 사이에 애착이 형성된 유아는 다른 성인과도 원만한 인간관계를 유지하게 된다.

부모-자녀 관계를 통한 유아의 사회화는 외형적으로 부모의 양육 태도로 나타나는데, 왜냐하면 부모의 양육 태도는 당대의 사회문화적 특성이 반영되어 부모가 자녀에게 무엇을 어떻게 가르치느냐로 구체화되기 때문이다(Stryker & Serpe, 1983). 독립성을 강조하는 문화권의 부모는 온정적이면서 적절하게 통제하는 권위적인 양육 태도(authoritative parenting style)를 보이며, 유아의 능동성이나 창의성 등이 발달하도록 자발적인 의사 표현과 토론을 격려한다(Amato & Fowler, 2002). 상호의존성을 강조하는 문화권의 부모는 엄격하면서 과도하게 통제하는 권위주의적인 양육 태도(authoritarian parenting style)를 보이며, 유아에게 일방적으로 지시하고 존경과 복종을 강요하기 때문에 부모와 자녀 사이에 대화가 없고 유아는 의존적이며 반항적인 모습을 보인다(Silk et al., 2003). 허용적 양육 태도(permissive parenting style)를 가진 부모는 유아의 행동에 관대하고 통제를 거의 하지 않기 때문에 유아는 규율을 무시하고 제멋대로 행동하는 경향이 있다. 무관심한 양육 태도(uninvolved parenting style)를 가진 부모는 유아의 기본적인 욕구를 등한시하고 유아에게 어떤 기대도 하지 않아서 유아는 자아존중감이 낮고, 문제행동을 자주 일으키며, 학업성취도가 낮은 경향을 보인다(Avenevoli & Steinberg, 2001). 문화에 따라 부모의 양육 태도나 가치관, 부모-자녀 관계 등이 달라지므로 사회화의 목적과 내용, 방법 등이 다양하게 나타난다(Greenfield & Cocking, 1994).

형제자매는 부모의 슬하를 떠나기 전까지 한집에 살면서 사랑하고 존경하는 관계를 형성하며, 가장 오랫동안 개인의 사회화에 영향을 미친다. 윗사람은 윗사람으로서 모범을 보이면서 동생을 보살피고, 아랫사람은 아랫사람으로서 처신하고 윗사람을 따르면서 사회화된다. 형제자매 관계는 다른 인간관계에서 나타나지 않는 기쁨이나 좌절, 분노 등을 느낄 수 있는 독특한 관계로서 유아의 사회화에 지대한 영향을 미친다. 형제자매 사이에 오가는 대화나 다툼을 통해 유아는 타인의 정서 상태를 이해하고 자신의 정서를 조절하는 방법 등을 습득하면서 사회화된다(Berk, 2012). 유아의 연령이 증가함에 따라 부모보다 형제자매와 더 많은 이야기를 나누는 등 형제자매 관계가 더 복잡하고 빈번해지면서 유아의 사회화에 기여하는 폭이 커지게 된다(Brown & Dunn, 1992). 형제자매 관계는 부모의 양육 태도에 의해 영향을 받는데, 예컨대 부모의 양육 태도가 온정적이고 참여적일수록 형제자매 관계가 유아의 발달에 더 긍정적인 영향을 미치는 것으로 나타난다(Dunn, Slomkowski, & Beardsall, 1994). 부모의 양육 태도가 형제자매 관계의 질에 영향을 미치고, 그 결과 유아의 사회화에도 영향을 미치는 것이다.

조부모는 오랜 경험을 통해 얻은 지식과 기술, 전통적인 지혜와 문화유산 등을 쉽게 전달함으로써 유아의 사회화에 영향을 미친다. 조부모는 손자녀에게 옛날이야기를 들려주거나 식사예절, 전통놀이, 구전가요 등을 가르쳐 주면서 이전 세대의 생활양식과 가치관 등을 전달한다. 조부모는 손자녀 양육에 대한 직접적인 책임이 없으므로 여유롭게 손자녀와 상호작용하면서 손자녀의 사회화에 기여하는 것이다. 최근 맞벌이가족이나 한부모가족, 조손가족 등이 증가하면서 전적으로 손자녀 양육을 책임지는 조부모가 많아지고 있다. 주양육자로서 손자녀를 양육하는 조부모는 경제적 어려움이나 손자녀와의 세대 차이로 인한 정서적 어려움으로 힘들어하기도 한다(박은주, 2012). 조부모는 손자녀에 대한 책임감과 죄책감 사이에서 끊임없이 갈등하면서 양육 스트레스를 많이 받는데, 이러한 조부모의 양육 스트레스가 손자녀의 사회화에 부정적 영향을 미치기도 한다. 결국 조부모가 처한 상황이나 조부모-손자녀 관계의 양상 등에 따라 조부모가 영유아의 사회화에 미치는 영향은 매우 다양하게 나타난다.

결론적으로 유아는 부모뿐만 아니라 할머니, 할아버지, 형제자매, 고모, 이모, 삼촌 등 가족 안의 다양한 관계를 통해 자신이 속한 사회의 규범과 생활양식 등을 습득하면서 사회화된다. 가족은 유아사회과교육에 포함되는 거의 모든 지식과 기술, 태도, 가치 등을 제공하면서 유아의 사회화를 담당하고 있다. 예를 들어, 가족은 역사를 간직한다(Seefeldt, Castle, & Falconer, 2010). 가족이 처음 정착한 곳은 어디인지, 부모의 어린 시절은 어떠하였는지, 가족의 기념일은 언제인지 등을 이야기하면서 유아는 역사적 개념을 획득할 수 있다. 또한 가족이 어디에 살고 있는지, 가족이 어디에서 어디로 이사를 하였는지, 가족이 여행을 갔던 곳은 어디인지 등을 살펴보면서 유아는 지리적 개념을 형성할 수 있다. 부모의 직업이나 가족구성원이 하는 일이 무엇인지, 가족의 경제권을 누가 쥐고 있는지 등을 파악하면서 경제적 개념을 습득할 수도 있다. 이렇듯 가족은 유아사회과교육의 내용을 제공하면서 유아의 사회화에 결정적 영향을 미친다.

2) 또래

또래(peer)는 나이나 수준이 비슷한 무리로, 주로 놀이를 중심으로 모인 집단이다. 또래는 연령이나 신분, 취미 등이 서로 비슷하여 같이 느끼고 행동하는 경향이 있으며, 나름의 규칙이나 소속감을 느끼고 단결하는 특징이 있다. 또래 관계는 상호합의의 기반 위에 성립하기 때문에 일방적으로 주거나 받는 것이 아니라 서로 주고받는 평등한 관계를 유지하려는 경향이 있다. 그래서 또래 관계는 부모-자녀 관계보다 더 민주적이다. 보통 부모는 자녀에게 여러 가지 규칙을 일방적으로 강요하지만, 또래는 서로 합의하여 규칙을 정하고 다양한 정보를 주고받으면서 동등한 관계를 유지하기 때문이다.

또래 간 상호작용을 통해 유아는 자기중심적 사고나 행동을 변화시키고 자신의 정서를 적절하게 조절하는 등 사회적 능력을 기르게 된다. 유아는 또래 관계를 통해 서로의 행동에 대해 피드백을 주고받으면서 자신의 행동을 수정하기 때문에 사

회적 기술을 향상할 수 있다. 즉, 유아는 또래 관계를 통해 사회화되는 것이다. 연령이 증가함에 따라 또래와 보내는 시간이 많아지면서 또래가 유아의 사회화에 미치는 영향은 점점 더 커지게 된다. 가족보다 또래로부터 사회생활에 필요한 지식이나 기술, 태도, 가치 등을 더 많이 습득하게 되는 것이다. 또래와 함께 서로의 경험을 공유하면서 사회화에 영향을 미치는 등 각자가 가지고 있는 경험 그 자체가 유아사회과교육의 자원으로 작용하게 된다. 개인의 사회화는 부모-자녀 관계로부터 시작되지만, 연령의 증가와 함께 또래 관계가 개인의 사회화에 더 많은 영향력을 미치는 것이다.

또래는 강화(reinforcement)로서, 모델(model)로서, 준거(criterion)로서 유아의 사회화에 영향을 미친다(구광현, 이희경, 김보현, 2012). 강화는 유아의 행동에 대해 칭찬이나 비난을 제공함으로써 행동의 빈도와 강도가 증가하거나 감소하는 것을 말한다. 가령 배려나 협동과 같은 행동을 했을 때 또래가 칭찬하면 유아는 그 행동을 반복하고, 이기적이거나 의존적인 행동에 대해 또래가 비난하면 유아는 그 행동을 자제하게 된다. 모델은 또래의 행동이 사회적 모범으로서 작용하는 것을 말한다. 유아는 바람직하든 아니든 또래의 행동을 쉽게 모방하기 때문에 또래가 모델로서 유아의 사회화에 영향을 미치게 된다. 준거로서 또래는 유아의 가치관이나 능력 등을 객관적으로 평가하는 기준으로 작용하는 것을 말한다. 만약 자신이 달리기를

잘하는 것인지 아닌지를 알고 싶으면 유아는 가장 달리기를 잘하는 또래와 겨룸으로써 자신의 능력을 판단하게 된다. 또래와의 비교를 통해 자신을 평가하면서 유아는 자신의 능력에 대해 우월감이나 열등감을 가지게 된다.

3) 학교

학교(school)는 체계적이고 효율적인 교육을 통해 개인을 사회화시키는 기관으로, 개인을 유능한 사회적 존재로 기르는 가장 중요한 기관이라고 할 수 있다. 가족이 감성적·귀속적으로 사회화하는 반면, 학교는 중립적·보편적으로 사회화한다(Parsons, 1959). 가족은 심리적 유대감에 근거한 인간관계를 통해 개인의 사회화에 기여하지만, 학교는 감정에 치우치지 않고 공정한 교육을 통해 개인의 사회화에 이바지하는 것이다. 학교 자체가 하나의 커다란 사회이기 때문에 개인은 학교생활을 통해 다양한 사회적 경험을 하며 사회적 기술을 습득하게 된다.

유아교육기관은 유아가 부모와 떨어져 최초로 집단생활을 경험하는 곳으로, 유아에게 다양한 인간관계를 통해 사회적 능력을 향상할 기회를 제공한다(구광현 외, 2012). 유아교육기관은 교육 그 자체가 목적인 곳이며, 유아는 유아교육기관의 체계적인 교육을 통해 시민의 자질을 기를 수 있다. 유아는 친구와 다투고 화해하면서 갈등상황을 극복하는 기술과 태도를 배우고, 타인을 배려하고 공유하면서 민주적 가치를 깨닫게 된다. 또래와의 상호작용을 통해 유아는 자신의 사회적 지위와 역할을 깨달으면서 자아개념을 형성하게 된다. 유아가 유아교육기관에서 만나는 모든 사람이 유아사회과교육의 자원이 되는 것이다.

유아교육기관이 유아의 사회화에 미치는 영향은 교사 대 유아의 비율이나 학급의 크기, 프로그램의 성격, 교사의 역할 등에 따라 달라진다(구광현 외, 2012). 교사 대 유아의 비율은 교사와 유아의 상호작용에 직접적 영향을 미치는데, 예컨대 교사 대 유아의 비율이 낮을수록 교사가 유아를 더 많이 격려하고 칭찬하면서 유아의 사회화에 긍정적 영향을 미친다. 학급의 크기 역시 교사-유아 상호작용에 영향을 미치면서 결과적으로 유아의 사회화에 영향을 미치게 된다. 프로그램의 경우, 얼마나 구조화되어 있는가에 따라 유아의 사회화에 미치는 영향이 달라진다(Gray, Ramsey, & Klaus, 1982). 유아 중심의 덜 구조화된 프로그램에 참여한 유아일수록 새로운 환경을 탐색하면서 문제를 해결하는 능력이 뛰어나고 타인에게 친절하며 우호적인 것으로 나타난다.

특히 교사는 유아의 사회화에 지대한 영향을 미치면서 유아사회과교육의 자원이 된다. 유아는 교사에게 강한 정서적 유대감을 느끼며, 교사의 말이나 행동, 가치관, 태도 등을 따라 한다. 교사의 칭찬이나 질책에 의해 유아는 자신의 행동을 반복하거나 수정하면서 사회적 행동을 습득한다. 수업이나 교사와의 일상적인 대화를 통해 유아는 일상생활에서 제기되는 다양한 문제에 관심을 가지고, 문제해결방안을 모색하면서 사회과학적 지식을 습득하게 된다. 그러나 교사가 권위주의적인 태도로 유아에게 규범이나 규칙, 절차, 관습 등을 강요하는 경우가 종종 발생하기도 한다. 이는 유아가 자발적으로 사회적 규범이나 관습 등을 내면화할 기회를 빼앗는 것으로, 유아의 자율적 의사결정능력이나 문제해결능력 등이 발달하지 않는 결과를 초래할 수 있다. 따라서 교사는 허용적인 분위기에서 유아가 자유롭게 자기 생각을 표현하고 문제를 제기하면서 사회화할 수 있도록 도와주어야 한다.

4) 지역사회

지역사회(community)는 물리적 환경뿐만 아니라 사회문화적 환경을 제공함으로써 유아의 사회화에 영향을 미친다. 지역사회는 각기 나름의 특성이 있어서 어떤 지역사회에서 성장하느냐에 따라 유아가 경험하는 사회화 과정이 매우 달라진다. 지역사회의 특성에 따라 유아의 생활습관이나 가치관, 인지구조, 정서 상태 등이 달라지는 것이다. 가령 도시에서 성장한 유아는 놀이 공간이 부족하여 아파트의 놀이터에서 노는 경우가 많으며, 장난감과 같은 인공물을 이용한 놀이를 주로 한다. 도시의 부모는 자녀의 인지발달에 많은 주의를 기울이며, 자녀가 장래에 전문직으로 진출하기를 기대하는 경우가 많다(최기영, 2010). 반면에 농촌에서 성장한 유아는 인공물보다 자연물을 가지고 노는 경우가 많으며, 들판이나 개울과 같은 자연환경에서 자유롭게 뛰어놀면서 하루를 보낸다. 농촌의 유아는 개인보다 집단에 대한 개념을 더 빨리 습득하며, 가사나 농사와 관련된 심부름을 하면서 자라기 때문에 일상생활을 통해 성인의 사회적 역할을 이해하게 된다. 농촌의 인간관계는 혈연과 지연을 바탕으로 형성되기 때문에 인사법이나 예절, 관습 등이 강조되는 대신 약속이나 규칙에 대해 큰 비중을 두지 않는 경향이 있다.

지역사회는 그 특성에 따라 유아의 사회적 경험이 달라지는 등 유아사회과교육의 자원으로서 유아의 사회화에 여러모로 영향을 미치고 있다. 유아는 지역사회에서 만나는 다양한 사람들을 통해 사고방식이나 생활양식을 배우고, 지역사회의 오랜 역사와 전통을 학습하며, 사회적으로 인정받는 행동을 함으로써 사회화가 된다. 또한 지역사회의 다양한 기관이나 시설을 방문하면서 유아는 주변 환경에 대한 지식을 쌓으며, 공간이나 분포와 같은 지리적 개념을 형성한다(Seefeldt et al., 2010). 소방관이나 경찰관처럼 지역사회를 위해 봉사하는 사람들과의 만남을 통해 유아는 배려나 공유와 같은 민주적 가치를 깨닫게 된다. 지역사회에서 발생하는 다양한 정치적·경제적 이슈를 접하면서 유아는 다양한 정치적·경제적 문제에 관심을 가지고 문제 해결을 위해 함께 토의하는 기회를 가지게 된다. 그러므로 지역사회는 유아에게 시민의 자질을 함양하는 다양한 기회를 제공하면서 유아의 사회화에 큰 영향을 미치는 사회화 기관이다.

5) 대중매체

대중매체(mass media)는 신문이나 잡지, 라디오, 텔레비전, 영화 등과 같이 많은 사람에게 대량으로 정보를 전달하는 수단으로, 정보를 주는 송신자와 정보를 받는 수신자 사이에 개인적인 접촉이 일어나지 않는 것을 말한다. 대중매체는 인쇄를 이용한 것, 전파를 이용한 것, 통신을 이용한 것 등으로 구분된다. 인쇄를 이용한 것에는 신문이나 잡지, 전파를 이용한 것에는 라디오와 텔레비전, 통신을 이용한 것에는 인터넷이 포함된다. 대중매체는 정치, 경제, 문화 등 사회의 각 분야에서 일어나는 사건이나 사고 등에 대한 정보를 많은 사람에게 신속히 제공하기 때문에 정보화 사회에서 그 중요성이 점점 더 커지고 있다. 먹고 입는 것에 관한 정보뿐만 아니라 여행이나 날씨, 게임 등 살아가는 데 필요한 정보 대부분이 대중매체를 통해 제공되고 있다.

이렇듯 대중매체가 일상생활에서 차지하는 비중이 커지면서 대중매체가 개인의 사회화에 미치는 영향력도 점점 증가하고 있다. 특히 대중매체가 유아의 사회화에 미치는 영향력은 지대한데, 왜냐하면 유아는 대중매체가 전달하는 정보의 옳고 그름을 객관적으로 판단하고 선택하는 능력이 부족하기 때문이다. 예를 들어, 유아는 대중매체에서 폭력적 행동을 보고 그 행동을 따라 하거나 전통적 성 역할을 자주 접하면서 성 역할에 대한 고정관념을 형성하게 된다(Tepper & Cassidy, 1999). 주로 텔레비전을 통해 정보를 접하던 과거의 유아와 다르게 현대의 유아는 인터넷을 통해 훨씬 더 빈번하게 여러 가지 정보를 접하고 있어서 반사회적 행동을 배울 가능성이 점점 더 커지고 있다. 또한 대중매체를 이용하는 시간이 길어짐에 따라 유아가 직접 또래와 어울리면서 사회적 기술을 습득할 기회가 줄어들고 있다. 대중매체의 광고에 노출됨으로써 장난감을 사 달라고 조르는 등 대중매체로 인해 유아의 합리적 의사결정이 방해되기도 한다.

그러므로 대중매체가 유아사회과교육의 자원으로서 유아의 사회화에 긍정적 영향을 미치기 위해서는 유아의 대중매체 사용에 대한 부모와 교사의 적절한 통제와 개입이 필요하다(Berk, 2012). 유아가 하루 일정 시간 동안만 텔레비전을 보게 하거나 폭력적 장면이 포함되지 않은 프로그램을 시청하게 하는 것 등이 그 예다. 또한 부모와 교사는 듣고, 말하고, 읽고, 쓰는 등 유아의 의사소통능력이나 상상력을 향상하기 위해서 인터넷 게임이나 텔레비전 프로그램을 이용할 수 있다(Singer & Singer, 2007). 결국 대중매체는 어떻게 이용되느냐에 따라 유아의 사회화에 긍정적 또는 부정적 영향을 미치게 된다. 하지만 대중매체가 현대인의 삶에 점점 더 깊숙이 파고드는 상황에서 대중매체를 능동적으로 이용하지 않으면 대중매체가 유아의 사회화에 미치는 부정적 영향은 점점 더 커질 것이다. 따라서 대중매체가 유아의 사회화에 긍정적 영향을 미치기 위해서는 부모와 교사의 적절한 통제와 개입이 더욱더 요구된다.

제3장

유아사회과교육의 구성

　유아사회과교육은 유아의 시민성을 기르기 위한 교과로, 현대사회가 급변하면서 그 필요성과 중요성이 커지고 있다. 사회가 다원화·개별화됨으로써 새롭게 제기되는 다양한 문제를 능동적으로 해결할 수 있는 능력이 요구되고 있으며, 이러한 능력을 유아기부터 길러야 한다는 주장이 강해지고 있는 것이다. 특히 유아기에 형성된 가치나 태도, 습관 등이 이후에도 지속해서 유아의 삶에 영향을 미치기 때문에 유아사회과교육의 필요성은 더욱더 커지고 있다. 이렇게 유아사회과교육이 중요함에도 불구하고 유아사회과교육의 성격을 규명하기는 쉽지 않은데, 왜냐하면 사회과교육의 성격과 유아의 특성을 함께 고려해야 하기 때문이다. 따라서 유아사회과교육의 성격을 규명하기 위해서는 사회과교육의 성격을 분명히 하는 것이 우선적이며, 이를 위해서 사회과교육의 역사를 살펴보는 것이 필요하다. 사회과교육이 어떤 맥락에서 생겨났는지, 어떻게 발전해 왔는지 등을 이해함으로써 현시점에서 요구되는 사회과교육의 성격을 명확히 할 수 있는 것이다. 이에 근거하여 유아사회과교육의 목적 및 목표, 내용, 방법, 평가 등 그 성격을 밝히고, 유아의 사회적 경험을 극대화할 수 있는 다양한 내용과 방법을 탐색하는 것이 가능하다.

1. 사회과교육의 역사

사회과교육은 한국의 전통적인 교과가 아니라 미국에서 만든 교과가 해방 이후에 들어오면서 시작된 교과다(정문성, 구정화, 설규주, 2014). 따라서 우리나라 사회과교육의 역사를 이해하기 위해서는 미국 사회과교육의 역사를 이해하는 것이 우선적이다. 미국은 유럽의 절대왕정을 거부하고 다양한 인종과 민족이 모여서 이상적인 민주주의 국가를 실현하고자 시작한 국가로, 건국 이래 정치적으로는 민주주의, 경제적으로는 자본주의를 표방하고 있다. 특히 미국 민주주의는 절대왕정에서 나타났던 엄격한 신분차별과 귀족의 정치적 특권, 시민계급에 대한 억압 등에 저항하면서 탄생하였기 때문에 미국은 시민권(civil rights)에 대해 일찌감치 주의를 기울였다. 또한 미국은 다양한 인종과 민족을 통합하면서 넓은 대륙을 통치할 수 있는 독특한 대통령제를 만들게 되었으며, 동시에 참정권(political rights)을 강조하게 되었다. 자국의 운명이 어떤 대통령이나 정치인을 선출하느냐에 달려 있다고 판단한 미국은 대통령을 비롯하여 정치인을 선출하는 시민의 자질에 대해 많은 관심을 두게 되었으며, 자질 함양의 필요성을 절감하게 되었다. 이러한 필요성에 기반을 두고 미국에서 시민의 자질을 높이는 방안을 모색하는 과정 중에 사회과교육이 탄생하게 된 것이다.

1) 미국 사회과교육의 역사

미국 사회과교육의 역사는 전통적으로 성립기, 발전기, 개혁기, 중흥기, 정립기 등 다섯 단계로 구분된다(김용신, 2010). 각 단계는 사회과교육의 내용과 방법에 있어서 획을 긋는 사건이 나타난 시점을 기준으로 구분된다. 가령 1921년 미국사회과교육협의회(National Council for the Social Studies: NCSS)가 창립된 시점, 1957년 구소련에서 세계 최초의 인공위성인 스푸트니크를 쏘아 올린 시점 등을 기준으로 구분된다.

성립기는 영국의 식민지였던 미국이 독립을 선포한 1776년부터 미국사회과교육협의회(NCSS)가 창립된 1921년까지의 시기로, 이 시기에는 역사나 지리, 공민 등 교과 중심의 사회과교육이 시행되었다. 1776년 독립 이후 꾸준히 사회발전과 변혁을 이루었던 미국은 1861년에서 1865년 사이에 남북전쟁(American Civil War)을 겪으면서 인권 존중에 대해 크게 각성하게 되었다(한면희, 2006). 참정권의 확대와 같이 자신의 권리를 주장하는 목소리가 커졌으며, 권리를 보장하기 위해 제도적 장치를 마련하는 등 정치적·경제적·사회적 개혁에 대한 요구가 높아졌다.

또한 도시화와 공업화가 급속히 이루어지고 대규모의 이민이 발생하면서 사회통합의 필요성이 크게 대두하였다. 이러한 국가적 요구를 충족시키기에 기존 교과인 종교교육이나 가정교육, 마을교육 등은 역부족인 것으로 드러남에 따라 새로운 교과인 사회과교육이 탄생하게 되었다. 사회과교육은 초기에 지리, 역사, 정치 등의 순서로 등장하여 개별적으로 자리를 잡아 가다가 1916년에 국가교육협의회(National Education Association: NEA)가 사회과에 대한 공식적인 보고서를 제출하면서 통합적인 교과로 성립되었다.

발전기는 1921년부터 구소련에서 세계 최초의 인공위성인 스푸트니크를 쏘아 올린 1957년까지의 시기로, 사회과교육이 본격적으로 시행되면서 오늘날과 같은 모습을 갖추게 되었다. 개별적으로 이루어지던 역사 중심의 사회과교육이 통합적인 형태로 시행되었으며, 사회과교육의 본질은 소양을 갖춘 시민의 양성이라는 관점에 의해 교과의 정당성이 확보되었다(김용신, 2010).

특히 듀이(John Dewey)를 중심으로 한 진보주의 교육사조는 사회과교육이 오늘날의 모습을 갖추는 데 크게 기여하였다(전숙자, 2007). 진보주의는 생활 그 자체를 교육으로 간주하고 교실을 일상생활의 모든 측면이 통합된 장으로 보았으며, 역사나 지리와 같이 이미 조직화되어 있는 지식을 아동에게 가르치는 것은 교육적이지 않다고 말하였다. 따라서 진보주의는 경험 중심 교육과정을 강조하면서 아동의 흥미와 요구를 충족시킬 수 있는 통합된 형태의 사회과교육이 시행되는 데 정당성을 부여하였다. 또한 진보주의는 아동이 일상생활에서 제기되는 문제를 해결하는 데 도움이 되는 교육과정을 주장하면서 지역사회 중심의 시민교육, 사회참여를 지향하는 교육 등을 선도하는 데 많은 영향을 미쳤다. 결국 진보주의의 영향을 받아 사회과교육은 시민성에 중점을 둔 통합된 형태로 그 방향을 명확히 하게 되었다.

개혁기는 신사회과운동(new social studies movement)이 활발히 전개되던 1957년부터 1967년까지의 시기로, 사회과학 중심으로 사회과교육의 내용과 방법이 변화하게 되었다. 1957년 스푸트니크 충격으로 미국의 교육과정이 전면적으로 개편되었는데, 사회과교육도 이러한 움직임에서 예외일 수 없었다. 즉, 경험 중심 교육과정은 급변하는 현대사회에 효과적으로 대처하기 힘들다는 문제점이 제기되면서 사회과학의 기본 개념과 원리를 탐구하고 현실에 적용하는 데 관심을 기울이게 된 것이다. 그래서 사회과교육을 개선하려는 다양한 연구가 진행되었으며, 이러한 신사회과운동에 의해 사회과교육과 관련된 프로젝트가 1957년부터 10년 동안 무려 100개 정도나 시행되었다(김한종, 1993).

특히 사회과교육이 사회과학을 적극적으로 반영해야 한다는 주장에 힘입어 사회과학을 사회과교육에 포함하기 위해 교육과정을 개발하는 프로젝트가 대대적으로 시행되었다(Byford & Russell, 2007). 이 프로젝트에 참여했던 브루너(Jerome S. Bruner)는 개념이나 일반화 등 지식의 구조를 중심으로 한 학문 중심 교육과정을 주장하였으며, 이런 주장에 의해 사회과교육도 사회학이나 인류학, 정치학, 경제학, 심리학 등 사회과학의 내용과 방법을 중시하게 되었다. 즉, 사회과교육이 사회과학의 기본 지식을 중심으로 객관적 사실을 조직화하는 식으로 이루어지게 된 것이다. 그러나 학문 중심 교육과정에 따른 사회과교육은 지식을 지나치게 중시하면서 전인적 발달을 도모하지 못한다는 비판을 받았다.

중흥기는 사회과학 중심의 사회과교육에 대한 비판이 본격적으로 나타나기 시작한 1967년부터 구성주의적 사회과교육이 등장한 1998년까지의 시기로, 사회문제를 해결하려는 사회과교육의 본질이 강조되면서 다양한 형태의 사회과교육이 시도되었다. 이 시기에는 베트남전쟁에 대한 반전운동과 인권운동, 여성해방운동 등 사회적 갈등과 혼란으로 여러 가지 사회문제가 발생하였으며, 이로 인해 사회참여나 사회적 행동 등이 중시되었다. 사회과교육 역시 지식 위주의 학문 중심 교육과정을 비판하면서 사회문제에 대한 새로운 인식과 사회참여를 강조하게 되었다.

이 시기의 대표적 학자인 뱅크스(James A. Banks)는 과학적 방법으로 사회과학적 지식을 습득하는 사회탐구와 아울러 가치를 분석하고 명료화하는 가치탐구를 중시하였으며(차경수, 2006), 명료화시킨 지식과 가치에 맞는 행동을 할 수 있도록 가르치는 이론과 교수–학습 방법 등을 강조하였다(전숙자, 2007). 그뿐만 아니라 현대사회가 해결해야 할 많은 문제를 가지고 있어서 문제 해결을 위해 매 순간 의사결정이 요구되며, 이를 위해 사회과교육에서 의사결정능력을 기르는 것이 중요함을 역설하였다(Banks & Clegg, 1977). 즉, 합리적인 의사결정을 위해서는 사회탐구를 통해 습득한 사회과학적 지식이 필요하며, 사회적 행동을 실천하기 위해서는 사회과학적 지식과 함께 가치를 명료화하는 가치탐구가 이루어져야 하는 것이다. 결국 급변하는 현대사회에 대응하기 위해 적극적인 사회과교육이 필요하다는 인식이 퍼졌으며, 사회참여와 가치교육을 강조하는 사회과교육이 시행되었다.

정립기는 구성주의적 사회과교육이 등장한 1998년부터 현재까지의 시기로, 지식을 구성하는 주체인 학습자를 중심으로 다양한 교수–학습 방법을 활용하는 사회과교육이 전개되고 있다. 정보화와 세계화가 급속히 진행되고 개별성과 다양성이 특징인 포스트모더니즘이 교육에 지대한 영향을 미치면서 교사가 일방적으로 지식을 전달하던 사회과교육은 더는 존재하기 어렵게 되었다(김용신, 2010). 대신 개별화와 다양화가 강조되면서 지금까지 상반된 관계로 인식되어 온 삶의 여러 부분, 예컨대 개인과 사회, 물질과 정신, 주체와 객체 등을 조화시킬 수 있는 사회과교육이 요구되었다. 그래서 구성주의적 사회과교육이 등장하게 되었으며, 사회과교육의 내용과 방법, 평가 등에 대한 재검토가 이루어지게 되었다.

구성주의적 사회과교육은 학습자 스스로 지식을 구성할 수 있도록 학습자 개개인을 자극할 수 있는 다양한 수업환경을 조성하는 것이 중요하다고 말한다. 즉, 구성주의적 사회과교육은 교사가 교과서를 통해 지식을 전달하는 방식을 비판하면서 다양한 교수-학습 방법을 통해 학습자 스스로 지식을 구성할 수 있도록 도와주는 것이다. 따라서 구성주의적 사회과교육은 학습자가 여러 각도에서 사회문제를 바라보고 해결함으로써 문제해결능력을 향상하는 데 도움을 준다(Scheurman, 1998). 또한 학습자 개개인의 특성을 고려한 개별화된 수업과 학습자 스스로 나름의 세계를 재창조하는 과정인 수행평가를 강조함으로써 학습자의 창의성 계발을 도와준다. 결국 현재 사회과교육은 개별화와 다양화라는 시대적 요구를 수용하여 학습자의 자아실현과 사회참여에 필요한 제반 능력을 기르는 데 주안점을 두고 있다.

2) 한국 사회과교육의 역사

한국의 사회과교육은 1945년에 광복이 된 후 미군정에 의해 도입되었다. 사회과교육이 도입되기 이전에는 일상생활에 필요한 지식의 습득에 주안점을 두고 지리나 역사, 정치, 경제 등의 과목이 학교교육에 포함되어 있었다. 1945년의 해방과 동시에 한국은 미군정의 통치를 받았으며, 학교교육 역시 미군정이 통제하게 되었다. 1945년 9월에 공립 소학교가, 10월에 중학교가 개교하였으며, 미군정의 조치에 따라 역사, 지리, 공민 등의 과목이 학교교육에 포함되었다. 1946년에는 역사, 지리, 공민 등을 통합한 사회생활 교과가 생겼으며, 지식 중심이 아니라 생활 중심으로 교과내용이 구성되었다(한면희, 2006). 1947년에 미군정이 발간한 교수요목은 사회생활 교과의 목적이 사람과 자연, 사회 간의 관계를 바로 인식하고 사회생활에 유능한 국민이 되게 하는 것이라고 명시하였다. 결국 당시 미국에서 지배적이었던 경험 중심 교육과정에 근거한 사회과교육이 미군정에 의해 도입되면서 한국의 사회과교육은 본격적인 첫발을 내딛게 되었다.

제1차 교육과정이 공포된 1954년부터 한국의 사회과교육은 교육과정의 변화와 그 역사를 같이한다. 즉, 제1차 교육과정부터 2009 개정 교육과정까지 교육과정이

바뀜에 따라 사회과교육의 내용과 방법 등이 변하게 된 것이다.

　제1차 교육과정은 1954년부터 1963년까지 시행되었으며, 이 시기에 사회과교육은 교과로서 체계를 갖추게 되었다. 사회과교육은 사회 및 아동의 욕구를 반영한 기초적인 문제를 다루고, 지리나 역사, 공민 등을 아동의 발달을 고려하여 종합적으로 다루어야 함을 강조하였다. 제1차 교육과정은 교과 중심 교육과정을 표방하였지만, 사회과교육은 반공 이데올로기와 민족의식을 강조하면서 경험 중심 교육과정에 근거하여 교육내용이 구성되었다(최용규, 2005).

　제2차 교육과정은 1963년부터 1973년까지 시행되었으며, 이 시기에 사회과교육의 성격이 분명해지게 되었다. 이 시기는 4·19 혁명과 5·16 군사정변 이후로, 사회적 혼란이 극심하였으며 정치나 경제, 문화 등 사회의 여러 측면에서 급격한 변화가 있었다. 제2차 교육과정에는 군사정변으로 정권을 잡은 군사정부의 정치이념이 많이 반영되었으며, 생산성과 합리성, 지역성 등을 강조하게 되었다(최용규, 2005). 사회과교육 역시 많은 변화가 있었는데, 예컨대 생활지도에 대한 내용이 많이 사라지고 사회인식을 위한 내용이 포함되었다(강대현, 2015).

　제3차 교육과정은 1973년부터 1981년까지 시행되었으며, 사회과교육은 학문 중심 교육과정의 영향을 받아 사회과학 중심으로 이루어졌다. 제3차 교육과정은 유신체제 아래에서 정권의 의도가 강하게 반영되었으며, 국민교육헌장의 이념에 의한 국가주의적 요구와 학문 중심 교육과정에 근거한 과학주의적 요구가 수용되었다(권오정, 김영석, 2006). 사회과교육은 사회과학적 지식과 방법의 습득을 목표로 하였으며, 사회과교육의 내용은 학문의 기본 개념과 원리를 바탕으로 점차 심화하고 확대되는 나선형 교육과정에 따라 구성되었다(최용규, 정호범, 김영석, 박남수, 박용조, 2014).

　제4차 교육과정은 1981년부터 1987년까지 시행되었으며, 사회과교육은 학문 중심 교육과정을 비판하면서 등장한 인간 중심 교육과정의 영향을 받게 되었다. 제4차 교육과정은 다시 군사정변으로 정권을 잡은 정부의 이념이 강하게 반영되면서 국민정신교육과 전인교육, 과학기술교육 등에 중점을 두었다(강대현, 2015).

사회과교육 역시 국민정신교육의 지표를 체계적으로 반영하는 데 주력하였으며 (최용규, 2005), 특히 국가발전과 인류공영에 이바지할 수 있는 자질과 태도를 기르는 데 주안점을 두었다. 또한 인간 중심 교육과정의 영향을 받아 현장학습이나 토의 등 다양한 교수-학습 방법이 활용되었다.

제5차 교육과정은 1987년부터 1992년까지 시행되었으며, 사회과교육은 미래지향적 교육을 표방하면서 문제해결능력과 가치, 태도 등을 강조하였다. 제5차 교육과정은 급변하는 사회의 시대적 요구와 국가의 당면과제를 해결하고자 학문적 · 개인적 · 사회적 · 국가적 적합성을 함께 고려하여 구성되었다. 또한 지역화와 개방화를 표방하면서 미래사회를 준비할 수 있는 인간상으로 자주적 인간, 창조적 인간, 도덕적 인간, 건강한 인간 등을 제시하였다. 사회과교육에서는 지역화가 적극적으로 추진되면서 우리 고장을 주제로 한 지역 교과서가 개발되고 활용되었다 (한면희, 2006).

제6차 교육과정은 1992년부터 1997년까지 시행되었으며, 사회과교육은 과거 정권의 논리에 의해 움직이던 관행을 깨고 그 본질을 찾으려고 시도하였다(최용규 외, 2014). 제6차 교육과정은 문민정부의 수립과 사회주의 체제의 붕괴, 정보화, 세계화, 과학기술의 급격한 발전 등 사회변화에 창조적으로 대응할 수 있는 능력의 신장을 강조하였다. 권위주의 체제에서 민주주의 체제로 사회가 변함에 따라 사회과교육의 궁극적 목표는 국민적 자질이 아니라 시민적 자질을 육성하는 것으로 바뀌게 되었다(최용규 외, 2014). 이는 단지 용어의 변화에 그치는 것이 아니라 집단이나 국가보다 학습자 개개인의 발달을 중시하는 사회과교육으로 그 본질을 명확히 함을 의미한다. 결국 사회과교육은 제6차 교육과정에서 획기적으로 변화하였다. 가령 사회과교육과 과학교육을 통합한 슬기로운 생활이나 공통사회가 개발되었다 (강대현, 2015).

제7차 교육과정은 1997년부터 2007년까지 시행되었으며, 사회과교육은 정보화 · 세계화 시대를 주도할 수 있는 시민의 자질을 기르는 데 중점을 두었다(최용규 외, 2014). 제7차 교육과정은 정보화 · 세계화 시대에 발맞춰 전인적 발달을 도모하면서 창의적으로 새로운 가치를 만드는 인간상을 제시하였다. 이러한 인간상을 구현하기 위해 교육내용의 양과 수준을 적정화하고 학습자의 능력이나 적성, 진로 등을 고려하여 교육내용과 교육방법을 다양화하였다. 즉, 학습자 개개인의 수준을 고려한 수준별 교육과정에 따라 수업이 이루어짐으로써 학습자가 능동적으로 의사결정능력이나 정보처리능력 등을 기를 수 있도록 하였다. 사회과교육 역시 학습자의 이해와 요구를 고려한 활동이나 학습자의 흥미와 능력에 맞는 과제를 제공함으로써 학업성취도의 극대화를 꾀하였다. 또한 내용을 수준별로 차별화하여 기본 과정과 심화과정으로 나누어 제시함으로써 학습자의 주도적 학습이 이루어지도록 하였다(최용규 외, 2014).

2007년에 고시된 2007 개정 교육과정에서 사회과교육은 전면적인 개정이라고 할 만큼 그 내용에 있어서 근본적인 변화가 있었다(최용규 외, 2014). 즉, 사회환경이 변화함에 따라 사회적 요구가 달라지고 새로운 사회문제가 생기면서 사회과교육의 내용과 방법이 대대적으로 바뀌게 된 것이다. 가령 개별화와 다양화가 강조되면서 문화 다양성이 부각되었으며, 고령화가 급속도로 이루어지면서 복지에 대한 관심이 높아졌다. 양성평등이나 사회적 약자, 소수자 권리, 북한 지역의 지리적 특성 등이 사회과교육의 내용에 새롭게 추가되었으며(정문성 외, 2014), 사회참여와 문제해결능력, 비판적 사고력, 의사결정능력 등이 강조되었다. 더 나아가 발견학습이나 탐구학습, 문제해결학습, 가치명료화학습, 의사결정학습 등 다양한 교수-학습 모형이 교육현장에 적용되었다.

2009년에 고시된 2009 개정 교육과정은 현재까지 시행되고 있으며, 사회과교육은 학습자 중심의 통합적 성격이 강화된 형태로 시행되고 있다. 2009 개정 교육과정은 학습자의 과도한 학습부담을 덜어 주고자 교과의 수를 축소하고 수업시수에 대한 자율권을 확대하였다. 또한 학습자의 발달단계를 반영하고 시기별 교육중점을 강조하기 위해 몇 개의 학년을 묶어서 학년군을 설정하였다. 학년군 제도는 학기당 이수해야 할 과목의 수를 줄임으로써 학습부담을 적정화하고, 학년 간교과내용이 중복되는 문제를 해결함으로써 학습의 효율성을 높이려는 것이다(정문성 외, 2014). 이러한 학년군 제도에 따라 사회과교육은 학년군으로 내용을 편성하였으며, 학습자 개개인의 관심과 수준을 고려하여 다양한 경험을 제공하는 교수-학습 전략을 사용하였다. 시대적 요구에 의해 배려나 인성, 문화적 편견이나 차별로 인한 문제를 해결하는 방안 등이 사회과교육의 내용에 추가되었다(최용규 외, 2014).

3) 유아사회과교육의 역사

유치원 교육과정은 1897년에 한국에 유치원이 소개되고 나서 70여 년이 흐른 뒤에야 비로소 제정되고 공포되었다. 유치원 교육과정이 공포되기 이전까지 유치원은 대부분 밖에서 놀거나 그림 그리기, 노래 부르기, 동화책 읽기 등으로 일과를 운영하였다. 유치원 교육과정이 없었기 때문에 교육목표나 내용, 방법, 평가 등이 뚜렷하지 않은 채 유치원마다 제각기 교육을 시행하고 있었다. 이러한 혼란을 바로잡고 교육을 정상화하기 위해 1969년에 문화교육부(현 교육부)가 최초로 유치원 교육과정을 제정하게 되었다(이기숙, 1992).

1969년에 공포된 제1차 유치원 교육과정은 경험 중심 교육과정의 영향을 받아서 아동 및 생활 중심의 교육을 강조하였다. 제1차 유치원 교육과정은 건강, 사회,

자연, 언어, 예능 등 다섯 가지 생활영역으로 구성되었으며, 이 중 사회생활 영역에서 사회과교육을 다루었다. 유아사회과교육은 건강한 신체와 정신으로 행복하게 생활하는 유능한 시민이 되기 위한 기초를 닦는 데 그 목적이 있었으며, 군사정부의 정치이념에 의해 국가나 반공 이데올로기가 교육내용에 많이 반영되었다(이은화, 김영옥, 2008). 유아사회과교육의 목표는 자주적인 정신과 태도, 원만한 인간관계와 협동, 사회에 적응하고 이해하려는 태도 등을 기르는 것이다(황해익 외, 2015).

1979년에 공포된 제2차 유치원 교육과정은 학문 중심 교육과정의 영향을 받았으며, 국민교육헌장의 이념 아래 국민적 자질의 함양과 인간교육의 강화, 기술교육의 쇄신 등이 강조되었다. 즉, 개인적으로는 자아실현이, 국가적으로는 국가발전과 민주적 가치의 실현이 강조된 것이다. 유아사회과교육은 일상생활과 집단생활에 필요한 능력과 태도를 기르고 자신감과 성취감을 느끼며 자신이 느낀 점을 다양하게 표현할 수 있도록 하는 데 그 목표를 두었다. 제2차 유치원 교육과정은 사회 · 정서발달, 인지발달, 언어발달, 신체발달 및 건강 등 네 가지 발달 영역으로 구성되었으며, 제1차 유치원 교육과정의 사회생활 영역이 사회 · 정서발달 영역으로 바뀌게 되었다.

1981년에 공포된 제3차 유치원 교육과정은 처음으로 초 · 중등 교육과정과 함께 개정된 것으로, 이때부터 초 · 중등 교육과정으로부터 소외되어 있던 유치원 교육과정에 대한 연구가 비로소 전문적이고 체계적으로 이루어지게 되었다(이기숙, 1992). 제3차 유치원 교육과정은 인간 중심 교육과정의 영향으로 개인적 · 사회적 · 학문적 조화를 추구하는 전인적 발달을 강조하였다. 제3차 유치원 교육과정은 신체발달, 정서발달, 언어발달, 인지발달, 사회성 발달 등 다섯 가지 발달 영역으로 구성되었으며, 제2차 유치원 교육과정의 사회 · 정서발달 영역이 정서발달 영역과 사회성 발달 영역으로 분리되었다. 유아사회과교육의 목표는 일상생활과 집단생활에 필요한 예절이나 규범, 태도, 습관 등을 기르고 국민적 자질을 함양하며 나라를 사랑하는 마음을 갖게 하는 것이다.

1987년에 공포된 제4차 유치원 교육과정은 제3차 유치원 교육과정과 같이 다섯 가지 발달 영역으로 구성되었으며, 교육목표 및 교육내용, 교육자료, 교육평가 등이 개정되었다. 유아사회과교육은 의사결정능력을 강조하였으며, 사회적 지식과 기본생활습관, 자신에 대한 긍정적 태도, 다른 사람과 의견을 나누는 자세 등이 유아사회과교육의 내용에 포함되었다. 특히 제4차 유치원 교육과정은 집단생활에 대한 내용이 추가되고 국가생활에 대한 내용이 축소되는 등 개인생활, 집단생활, 국가생활 중 집단생활에 필요한 능력과 태도를 기르는 데 주안점을 두었다(황해익 외, 2015).

　1992년에 고시된 제5차 유치원 교육과정은 최초로 중앙집권형에서 지방분권형으로 전환한 교육과정으로, 교사의 자율성 · 전문성 강화와 각 지역의 실정에 맞는 교육을 강조하였다. 사회변화에 의한 취업 주부의 증가로 종일반 운영에 대한 요구가 커지면서 만 3세 유아의 유치원 입학이 합법화되었다. 이로 인해 교육과정의 내용이 만 3, 4세를 위한 수준 I과 만 4, 5세를 위한 수준 II로 나뉘어 제시되었다. 제5차 유치원 교육과정은 건강, 사회, 표현, 언어, 탐구 생활 등 다섯 가지 생활 영역으로 구성되었으며, 제4차 유치원 교육과정의 정서발달 영역과 사회성 발달 영역이 사회생활 영역에 포함되었다. 유아사회과교육은 전인적 발달을 강조하였으며, 기본생활습관과 자율성, 남과 더불어 사는 태도 등을 기르는 데 중점을 두었다.

　1998년에 고시된 제6차 유치원 교육과정은 교육과정 운영의 자율성에 중점을 둔 것으로, 지역이나 유치원의 상황과 조건에 따라 교육과정이 자율적으로 운영되도록 하였다. 유아사회과교육은 정보화 · 세계화 시대를 주도할 수 있는 자율적이고 창의적인 인간을 육성한다는 기본 방향 아래 사회변화에 대처할 수 있는 능력을 기르는 데 주안점을 두었다. 또한 두레의 소중함이나 세계 여러 나라의 문화에 대한 관심을 강조하면서 경제, 문화, 전통 등을 추가하여 내용을 확장하였다(박찬옥, 이경림, 장명림, 2007).

　2007년에 고시된 2007 개정 유치원 교육과정은 정보화 · 세계화라는 시대적 요구와 저출산 문제의 해결이라는 국가적 요구가 반영된 것으로, 초 · 중등 교육과정과의 연계성을 강화하였다. 유아사회과교육은 자아를 이해하고 공동체에 적응하며 다문화사회를 준비하는 등 포괄적이면서 구체적인 사회생활을 강조하였다(황해익 외, 2015). 또한 교육내용을 '~하기'로 바꾸어 명시하였으며, 기본생활습관의 형성을 사회생활 영역에 국한하지 않고 모든 영역에서 다루어야 할 내용으로 제시하였다. 유아사회과교육은 나를 알고 사랑하기, 가족과 함께 생활하기, 이웃과 더불어 생활하기, 사회현상에 관심 가지기 등 크게 네 부분으로 구성되었으며, 실제 생활과 연계된 활동을 강화하여 유아의 적극적 참여를 유도하였다.

2011년에 고시된 5세 누리과정은 유치원 교육과정과 어린이집 표준보육과정이 통합된 것으로, 교육과 보육을 국가가 책임짐으로써 유아교육 선진화의 계기를 마련하였다. 2013년부터는 만 3, 4세까지 누리과정이 확대되어 현재는 3~5세 연령별 누리과정이 시행되고 있으며, 이로써 모든 유아가 같은 출발선에서 인생의 첫발을 내딛게 되었다. 누리과정의 목표는 유아가 자신을 긍정적으로 생각하고 주변 사람들과 원만한 인간관계를 맺으며 더불어 살아갈 수 있는 능력과 태도를 기르도록 하는 것이다. 유아사회과교육은 사회성 발달을 도모하는 데 중점을 두고 있으며, 유아가 유아 자신에서 시작하여 점차 가족과 이웃, 우리나라 등으로 관심의 범위를 넓힘으로써 사회문제에 관심을 가지고 문제해결능력을 기를 수 있도록 도와주고 있다(김혜금 외, 2013).

2. 유아사회과교육의 성격

유아사회과교육은 유아가 사회과학적 지식과 사회생활에서 요구되는 기술, 민주사회의 구성원으로서 지녀야 할 가치와 태도 등을 습득하도록 하는 교과다. 바꾸어 말하면 유아사회과교육의 목적은 유아가 시민성을 기르는 데 필요한 지식과 기술, 태도, 가치 등을 습득하도록 하는 것이다. 이러한 목적에 근거하여 유아사회과교육의 목표와 내용, 방법, 평가 등이 결정된다. 그러나 유아사회과교육의 목표는 시대나 공동체에 따라 달라진다. 왜냐하면 시대나 공동체에 따라 시민성의 정의가 달라지기 때문이다. 예를 들어, 과거에는 책임감 있는 시민을 양성하는 것이 목표였지만, 현재에는 다원화된 사회의 특성을 반영하여 문화 다양성을 이해하고 존중하는 시민을 기르는 것이 목표다. 또한 학자마다 사회과교육을 바라보는 관점이나 강조점이 달라서 유아사회과교육의 목표를 한마디로 말하기가 어려운 상황이다. 그럼에도 목표를 분명히 제시하는 것이 중요한데, 왜냐하면 교육목표(objectives of education)는 교육활동의 목적을 구체화하여 최종적으로 달성하려는 교육의 성과를 보여 주기 때문이다. 따라서 과거부터 현재까지 유아사회과교육의 목표가 어떻게 변화하고 있는지를 살펴보고 현시점에서 요구되는 유아사회과교육의 목표를 명확히 하는 것이 필요하다.

1) 유아사회과교육의 목표

유아사회과교육의 목표는 학자에 따라 다르게 제시되고 있다. 예를 들어, 버거(Evelyn Berger)와 윈터스(Bonnie A. Winters)는 일상생활에 적용할 수 있는 지식과 사회적 행동을 위한 기술을 발달시키는 것을 목표로 제시한다(Berger & Winters, 1973). 또한 개인의 가치와 존엄성을 인식시키는 것, 주변 사람들에 대한 신뢰감을 형성하도록 하는 것, 경험에 근거하여 결정하는 능력을 기르는 것 등을 유아사회과교육의 목표로 제시한다.

미첼리스(John Udell Michaelis)는 책임감 있는 시민을 양성하는 것을 유아사회과교육의 목표로 제시하면서 구체적으로 지식과 사고과정, 기술, 태도 등 네 범주로 나누어 설명하고 있다(Michaelis, 1980). 지식 범주의 경우, 유아가 역사나 지리, 정치 등 사회과학적 지식을 쌓고 환경이나 에너지와 같은 사회문제에 관심을 두도록 하는 것이다. 사고과정 범주는 유아가 비판적 사고력과 문제해결능력, 의사결정능력 등을 기르도록 하는 것이며, 기술 범주는 유아가 집단으로 활동할 때 타인의 의견을 존중하면서 적극적으로 자신의 의사를 표현하고 다양한 아이디어를 공유하는 등의 기술을 쌓도록 하는 것이다. 태도 범주는 유아가 권리나 자유, 평등, 정의, 협동 등 민주사회에서 요구되는 가치를 이해하고 실천하는 태도를 가지도록 하는 것이다.

드말렌더즈(Wilma Robles De Melendez)와 벡(Vesna Beck), 플레처(Melba Fletcher)는 유아사회과교육의 목표를 개인적 · 국가적 · 세계적 차원으로 나누어 제시한다. 개인적 차원에서 유아사회과교육의 목표는 유아가 자기 자신뿐만 아니라 자신의 능력, 타고난 잠재력, 문화적 배경 등에 대해 자부심을 느끼도록 하는 것이다(De Melendez, Beck, & Fletcher, 2000). 국가적 차원에서는 유아가 민주사회의 시민으로서 자신의 역할을 인지하도록 하는 것이며, 세계적 차원에서는 자신이 세계의 한 부분임을 깨닫도록 하는 것이다.

이기숙(2008)이 제시한 유아사회과교육의 목표는 유아가 긍정적 자아개념을 가지고 타인의 감정과 행동을 이해하며 모든 사람은 자신의 권리를 존중받아야 함을 인식하는 것이다. 또한 경쟁이나 승리보다 협동이나 타협에 가치를 두고, 주변 사람들로부터 자신이 받는 도움을 인식하면서 타인을 도와주며, 다른 문화권의 사람들과 자기 자신 사이의 차이점과 유사점을 이해하는 것이다. 더불어 이기숙(2008)은 유아가 사회의 구성원으로서 높은 수준의 성취감을 가질 수 있도록 가치와 습관, 기술 등을 습득하도록 하는 것을 유아사회과교육의 목표로 제시하고 있다.

이상의 논의를 토대로 유아사회과교육의 목표를 정리하면, 첫째, 유아가 사회현상에 관심을 가지고 사회과학적 지식을 습득함으로써 사회문제를 객관적으로 바라볼 수 있도록 하는 것이다. 둘째, 유아가 사회생활에 필요한 여러 가지 기술을 습득함으로써 능동적으로 자신의 삶을 전개할 수 있도록 하는 것이다. 셋째, 유아가 자신뿐만 아니라 타인의 권리를 존중하면서 함께 살아가는 태도와 가치를 가지도록 하는 것이다. 넷째, 유아가 문화 다양성을 존중하고 서로 다른 생각이나 의견을 수용하면서 협동하는 태도와 가치를 가지도록 하는 것이다. 다섯째, 유아가 적극적으로 자신의 의사를 표현하고 문제를 제기함으로써 의사결정능력이나 문제해결능력 등을 기르도록 하는 것이다.

2) 유아사회과교육의 내용

유아사회과교육의 내용은 교육목표를 달성하기 위한 것으로, 유아의 발달수준과 흥미 등을 고려하여 결정된다. 교육내용(educational contents)은 교육목표의 규제를 받으면서 교육방법의 방향을 제시하며, 교육의 핵심으로서 교사와 학습자 사이를 연결한다. 교육내용은 가치가 있어서 학습자에게 전달할 필요가 있는 것으로, 학습자에게 의미가 있고 바람직하여야 한다. 그래서 교육내용을 선정하기가 쉽지 않은데, 왜냐하면 시대적 요구와 사회문화적 특성, 교육적 효과 등도 함께 고려해야 하기 때문이다.

일반적으로 국가 수준에서 제시하는 유아사회과교육의 내용에는 중요한 사회적 쟁점이 반영되며 사회과학적 지식과 기술, 태도 등이 포함된다(김은미, 2014). 즉, 유아사회과교육의 내용에는 유아의 시민성을 길러 줄 수 있는 지식과 기술, 태도, 가치 등이 모두 포함된다. 사회과학적 지식은 역사학, 지리학, 경제학, 정치학, 사회학, 인류학, 심리학 등과 같은 사회과학에서 유아에게 적합한 개념을 추출한 것이며, 기술은 유아가 사회생활을 하는 데 필수적으로 요구되는 사회적 행동을 의미한다. 태도나 가치는 민주사회의 구성원으로서 유아가 지녀야 하는 것으로, 민주적 가치나 다양성 존중 등이 포함된다(차영숙, 유희정, 곽정인, 강민정, 2008).

유아사회과교육의 내용에 대해 드말렌더즈와 벡, 플레처는 다섯 가지 지침 (guidelines)을 제시하였다(De Melendez et al., 2000). 첫째, 유아사회과교육의 내용은 무엇보다도 유아에게 의미가 있어야 한다. 즉, 유아가 관심을 가지면서 중요하다고 생각하는 것으로 내용을 구성해야 한다. 교실 안에서 이루어지는 수업의 주제가 유아의 흥미뿐만 아니라 교실 밖 현실과 연결될 때 그 수업은 유아에게 의미가 있다. 또한 수업의 주제가 배울 만한 가치가 있을 때 의미 있는 수업이 된다 (Bredekamp & Rosegrant, 1995). 유아가 시간을 들여서 탐구할 만한 주제로 수업이 이루어질 때 그 수업은 유아에게 의미가 있다. 다시 말해, 유아의 인지발달 수준과 내용이 부합될 때 유아에게 의미 있는 학습이 일어나는 것이다(Seefeldt, 1997). 따라서 유아가 관심을 두는 주제인 가족이나 형제자매, 또래, 지역사회, 환경문제 등으로 유아사회과교육의 내용이 구성되어야 한다.

둘째, 유아사회과교육의 내용은 통합적이어야 한다. 사회과 자체가 통합적인 학문이기 때문에 유아사회과교육의 내용도 통합적이어야 하는 것이다. 이는 유아가 다양한 각도에서 그리고 다양한 학문의 영역에서 주제를 바라보면서 다양한 경험을 할 수 있다는 것을 의미한다. 가족이 주제인 경우, 지리학의 측면에서 우리 가족이 사는 집에 관해 이야기한 후 다른 가족이 사는 집에 관심을 가지면서 다양한 집의 형태를 살펴볼 수 있다. 사회학의 측면에서는 가족구성원의 지위와 역할에 관해 이야기할 수 있으며, 역사학의 측면에서는 가족구성원의 과거와 현재의 사진을 비교하면서 시간에 따른 변화를 이해할 수 있다. 또한 가족을 주제로 그림을 그리거나 노래를 부르며 자신의 느낌이나 생각을 표현할 수 있으며, 역할놀이를 통해 다른 가족구성원의 감정이나 생각 등을 이해할 수 있다. 그러므로 유아사회과교육의 내용은 여러 가지 학문에 기초하여 다양한 방법으로 유아에게 다양한 경험을 제공할 수 있도록 구성되어야 한다.

셋째, 유아사회과교육의 내용은 도전적이어야 한다. 이는 유아가 자신의 모든 능력을 동원하여 당면한 문제를 해결해 보고 싶다는 동기가 유발되는 것을 말한다. 가령 놀이터에서 서로 먼저 그네를 타려다가 다툼이 벌어지면 유아는 교사에게 도움을 청하는 대신 규칙을 강조하고 다른 유아를 설득하면서 스스로 문제를 해결할 수 있다. 즉, 다양한 갈등상황에서 일어나는 문제를 스스로 해결하는 경험을 통해 유아는 자신의 사회적 능력을 향상할 수 있다. 따라서 유아사회과교육의 내용은 유아가 도전해 보고 싶은 과제를 다양하게 포함함으로써 유아의 도전의식을 자극할 수 있어야 한다.

넷째, 유아사회과교육의 내용은 시민성에 관한 지식과 기술, 태도, 가치 등을 포함해야 한다. 지식은 현실에 관한 생각이나 아이디어로, 자신이 누구이며 주변 사람들이나 환경과 어떻게 연관되어 있는지를 유아가 깨닫도록 하는 것이다. 따라서 지식은 유아의 흥미를 유발하면서 연령에 적합해야 한다. 기술은 유능한 시민이 되기 위해 필수적인 사회적 행동으로, 생각하는 방법이나 자기 생각을 표현하고 타인과 공유하는 방법, 사회집단에 효과적으로 참여하는 방법, 정보를 획득하고 사용하는 방법 등을 포함한다(De Melendez et al., 2000). 태도는 어떤 주제에 대한 개인적·집단적 반응이나 성향이며, 가치는 사람들이 추구하는 이상적인 원칙이나 기준으로 사람들의 행동을 이끄는 것이다. 태도나 가치는 학교교육과 관련된 정의적(affective) 특성이기 때문에 오랜 시간에 걸쳐 발달이 이루어지고, 한번 형성되면 이후에 바뀌기가 어렵다. 그러므로 유아기부터 민주적 가치와 태도가 발달할 수 있도록 유아사회과교육의 내용은 시민성에 관한 가치와 태도를 포함해야 한다.

다섯째, 유아사회과교육의 내용은 능동적이어야 한다. 이는 유아가 능동적으로 지식을 구성할 수 있도록 유아에게 능동적·주체적 참여의 기회를 충분히 제공하는 것을 말한다. 유아는 사회현상의 대부분을 교실에서 경험하기 때문에 유아가 사회현상을 다양하게 경험할 수 있도록 교실 환경이 조성되어야 한다. 또한 유아는 주변 사람들이나 환경과 상호작용을 통해 상황에 대한 통찰력을 기를 수 있으므로 상호작용이 활발하게 일어날 수 있는 상황이나 주제가 유아사회과교육의 내용에 포함되어야 한다. 결국 유아의 연령에 적합한 자료가 제공되고 유아가 자료를 직접 조작하며 주변 사람들과 활발하게 상호작용하는 등 능동적 참여가 가능하도록 유아사회과교육의 내용이 구성되어야 한다(Hohmann & Weikart, 2002).

3) 유아사회과교육의 방법

유아사회과교육의 방법은 교육목표와 교육내용에 따라 결정되며, 유아의 발달수준과 흥미를 고려하여 구체적이고 실제적인 경험을 제공할 수 있는 것으로 구성된다. 교육방법(instructional methods)은 준비된 교육내용을 어떻게 가르칠 것이냐 하는 물음에 답을 찾는 것으로, 교육방법에 따라 교육내용이 학습자에게 잘 전달될 수도 있고 그렇지 않을 수도 있다. 교육방법은 교사와 학습자, 교육내용 간의 관계를 통해 작용하기 때문에 교사와 학습자, 교육내용 간의 상호작용 체제라고 할 수 있다(변영계, 김영환, 손미, 2007). 교육방법은 교육목표를 효율적으로 달성하기 위한 것이므로 학습자가 적극적으로 참여함으로써 교육활동이 원활히 일어날 수 있도록 구성되어야 한다. 즉, 교육방법은 교육활동이 효과적으로 일어날 수 있도록 교사와 학습자 모두에게 매력적이어야 한다.

유아사회과교육에서 사용되는 교육방법으로 강의나 질문, 토의, 협동학습, 현장학습, 극놀이 등이 있다. 유아사회과교육의 특성상 그 내용과 주제가 광범위하고 포괄적이기 때문에 유아사회과교육의 방법도 다양하게 이용되고 있다. 그러나 각 유아의 흥미와 욕구, 능력 등이 제각각이고 같은 교육방법에도 유아마다 다르게 반응하기 때문에 모든 유아에게 효과적인 교육방법을 찾기는 어렵다. 즉, 유아마다 나름의 방식으로 지식을 구성하기 때문에 교육내용에 따라 다양한 교육방법을 사용해야 하는 것이다. 또한 유아사회과교육은 유아에게 다양한 사회적 경험을 제공해야 하므로 이용 가능한 모든 교육방법이 사용된다. 결국 유아사회과교육의 방법은 유아가 교실뿐만 아니라 지역사회 기관이나 유적지 등을 방문함으로써 사회생활의 경험을 쌓도록 하는 데 초점을 두고 있다.

4) 유아사회과교육의 평가

유아사회과교육의 평가는 유아의 현재 발달수준과 발달과정을 이해하기 위한 것으로(김은미, 2014), 교육목표에 비추어 유아의 발달 정도를 판단하는 데 주안점을 둔다. 평가를 통해 유아의 사회과학적 지식과 기술, 태도, 가치 등을 파악함으로써 유아의 현재 발달수준과 발달과정을 알 수 있는 것이다(조순옥 외, 2013).

교육평가(educational evaluation)는 교육목표의 달성도를 판단하는 일련의 과정으로, 교육목표를 설정하고 교육활동을 계획하며 실행하는 등 교수-학습 과정에서 체계적으로 이루어진다. 교육평가는 학습자 개개인의 학업성취도를 평가함으로써 학습자가 교육목표에 도달한 정도를 측정하고 문제점을 파악하여 개선하는 데 그 의의가 있다. 또한 교육평가는 학습자의 동기를 유발함으로써 교육목표를 효과적으로 달성하는 데 기여한다. 즉, 평가를 통해 교육활동의 문제점을 개선함으로써 교육적 효과를 극대화할 수 있는 것이다.

교육평가는 그 시기에 따라 진단평가, 형성평가, 총괄평가 등으로, 그 기준에 따라 규준지향평가와 준거지향평가 등으로 구분된다. 평가의 시기에 따른 진단평가는 교수–학습 과정이 시작되기 전에 시행되며, 학습자의 특성을 파악하여 학습자에 적합한 수업을 전개하기 위한 것이다. 형성평가는 교수–학습 과정이 진행되는 중에 시행되며, 교수–학습의 극대화를 위해 수업을 수정하고 보완하기 위한 것이다. 총괄평가는 교수–학습 과정이 끝나는 시점에 교육목표의 달성도를 최종적으로 판단하기 위한 것이다. 평가의 기준에 따른 규준지향평가는 상대평가로서 학습자의 성취수준을 그가 속한 집단의 규준(norm)에 비추어서 상대적으로 판단하는 것이다. 반면에 준거지향평가는 절대평가로서 학습자가 무엇을 얼마만큼 알고 있는지를 측정하는 것이다.

유아사회과교육의 평가는 관찰법이나 면접법, 투사법, 사회성 측정법 등을 통해 이루어진다. 관찰법은 유아의 행동을 이해하는 가장 기본적인 방법으로(황해익 외, 2015), 유아의 사회적 기술이나 태도, 가치 등을 평가할 때 유용하다. 즉, 관찰법을 통해 일상생활에서 자연스럽게 드러나는 유아의 행동을 관찰함으로써 유아의 태도나 가치 등을 평가할 수 있다. 면접법은 유아와의 직접적인 상호작용을 통해 유아의 생각이나 의견, 느낌 등을 파악하는 것으로, 유아의 사회과학적 지식뿐만 아니라 표정이나 몸짓 등에서 나타나는 태도나 가치 등을 판단하는 데 유용하다. 결국 무엇을 평가하느냐에 따라 평가방법이 달라지기 때문에 유아사회과교육의 평가에서는 평가목표를 분명히 하는 것이 우선적이다.

제2부

유아사회과교육의 영역

제4장

역사

역사(history)는 인간의 행위로 인해 과거에 일어난 사건으로, 현대인은 과거부터 현재까지 남아 있는 기록을 통해 과거에 있었던 사실을 알 수 있다. 예를 들어, 『삼국유사』『삼국사기』와 같은 책을 통해 삼국시대에 일어났던 여러 가지 역사적 사실을 알 수 있다. 또한 과거의 기록은 과거에 사람들이 무엇을 생각하고 행동했는지 등을 언급하면서 당시 생활의 정치적·사회적·문화적 측면에 대한 정보를 제공한다. 즉, 과거의 기록을 통해 사람들이 과거에 무엇을 어떻게 그리고 왜 했는지를 알 수 있는 것이다. 그러나 과거의 기록은 완전히 객관적이라고 할 수 없는데, 왜냐하면 기록을 담당한 역사가의 주관적 견해가 포함될 수밖에 없기 때문이다. 역사가가 아무리 객관적으로 있었던 사실만을 쓰려고 하여도 자신이 중요하다고 여기는 사실을 더 많이 강조하면서 다른 사실들에는 상대적으로 소홀해지는 경우가 생기는 것이다. 이렇듯 역사가의 관점에 따라 중요하다고 판단되는 사실이 기술되기 때문에 과거의 기록에는 과거에 있었던 모든 일이 다 담겨 있는 것은 아니다. 결국 현대인은 과거에 일어났던 수많은 일을 다 정확히 알 수 없으므로 기록에 있는 역사적 사실에 대해서 비판적으로 판단하고 수용하는 자세를 가지는 것이 필요하다.

1. 역사교육

역사교육(history education)은 역사와 전통을 가르치고 배우는 활동으로, 과거와 현재, 미래를 서로 연결해서 가르치고 배운다. 역사교육은 과거에 대한 지식을 이용하여 현재와 미래를 보다 정확하게 인식할 수 있도록 하는 교육이다. 다시 말해, 역사교육은 인간사회가 형성되면서부터 지금까지 변화해 온 역사적 과정을 배움으로써 현재와 미래를 자기 나름의 관점으로 인식하고 예측할 수 있도록 하는 교육이다. 그러므로 역사교육은 단순히 과거의 사실이나 사건을 가르치고 배우는 차원을 넘어서서 과거를 통해 현재를 비판하고 가치관을 형성하며 미래를 예측하도록 한다. 또한 과거를 이해하고 재구성함으로써 역사적 관점이 발전하도록 유도한다(Seefeldt, Castle, & Falconer, 2010). '나는 누구인가?' '과거에 무슨 일이 일어났을까?' '과거의 사건과 나는 어떻게 연관되어 있을까?' '미래에는 어떤 일이 일어날까?'와 같은 질문을 던지고 답을 찾는 과정을 통해 역사에 대한 나름의 관점을 형성할 수 있다. 역사교육을 통해 자신의 역사적 뿌리를 이해하고, 자신의 위치를 확인하며, 자신의 정체성을 확립할 수 있는 것이다.

1) 역사교육의 필요성

역사교육이 필요한 이유는 자신이 속한 사회의 과거를 이해함으로써 현재 자신의 위치를 정확히 알 수 있기 때문이다. 자신이 속한 사회가 어떤 과정을 통해 발전되어 왔는지를 이해하고, 이러한 이해를 바탕으로 사회구성원이 함께 현재의 문제를 해결함으로써 사회는 발전할 수 있다. 만약 역사교육이 이루어지지 않으면 사회구성원은 공유할 수 있는 기억을 가지지 못하며, 사회구성원 사이에 공유하는 가치관이 없으면 당면한 사회적·정치적·도덕적 문제를 함께 해결하기 힘들다(National Council for the Social Studies, 1994). 결국 역사교육은 개개인이 자신의 역사적 뿌리를 명확히 알고 다른 사회구성원과 기억을 공유함으로써 자신과 사회에 대한 정체성을 확립하기 위해 필요하다.

유아는 자신이 어디에서 태어났는지, 언제 걷기 시작했는지, 가장 처음 무슨 말을 했는지 등에 대한 질문을 쉴 새 없이 던진다. 유아는 주변 사람들의 과거에 대해서도 궁금해하며, 과거에 사람들이 어떻게 살았는지, 무엇을 먹었는지, 무엇을 입었는지, 왜 그렇게 살았는지 등에 대한 질문을 던진다. 그뿐만 아니라 자신과 주변 사람들의 연관성에 대해서도 궁금해한다(구광현, 이희경, 김보현, 2012). 예를 들어, 동생은 어디서 태어났는지, 동생이 태어날 때 자신은 무엇을 했는지, 동생은 언제 걷기 시작했는지, 동생이 걸을 때 자신은 어디에 있었는지 등을 질문한다. 이렇게 유아는 자신과 주변 사람들의 과거에 대해 많은 호기심을 가지고 있다.

그래서 듀이(John Dewey)는 유아가 과거에 대해 관심이 많아서 역사교육을 하는 것이 어렵지 않다고 말하였다(Dewey, 1966). 유아의 과거에 대한 무궁무진한 호기심만으로도 유아에게 역사교육이 시행되어야 하는 근거는 충분한 것이다(Barton, 2002). 과거에 대한 궁금증을 해결하는 과정을 통해 유아는 주변 사람들과 기억을 공유할 수 있으며, 이러한 공통의 기억을 바탕으로 사회구성원으로서 자신의 역할을 고민하게 된다. 결론적으로 유아는 과거에 대한 무한한 호기심을 가지고 있으며, 이러한 궁금증을 해결해 주기 위해서 역사교육이 필요하다.

2) 역사교육의 목적

역사교육을 통해 유아는 자신과 주변 사람들이 과거에 어떠하였는지, 시간에 따라 자신과 주변 사람들이 어떻게 변화하였는지 등을 이해할 수 있다. 또한 유아는 자신뿐만 아니라 주변 사람들의 끊임없는 변화를 관찰하면서 삶의 지속성을 깨달을 수 있다. 유아는 자신과 타인의 변화과정을 보면서 자신과 타인이 다르다는 것을 확인하고 다름의 가치를 인식할 수 있다. 이렇게 자신과 타인의 다름을 보면서 타인의 문화를 이해할 수 있고, 더 나아가 타인의 문화를 존중할 수 있게 되며, 타인의 문화를 존중함으로써 유아는 타인과 원만한 관계를 맺는 방법을 터득할 수 있다.

결국 역사교육을 통해 유아는 과거에 대한 지식을 쌓고 자신이 속한 사회의 변화 과정을 이해하면서 역사에 대한 나름의 관점과 가치관을 가지게 된다. 또한 타인의 과거를 이해하고 타인의 문화를 이해함으로써 원만한 인간관계를 유지하고 발전 시킬 수 있다. 그러므로 역사교육의 목적은 유아가 나름의 기준과 관점으로 과거를 이해하고, 과거에 대한 지식을 바탕으로 현재의 문제를 발견하고 해결할 수 있도록 하는 것이다. 역사교육은 궁극적으로 유아가 자신과 사회에 대한 정체성을 확립하고 사회구성원으로서 자신의 책무를 다하도록 하는 데 그 목적이 있다.

2. 역사교육의 내용

역사와 전통을 가르치고 배우는 역사교육의 주요 개념은 시간(time)과 변화 (change), 지속성(continuity) 등으로 간주된다(National Council for the Social Studies, 1988). 역사교육에서 가장 기본적인 개념은 시간이다. 왜냐하면 역사를 이해하는 것은 시간의 흐름을 인식하고 과거와 현재, 미래를 연결하는 것이기 때문이다. 그러나 시간 개념은 추상적이어서 유아가 이해하는 데 한계가 있다. 전조작기 사고의 특성상 유아는 직관적으로 시간을 느끼고 이해하는데, 예컨대 주관적 느낌에 따라 유아는 5분이 10분보다 더 길다고 말하기도 한다. 또한 인지능력의 한계 때문에 3, 4세 유아는 어제, 오늘, 내일을 정확히 구분하지 못하며, 어제 무엇을 했는지 또는 내일 무엇을 할 것인지 등에 대해 질문을 받으면 선뜻 대답하지 못한다. 그러나 유아는 일상적인 행동이나 경험을 반복함으로써 순서에 따라 사건을 나열하게 되는 등 시간 개념이 발달하게 되면서 과거와 현재, 미래를 구분하고 과거를 회상하며 미래를 계획하게 된다. 시간의 흐름에 따라 변화하는 것과 지속하는 것을 이해함으로써 유아는 역사에 대한 자기 나름의 관점을 세우면서 역사의식을 가지게 된다. 그러므로 역사교육의 내용은 유아가 시간과 변화, 지속성 등의 개념을 획득할 수 있도록 구성되어야 한다.

1) 시간

(1) 시간 개념 발달

시간(time)은 시각과 시각 사이의 간격으로, 유아의 시간 개념은 먼저 낮과 밤을 구분하는 것에서 시작한다(Seefeldt et al., 2010). 해가 떠 있어서 환하던 낮이 컴컴한 밤으로 변하는 것을 보면서 유아는 시간의 흐름을 알 수 있다. 전조작기 유아의 경우, 자기중심적 사고의 특성 때문에 시간 개념은 개인적이고 주관적인 것으로 나타난다. 가령 자신이 좋아하는 일을 하면 시간이 금방 지나가 버리기 때문에 시간이 짧다고 말하고, 자신이 싫어하는 일을 하면 시간이 더디게 가니까 시간이 길다고 말한다(최유리, 2013). 또한 유아는 자신을 중심으로 시간이 흘러간다고 생각하므로 시간에 맞춰 무언가를 하는 것이 아니라 자신의 활동에 의해 시간이 정해지는 것으로 간주한다. 예를 들어, 점심시간이기 때문에 점심을 먹는 것이 아니라 자신이 점심을 먹기 때문에 점심시간이라고 생각한다.

유아는 자신의 행동과 연관 지어 시간을 주관적으로 이해하기 때문에 일상적으로 반복되는 행동이나 경험을 통해 시간 개념을 형성하게 된다. 아침에 일어나서 밥을 먹고, 유아교육기관에 가고, 친구와 놀고, 점심을 먹고, 집에 와서 동생과 놀고, 저녁을 먹는 등 일련의 활동을 매일 반복함으로써 유아는 시간의 흐름을 이해하게 된다. 즉, 일상의 반복을 통해 유아는 아침에 일어나면 무엇을 하고, 점심에 뭘 하고, 저녁이 되면 어떤 일이 일어나고, 밤에 잠을 자고, 그러면 다음 날이 온다는 것을 이해하고 말하게 되는 것이다.

이렇게 하루에 일어나는 일련의 사건을 순서대로 말할 수 있게 되면서 유아는 '~ 전에' '~ 다음에'와 같은 단어를 사용하여 자신이 한 일과 주변에서 일어난 일을 연관 짓게 된다(Hamer, 1982). 예를 들어, 점심을 먹기 전에 친구가 울었다거나 놀이터에서 그네를 탄 다음에 시소를 탔다는 식으로 유아는 말을 한다. 유아는 사건을 시간에 따라 나열하면서 과거와 현재, 미래를 이해하게 된다. 그러나 유아에게 과거나 미래는 매우 가까운 과거나 미래를 의미한다. 과거는 현재보다 바로 직전이나 하루 전, 몇 주일 전 정도를 가리키며, 미래 역시 현재보다 바로 후나 몇 시간 후, 하루 후 정도를 가리킨다(정여진, 2015).

유아기 초기에 현재에만 관심이 있고 '지금' '오늘'과 같은 단어만 사용하던 유아는 인지능력이 발달함에 따라 5세경에 과거와 현재, 미래를 구분할 수 있게 된다. 시간 개념이 발달함에 따라 만 5세 유아는 아주 오래전과 오래전, 조금 전에 있었던 일을 구분하고, 조금 후에 일어날 일을 말할 수 있게 된다(정여진, 2015). 5세 유아는 달력에 있는 날짜와 요일을 구분할 수 있으며, '처음에' '마지막에' '다음에' '나중에' '곧'과 같이 시간과 연관된 단어들을 일상적으로 사용한다(Seefeldt et al., 2010). 시간 개념이 정교해짐에 따라 유아는 과거에 한 일과 미래에 할 일에 대한 질문에 대해서도 정확하게 응답할 수 있다.

(2) 시간 개념 교육

유아의 시간 개념은 매일 반복되는 활동을 통해 가장 효과적으로 발달한다. 일상적으로 활동이 반복되면 유아는 하나의 활동이 끝난 후 그다음에 어떤 활동이 전개될지 예상할 수 있으므로 미래를 예측하는 것이 가능하다. 이러한 예측을 통해 유아는 활동을 미리 준비할 수 있으며, 자신이 예측한 대로 활동이 진행되면서 심리적 안정감을 느낄 수 있다(Seefeldt et al., 2010).

따라서 교사는 매일 규칙적으로 반복되는 활동을 일일계획안에 포함하는 것이 필요하다. 유아교육기관에 도착하면 바로 손을 씻고, 자유선택활동을 하고, 전체가 모여서 오늘의 날짜와 요일, 날씨 등에 관해 이야기를 나누고, 함께 동화책을 읽고, 간식을 먹는 등 항상 반복되는 활동을 통해 유아는 시간의 흐름과 순서를 경험할 수 있다. 그러나 간혹 외부 인사의 방문이나 여타 행사로 인해 일일계획안대로 활동이 진행되지 않는 경우가 발생한다. 이 경우에도 점심을 먹은 후에 낮잠을 자거나 오후 간식을 먹은 다음에는 실외놀이에 참여하는 등 최소한의 일상적인 활동은 유지되도록 하는 것이 유아의 시간 개념 발달을 위해서 중요하다.

또한 교사는 일일계획안을 그림이나 도표를 이용하여 유아가 이해할 수 있는 수준으로 제시하는 것이 필요하다(구광현 외, 2012). 그림이나 도표로 제시된 일일계획안에는 시간의 흐름과 순서, 길이 등이 시각화되어 있어서 유아가 추상적인 시간 개념을 쉽게 이해할 수 있다. 교실 벽에 붙어 있는 그림이나 도표를 보면서 유아는 이후에 진행될 활동을 확인하고, 지금 할 것과 나중에 할 것을 나누는 등 활동을 계획할 수 있다.

더불어 유아의 시간 개념이 발달하기 위해서 교사는 시간과 관련된 단어를 자주 정확하게 사용하는 것이 요구된다. 특히 '내일' '금방' '일찍' '먼저'와 같은 시간부사를 사용할 때 교사는 동사의 시제를 정확히 사용하는 것이 필요하다. 교사가 과거와 현재, 미래 시제를 시간부사에 따라 적절하게 사용하지 않으면 유아는 혼란스러워하면서 시간 개념을 형성하기가 어렵기 때문이다.

마지막으로 교사가 유아에게 시간과 연관된 질문을 던지는 것은 유아의 시간 개념 발달에 기여한다(양옥승, 이옥주, 이정란, 손복영, 2014). 가령 '오늘 하루 동안 뭘 했었니?' '점심을 먹고 어디에 갔었니?' '추석 때 무엇을 했었니?'와 같은 교사의 질문에 응답함으로써 유아는 시간의 경과를 지각할 수 있다. 조금 전이나 어제 한 일에 대한 질문을 통해 유아는 가까운 과거를 회상하면서 시간이 흐르고 있음을 깨닫게 되는 것이다(Seefeldt et al., 2010). 연령이 증가함에 따라 유아는 오래전에 한 일이나 앞으로 할 일에 대해서도 말할 수 있을 정도로 시간 개념이 발달하게 된다. 그러므로 교사는 유아의 시간 개념 발달을 도모할 수 있는 질문을 자주 던지는 것이 필요하다.

2) 변화

(1) 변화 개념 발달

변화(change)는 사물의 모양이나 상태, 성질 등이 바뀌는 것으로, 시간 개념과 함께 역사교육에서 기본적인 개념이다. 역사교육이 인간사회의 변화과정을 가르치고 배우는 것이기 때문에 변화가 역사교육에서 기본이 된다(박찬옥, 서동미, 엄은나, 2015). 즉, 역사교육은 시간에 따라 과거의 사실이나 사건이 어떻게 변화하였는지를 교육하는 것이기 때문에 변화가 역사교육에서 기본이 되는 것이다. 역사에서 변화는 지역이나 시기에 따라 그 속도와 양상이 다르지만(양호환, 이영효, 김한종, 정선영, 송상헌, 2009), 어디에서 어떻게 살아가건 변화는 나타난다(Brophy & Alleman, 2002). 그러나 변화가 항상 발전을 의미하는 것은 아니므로 두려움 없이 변화를 받아들이는 것은 쉬운 일이 아니다. 그래서 역사교육은 변화를 자연스럽게 수용하고 적응할 수 있도록 하는 데 주안점을 둔다.

유아는 정지된 상태에만 주의를 집중하고 바뀌는 과정을 고려하지 못하는 등 인지능력의 한계 때문에 변화를 이해하는 데 어려움이 있다(박찬옥 외, 2015). 따라서 유아가 변화를 두려워하지 않고 자연스럽게 받아들이기 위해서는 다양한 변화를 경험하는 것이 필요하다. 실제로 유아 주변에는 항시 많은 변화가 일어나고 있다. 동생이 태어나는 것, 새로운 이웃을 만나는 것, 교실환경이 바뀌는 것, 날씨가 변하는 것, 동식물이 자라는 것 등 무수히 많은 변화가 유아 주변에서 발생하고 있다. 그러나 유아는 특별히 사물이나 사건에 주의를 기울이는 경우를 제외하고 대부분 무엇이 어떻게 바뀌고 있는지를 깨닫지 못한 채 그냥 지나친다. 따라서 유아가 변화 개념을 획득하기 위해서는 교사가 유아에게 매 순간 변화하고 있는 것에 주의를 기울이고 그 변화를 자신의 경험으로 만들 수 있도록 하는 것이 필요하다.

(2) 변화 개념 교육

유아가 경험하는 변화는 우선 유아 자신에게서 나타난다. 유아는 성장하는 과정에서 많은 신체적·인지적·정서적 변화를 경험하며, 특히 두드러지게 나타나는 신체적 성장과 발달을 경험하게 된다. 신장과 체중의 증가뿐만 아니라 운동발달이 급속히 이루어지면서 새로운 놀이에 참여하는 등 신체발달에서의 변화가 눈에 띄게 드러난다. 유아는 작년에 입었던 옷이 작아져서 올해 입지 못하거나 손이 닿지 않아 꺼내지 못하던 물건을 꺼낼 수 있을 때 이러한 변화를 깨닫게 된다. 또한 두발자전거를 탈 수 있게 되거나 혼자서 산 정상까지 올라갈 수 있을 때 예전과 다른 자신을 발견하게 된다.

유아가 자신에게 나타나는 변화를 깨달을 수 있도록 하는 방법의 하나는 오래전에 찍은 사진이나 동영상을 현재의 모습과 비교해 보도록 하는 것이다. 기어 다니는 모습이나 아장아장 걷는 모습과 같이 자신의 변화를 보면서 또는 주변 사람들의 모습이 지금과 다르다는 것을 확인하면서 유아는 변화를 이해하게 된다. 유아에게 어릴 때 어땠는지, 그때는 못했는데 지금은 할 수 있는 것이 무엇인지, 앞으로 크면 무엇을 더 할 수 있을지 등을 질문하는 것은 유아가 변화를 이해하는 데 도움을 준다. 또한 사진을 사건이 일어난 순서대로 배열해 보는 것은 유아가 시간에 따른 변화를 생생하게 이해하는 데 효과적이다(Brophy & Alleman, 2003).

유아가 경험하는 또 다른 변화는 유아교육기관에서 행해지는 다양한 활동을 통해 이루어진다(Seefeldt et al., 2010). 보통 계절이나 행사, 수업의 주제 등에 따라 교실환경이 바뀔 때 유아는 변화를 경험하게 된다. 실제로 유아는 교실 벽에 붙어 있는 사진이나 그림, 가구나 교구의 위치가 바뀐 것을 발견하면 그 변화를 지적한다. 또한 놀이터나 텃밭의 식물이 자라는 과정을 관찰함으로써 유아는 변화를 경험할 수 있다. 유아는 매일 행해지는 실외놀이나 과학 활동을 통해 새싹이 돋아나거나 잎의 색이 변하는 등 식물의 변화를 관찰할 수 있다. 종종 유아는 개미나 나비, 지렁이 등 동물에게서 나타나는 변화를 지적하기도 한다.

또한 유아는 자신이 속한 공동체의 사람들이나 건축물 등의 변화를 보고 변화

개념을 형성하게 된다. 새로운 이웃을 만나거나 알고 지내던 사람들의 모습이 변하는 것, 새로운 건물이 세워지거나 기존 건물의 외관이 바뀌는 것 등을 보면서 유아는 변화 개념을 이해할 수 있다. 자주 방문하는 마트나 가게에 새로운 물건이 들어오거나 그곳에서 일하는 사람이 새로운 사람으로 바뀌면 유아는 이를 알아챌 수 있다. 오랜만에 만나는 이웃은 보통 "정말, 많이 컸구나!"라고 말하면서 유아의 변화된 모습에 놀라는데, 이러한 반응을 통해서도 유아는 자신에게 나타난 변화를 깨달을 수 있다.

그러므로 교사는 유아의 연령별 사진을 교실에 전시하는 것, 유아의 신장이나 체중을 측정하고 도표에 표시하는 것, 식물의 성장을 기록하는 것 등을 통해 유아의 변화 개념 발달을 도와줄 수 있다. 특히 과학 활동은 유아가 변화 개념을 발달시키는 데 매우 효과적인데, 왜냐하면 모든 자연현상은 변화를 포함하기 때문이다. 가령 날씨나 물의 상태 등이 변하는 것을 보면서 유아는 자연현상이나 사물의 변화를 깨달을 수 있다. 그러나 전조작기 사고의 특성상 유아는 대상이 바뀌는 중간 과정을 고려하지 못하고, 대상의 처음 상태와 마지막 상태만을 보고 그 속성이 바뀐 것으로 생각하는 한계를 보인다(Siegler, DeLoache, & Eisenberg, 2005). 그러므로 교사는 유아가 변화하는 전 과정에 주의를 기울일 수 있도록 각각의 활동을 계획하고 유아와 활발히 상호작용하는 것이 필요하다.

3) 지속성

(1) 지속성 개념 발달

지속성(continuity)은 공백(gaps)이나 도약(jumps) 없이 연속되어 있는 것으로, 유아가 변화를 경험하면서 동시에 획득하는 개념이다. 즉, 지속성은 끊임없이 변화하고 있는 것들 속에서 지속하고 있는 무언가를 발견하면서 깨닫게 되는 개념이다. 추석에 온 가족이 모여서 송편을 만들 때 유아는 작년과 다른 모양의 송편을 만들지만, 여전히 추석에는 송편을 만든다는 사실을 깨닫게 된다. 게다가 내년, 후

년, 내후년에도 추석에는 송편을 만들 것임을 예측할 수 있다. 이렇게 시간이 지남에 따라 많은 것들이 변화하고 있음에도 무언가가 지속하고 있다는 사실을 깨달음으로써 유아는 지속성 개념을 획득할 수 있다.

특히 명절이나 기념일에 먹는 음식이나 놀이, 의상 등을 통해 유아는 지속성 개념을 획득하게 된다. 매년 명절이나 기념일에 지속하고 있는 것들을 눈으로 보고 느끼고 직접 체험하면서 유아는 지속성 개념을 획득하는 것이다. 더군다나 각각의 음식이나 놀이에는 그것이 만들어진 유래와 변천과정, 그것에 얽힌 여러 가지 일화 등이 담겨 있다. 왜 단오에는 창포를 삶은 물에 머리를 감는지, 칠월 칠석은 어떤 날인지, 동지에 팥죽을 먹는 이유는 무엇인지 등을 이야기하면서 유아는 지속하고 있는 것을 깨달을 수 있다. 결국 유아는 과거로부터 이어져 내려오는 여러 가지 전통과 풍습을 익히면서 지속성 개념을 획득하게 된다.

창포머리감기

(2) 지속성 개념 교육

유아가 지속성 개념을 획득하는 방법의 하나는 할아버지나 할머니로부터 옛 관습이나 전통, 가치관 등을 학습하는 것이다. 과거에는 대가족을 이루어 살았기 때문에 조부모로부터 자연스럽게 과거의 전통을 습득할 수 있었다. 조부모가 들려주시는 옛이야기를 통해 또는 전통음식이나 전통놀이를 통해 과거 사람들의 생활방식이나 가치관 등을 쉽게 접하고 배울 수 있었다. 즉, 조부모를 통해 세대를 거듭하여 이어져 내려오는 다양한 풍습과 가치를 배우면서 지속성 개념을 학습할 수 있었던 것이다. 그러나 현재에는 핵가족화 현상으로 유아가 이전 세대의 가치관과 문화를 자연스럽게 접하기가 어려운 실정이다.

따라서 유아가 지속성 개념을 획득하기 위해서는 교육과정 속에 할아버지나 할머니와 함께할 수 있는 프로그램이 포함되는 것이 필요하다. 할머니나 할아버지가 옛이야기를 들려주실 수도 있고, 전래동화를 읽어 주시면서 그와 관련된 다양한 이야기를 해 주실 수도 있다. 교사가 재미있게 읽어 주는 동화책과 다르게 할아버지나 할머니는 구전으로 전해지는 일화를 더 많이 들려주시기 때문에 전통적인 가치관과 문화를 학습하는 데 훨씬 더 효과적이다. 또한 할아버지나 할머니는 책이나 여타 자료에 담겨 있지 않은 내용까지도 훨씬 더 실감 나게 전달해 주시기 때문에 유아는 생생하게 지속성 개념을 획득할 수 있다.

유아가 지속성 개념을 획득할 수 있는 또 다른 방법은 정규 교육과정 안에서 명절이나 기념일 등의 행사를 경험하는 것이다. 현재 추석이나 설날과 같은 큰 명절은 교육과정에 포함되어 다양한 행사가 펼쳐지고 있지만, 여타 명절이나 기념일은 유아교육기관에서 거의 다루지 않고 있다. 특히 삼일절이나 제헌절, 광복절과 같은 기념일에 대한 언급은 거의 없는 상태다. 이는 역사적 사건의 의미와 가치에 대한 교육이 이루어지지 않음을 의미하는 것으로, 유아가 역사적 사실에 대한 자기 나름의 관점을 형성할 기회를 가지지 못한다는 것을 가리킨다. 또한 대부분의 명절이나 기념일 행사가 형식적으로 치러지기 때문에 유아가 단순히 참여하는 수준에 그치고 있는 것이 현 실정이다. 역사교육의 맥락에서 의도적으로 계획되고 준비된 행사라기보다는 시기에 맞춰 관성적으로 이루어지는 경우가 많은 것이다.

따라서 명절이나 기념일 행사를 통해 유아가 지속성 개념을 획득하기 위해서는 유아가 단순히 행사에 참여하는 수준이 아니라 행사의 의미와 절차를 정확히 숙지하고 능동적으로 참여하는 것이 필요하다. 예를 들어, 설날을 앞두고 유아교육기관에서는 보통 한복을 입고 절하는 법을 배우고 떡국을 먹는 등의 행사가 치러진다. 이러한 행사는 설날이면 으레 하는 행사로 유아가 받아들이는 경향이 있어서 유아의 지속성 개념 획득에 도움이 되지 않는다. 대신에 설날이 가지는 의미와 유래, 과거 사람들이 설날에 했었던 놀이, 과거 설날의 모습, 지금까지 이어져 오는

설날 풍습 등에 대한 교육과 함께 설날 행사가 치러질 때 행사가 유아의 지속성 개념 획득에 기여할 수 있다. 결국 명절이나 기념일에 대한 교육이 정규 교육과정 안에서 계획적으로 이루어질 때 유아는 지속성 개념뿐만 아니라 역사적 관점을 형성하게 되는 것이다.

3. 역사교육의 방법

역사교육의 내용과 방법은 무엇을 어떻게 가르치고 배우는지에 관한 것으로, 교과교육을 바라보는 관점에 따라 논란이 분분한 문제다. 내용에 중점을 두느냐 방법에 중점을 두느냐에 따라 교과교육의 성격과 방향이 전혀 다르게 규정되기 때문에 논의가 무성한 것이다. 내용에 중점을 두는 입장은 역사에 대한 이해를 바탕으로 역사를 가르치는 방법이 개발되어야 한다고 말한다(김한종, 2008). 반면, 방법에 중점을 두는 입장은 역사교육의 목적을 달성하기 위해 가르치고 배우는 방법을 강조하기 때문에 이러한 방법을 개발하는 데 일차적인 관심을 둔다. 그러나 역사교육은 역사교육의 내용이나 방법 중 하나를 잘 아는 것만으로 이루어지지 않는다. 가령 교사가 역사교육의 내용을 잘 알고 있더라도 가르치는 대상이나 환경에 따라 적절한 방법을 사용하지 않는다면 학습자는 그 내용을 제대로 배울 수 없기 때문이다. 특히 유아교사는 유아의 인지적·행동적 특성을 정확히 파악하고 고려하여 다양한 교수-학습 방법을 사용하는 것이 필요하다. 그렇지 않으면 유아가 시간이나 변화와 같은 추상적인 역사교육의 기본 개념을 이해하는 것이 아니라 단순히 행사에 참여하여 노는 것으로 수업이 진행될 수 있기 때문이다.

1) 이야기

역사교육의 교수-학습 방법으로 널리 사용되어 온 것은 강의나 토론, 문답, 탐

구 등이다(김한종, 2008). 강의는 가장 고전적이고 보편화한 방법이지만, 교사 중심
으로 수업이 진행되는 경향 때문에 역사교육에서 오랫동안 비판을 받고 있다. 그
래서 강의 대신 탐구나 토론, 문답과 같은 방법이 권장되고 있다. 특히 탐구는 학습
자가 문제를 인식하고, 필요한 정보를 모으고, 자료를 관찰하고, 정보를 분석하고,
결론을 도출하는 등 학습자의 능동성을 요구하기 때문에 교사 중심의 강의와 대별
된다. 탐구는 역사가 객관적이고 논리적으로 규명되어야 한다는 입장에서 선호하
는 방법이다(김한종, 2008). 반면에 역사에서 나타나는 인간의 행위를 이해하는 것
에 초점을 두는 입장은 감정이입의 방법을 선호한다. 역사적 사실을 많이 아는 것
이 중요하다는 입장은 설명을, 역사적 사건을 평가하는 데 주안점을 두는 입장은
토론을 선호한다(김한종, 1999). 즉, 역사교육을 바라보는 관점에 따라 역사교육의
내용과 방법이 다양하게 나타나고 있다.

  유아에게 적합한 역사교육의 방법으로 이야기와 현장학습, 극놀이 등이 언급
된다. 이야기(narratives)는 역사적 사건이나 인물을 중심으로 유아가 이해하기 쉽
게 구성되므로 유아의 역사에 대한 관심을 증폭시키는 데 매우 효과적이다(구광
현 외, 2012). 이야기에는 등장인물과 시간, 공간 등이 포함된다. 즉, 이야기에는 누
가, 언제, 어디서, 무엇을, 어떻게, 왜 했는지가 일목요연하게 나타난다. 또한 신화
(myths)나 전설(legends)을 들으면서 유아는 상상의 나래를 펼칠 수 있으며, 스스로
주인공이 되어 이야기를 전개할 수도 있다. 이야기는 유아의 상상력을 자극하여
유아가 직접 체험할 수 없는 과거의 현장으로 유아를 옮겨 놓음으로써 유아가 과
거를 이해하도록 도와주는 것이다.

  특히 이야기는 유아의 시간 개념을 발달시키는 데 크게 기여한다(최소옥, 2000).
이야기는 주로 특정 시점에 발생한 사건을 중심으로 구성되기 때문에 유아는 사건
의 전후를 이해하면서 시간 개념을 발달시킬 수 있다. 예를 들어, 세종대왕이 한글
을 만든 역사적 사건에 대한 이야기에는 한글을 만든 이유와 목적, 한글을 만든 과
정, 한글을 만들기 이전과 이후의 상황 등에 대한 설명이 포함된다. 이러한 이야기
를 듣는 동안 유아는 한글 탄생의 전후를 비교하고 달라진 점을 확인하면서 시간

의 흐름을 알게 된다. 더 나아가 유아는 한글과 연관된 다른 사건이나 세종대왕의 다른 업적 등에 관해서도 관심을 두게 된다. 그러므로 이야기는 유아의 시간 개념 발달뿐만 아니라 역사적 사건의 인과관계에 대한 이해에도 크게 기여한다(서민경, 2010).

더군다나 이야기는 특별한 교재나 교구 없이 교사가 언제 어디서나 이용할 수 있는 방법이다. 유아는 선천적으로 호기심이 많기 때문에 모든 것에 관심이 많으며 끊임없이 질문한다. 유아의 돌발적인 질문에 대부분 교사는 당황해하며 간단하게 응답하는 경향이 있다. 그러나 항시 효과적인 역사교육이 이루어지기 위해서 교사는 유아의 질문을 이미 지나간 사건이나 사실과 연관 지어 응답하는 것이 필요하다. 가령 유아가 밥과 반찬을 골고루 먹어야 하는 이유를 물어보면 교사는 유아의 과거와 현재의 변화된 모습을 비교하는 이야기를 만들어서 그 이유를 설명할 수 있다. 그러므로 이야기는 때와 장소에 상관없이 유아의 역사 인식을 일깨우는 데 도움을 주는 방법이다.

결론적으로 교사는 역사교육의 방법으로 이야기를 적극적으로 사용함으로써 유아의 역사적 개념 습득을 도와주는 것이 필요하다(Levstik, 2002). 이야기가 효과적인 역사교육의 방법이 되기 위해서는 유아가 공감할 수 있는 등장인물과 사건, 배경 등이 이야기 속에 포함되어야 한다. 당시 시대 상황 속에서 등장인물의 행위가 개연성 있게 전개될 때 유아는 그 이야기에 공감하면서 간접경험을 충분히 할 수 있다. 그러므로 교사는 당시 시대 상황을 잘 반영하는 등장인물을 선정하고, 구체적인 상황 속에서 등장인물이 무엇을, 어떻게, 왜 했는지를 생생하게 전달할 수 있도록 이야기를 구성해야 한다. 이때 교사는 유아의 호기심을 유발하는 데 치중하여 이야기가 너무 환상적으로 흘러가지 않도록 주의를 기울이는 것이 필요하다.

2) 현장학습

현장학습(study trip)은 유아가 자신의 궁금증을 직접 보고 듣고 느끼면서 해결할 수 있다는 점에서 유아에게 적합한 역사교육 방법이다. 현장학습은 생생한 정보와 자료가 있는 곳에서 수업이 이루어지므로 유아는 실제로 사물을 보고 듣고 만지면서 역사와 전통에 대해 이해할 수 있다. 유아는 현장학습을 통해 배운 지식과 정보를 오랫동안 기억하고 이후에 맞닥뜨리는 여러 가지 문제를 해결하는 데 이용할 수 있다. 왜냐하면 현장학습과 같이 경험을 통해 배운 지식은 실제 상황에 쉽게 적용할 수 있기 때문이다(강상, 윤덕순, 2008). 또한 추상적 사고가 어려운 전조작기 유아의 특성 때문에 과거에 사용되었던 물건이나 사람들의 생활방식을 유아가 사진이나 동영상으로만 이해하는 것은 한계가 있다. 그러므로 유아가 역사적 사실을 구체적으로 이해하기 위해서는 현장학습이 반드시 이루어져야 한다.

역사교육을 위한 현장학습은 주로 박물관이나 미술관, 도서관 등에서 이루어지며, 실제로 역사적 사건이 발생했던 곳이나 사람들이 살았던 유적지 등에서 시행되기도 한다. 박물관의 경우, 각종 유물이 시간순으로 전시되어 있어서 과거부터 현재까지 사람들의 발자취를 한눈에 파악할 수 있다는 장점이 있다. 예를 들어, 음식을 담기 위해 사용했던 그릇이 시대순으로 전시된 것을 보면서 유아는 그릇의 모양과 재질 등이 어떻게 변화해 왔는지를 확인할 수 있다. 또한 고분이나 신전과 같은 유적지, 독립운동의 발상지, 오래된 절, 집성촌 등을 방문하여 과거에 어떤 일이 있었으며 사람들이 어떻게 살았는지를 그려 볼 수 있다. 역사적 사실은 추상적이지만, 석가탑과 같은 문화재는 가시적이고 구체적이기 때문에 유아는 문화재를 보면서 당시의 생활모습을 상상할 수 있는 것이다(강상, 윤덕순, 2008). 특히 자신이 사는 지역의 문화재는 더 많은 친밀감과 신뢰감을 제공하면서 유아의 흥미와 동기를 유발하므로 역사교육에 적극적으로 이용되는 것이 필요하다(남은경, 2007).

그러나 역사교육을 위한 현장학습이 효과적으로 이루어지기 위해서는 사전에 철저한 준비와 학습이 이루어져야 한다. 왜냐하면 현장학습은 사전지식에 근거하여 유아의 능동적이고 자발적인 참여가 이루어질 때 그 교육적 효과가 극대화되기 때문이다. 가령 선사시대의 유적지를 방문한다면 사전에 선사시대에 관한 동화책을 읽고, 함께 이야기를 나누고, 알고 싶거나 보고 싶은 것을 정하는 등 여러 활동이 이루어져야 한다. 이러한 활동이 제대로 이루어지지 않은 채 유적지를 방문하면 교실이 아닌 넓은 공간에서 자유롭게 뛰어노는 실외놀이 수준으로 현장학습이 그칠 수 있다. 즉, 단지 역사적 현장을 방문하는 것만으로 현장학습이 이루어지지는 않으므로 사전에 철저히 준비한 후 현장학습이 시행되어야 한다.

3) 극놀이

극놀이(dramatic play)는 어떤 주제나 사건에 관한 상황을 극으로 표현하는 놀이로, 감정이입(empathy)을 통해 역사적 사건이나 인물의 이해를 도모하는 역사교육 방법이다(양호환 외, 2009). 극놀이는 유아가 자신이 어떤 상황에 처해 있다고 가정하고, 마치 그 상황에 있는 것처럼 행동하는 것이다. 예를 들어, 수업 상황을 가정한 극놀이에서 교사 역할을 맡은 유아는 교사의 말투와 몸짓, 손짓 등을 흉내 내면서 마치 교사처럼 행동한다. 유아가 교사의 이미지를 내면화하여 말투나 몸짓, 손짓 등으로 교사를 표현하는 것이다. 또한 학생 역할을 맡은 유아는 학생처럼 행동하면서 자신의 역할을 수행한다. 이렇게 정신적 표상을 통해 극놀이가 이루어지기 때문에 표상활동은 극놀이의 가장 두드러진 특징이 된다(Vygotsky, 1978).

극놀이를 통해 유아는 여러 가지 상황을 경험하고 다양한 인물의 역할을 수행함으로써 당시의 상황과 인물의 특성을 이해하게 된다. 특히 역사교육의 방법인 극놀이를 통해 유아는 직접 과거 속으로 들어가 과거의 인물이 되어 여러 가지 상황을 경험함으로써 과거에 대한 이해도를 높일 수 있다(김명화, 류혜숙, 2011). 3·1 운동에 관한 극놀이를 하는 경우, 유아는 3·1 운동이 일어나는 현장으로 들어가 독립운동가가 되어 만세운동을 하면서 일본의 식민지 지배와 독립운동, 당시 사람들의 생활방식과 어려움 등을 생각할 수 있다. 유아는 그 당시 사람들의 삶을 직접 언어와 행동으로 표현함으로써 그 사람들의 생각이나 느낌, 어려움 등을 경험하게 되는 것이다.

결국 극놀이를 통해 타인의 욕구와 관점을 이해하는 기회를 가지면서 유아의 조망수용능력(perspective taking ability)이 발달하게 된다. 또한 극놀이는 최소한 두 명 이상이 참여하여 역할을 분담함으로써 이루어지기 때문에 극놀이를 하는 동안 상호작용이 활발히 일어나게 된다. 따라서 유아는 극놀이를 통해 의사소통능력을 향상할 수 있으며(장영미, 1998), 타인을 배려하고 존중하는 등 사회적 기술을 습득할 수 있다(김세정, 2016). 그뿐만 아니라 여러 가지 정서를 인식하고 표현함으로써 좌절이나 분노와 같은 부정적 정서를 통제하고 적절하게 표현하는 정서조절능력도 향상될 수 있다. 이 외에도 성인의 역할을 통해 성인의 행동을 모방하면서 자신감을 가지고 어떤 집단의 일원이 되는 소속감도 느낄 수 있다.

요약하면 극놀이는 유아가 과거의 인물이 되어 역사적 사건을 경험함으로써 표상능력이나 조망수용능력, 의사소통능력 등 다양한 능력을 발달시킬 수 있는 역사교육 방법이다. 극놀이는 유아에게 다양한 간접경험의 기회를 제공함으로써 유아가 직접 느끼고 체험하면서 역사를 이해하도록 도와주는 방법인 것이다. 그러므로 극놀이의 효과를 극대화하기 위해서 교사는 유아 수준에 맞는 적절한 주제와 내용을 선정하는 것이 필요하다. 유아가 이해하기 어려운 주제나 내용은 상황이나 맥락에 대한 유아의 충분한 이해를 방해함으로써 유아의 참여를 제한하기 때문이다. 특히 극놀이는 어떤 역할을 수행하느냐에 따라 느낌이나 생각이 많이 달라지므로 모든 유아에게 여러 가지 역할을 해 볼 기회를 제공하는 것이 중요하다. 따라서 교사는 유아가 능동적이고 자발적으로 극놀이에 참여할 수 있도록 충분한 시간과 다양한 소품을 제공하는 것이 필요하다.

제5장

지리

지리(geography)는 지구의 기후나 생물, 토양, 자원, 주민, 도시, 산업 등의 상태로, 지구의 표면에서 일어나는 자연적·문화적 현상을 가리킨다. 즉, 지리는 지구의 다양한 환경과 그곳에서 살아가는 사람들의 생활모습을 보여 주는 것이다. 지리는 지역마다 다른 자연의 모습과 각각의 자연환경에 적응하면서 살아가는 인간의 모습을 담기 때문에 인간과 자연의 관계에 초점을 둔다. 예를 들어, 사막에서 사람들은 어떻게 살아가는지, 열대우림에 사는 사람들의 생활은 어떠한지, 지구온난화로 인한 기후변화가 생태계에 어떤 영향을 미치는지 등이 지리의 관심사다. 또한 지리는 인간의 삶과 매우 밀접하게 연관되어 있어서 인간과 자연의 관계뿐만 아니라 사람들 사이의 상호작용에 대해서도 관심을 둔다. 재배할 농작물을 선정하기 위해서 토양뿐만 아니라 기후의 특성을 고려하며, 생산한 농작물을 팔기 위해서 주변의 산업이나 교통 등을 살펴보는 것이 그 예다. 일상생활에서 어디를 어떻게 가야 할지를 결정하기 위해서도 지형과 교통 등을 따져 봐야 한다. 결국 지리는 기후와 지형에 따라 다르게 살아가는 사람들의 모습을 보여 줌으로써 인간을 둘러싼 모든 것이 존재하는 이유와 방법 등을 설명한다.

1. 지리교육

지리교육(geography education)은 자신을 둘러싼 환경에서 일어나는 여러 가지 현상을 이해할 수 있도록 가르치고 배우는 활동이다. 즉, 지리교육은 환경을 가장 집중적으로 다루면서 인간과 환경의 관계나 사람들 사이의 상호작용 등을 이해하도록 도와주는 것이다(서태열, 2006). 어떤 지역적 특성 때문에 지역마다 다른 특산물이 생산되는지, 이러한 특산물이 어떤 경로를 통해 다른 지역으로 이동되는지 등을 살펴보는 것이 지리교육의 예다. 지리교육은 자신이 속한 공간에 관심을 두고, 공간 속에서 일어나는 다양한 현상의 패턴을 이해하며, 책임감 있게 공간에 참여하도록 도모한다. 따라서 지리교육은 지명이나 특산물 등을 단순히 암기하는 교과목이 아니라 공간에 대한 이해를 바탕으로 공간을 구성하는 다양한 요소 간의 상호작용에 대해 탐구하는 교과목이다. '내가 사는 동네는 어떤 곳인가?' '이곳과 저곳의 차이점과 공통점은 무엇인가?' '농촌의 환경이 왜 점점 더 나빠지고 있는가?'와 같은 질문을 끊임없이 던지면서 답을 찾는 과정이 지리교육인 것이다. 또한 지리교육을 통해 환경을 관찰하고 기술하고 분석하고 평가하기 위한 여러 가지 기술을 배우고, 환경을 대하는 올바른 관점과 태도를 기를 수 있다.

1) 지리교육의 필요성

지리교육이 필요한 이유는 자신을 둘러싼 환경에 대한 체계적인 지식과 기술을 습득함으로써 급변하는 현대사회에 능동적으로 적응할 수 있기 때문이다. 유아기는 호기심(curiosity)이 강하게 나타나는 시기로, 유아는 보이는 것마다 '이게 뭐야?'라는 질문을 던지면서 자신의 궁금증을 표현한다. 그러나 유아의 주변 세계에 대한 궁금증이 항상 원만히 해결되는 것은 아니며, 궁금증의 해결이 언제나 체계적인 지식과 기술의 습득으로 연결되는 것도 아니다. 왜냐하면 유아의 질문에 대한 성인의 대답은 대부분 주관적이고 단편적인 지식에 그치는 경우가 많기 때문이다. 따라서 주변 세계에 대한 유아의 호기심을 포괄적이고 체계적인 지식으로 확장함으로써 환경에 대한 유아의 능동성을 높이기 위해서 지리교육이 필요하다.

특히 유아는 매일 접하는 자신의 주변 세계에 대해 강한 호기심을 나타낸다. 예를 들어, 유아는 어머니와 함께 마트와 집을 오가면서 보이는 건물의 형태와 색깔, 크기 등에 관심을 가지고, "이 건물은 뭐하는 곳이야?" "저 건물은 왜 빨간색이야?"와 같은 질문을 던진다. 매일 같은 길을 오가면서 건물의 위치를 외우게 되면 "이 건물 옆에 흰색 건물이 있어." "저 마트 지나면 은행이 있어."라고 말하기도 한다. 모든 건물의 위치를 파악하게 되면 유아는 혼자서도 마트에서 집을 찾아갈 수 있게 된다. 유아교육기관에서도 일상생활을 통해 여러 장소의 위치와 방향을 파악하게 되면 유아는 스스로 화장실이나 강당, 도서관 등을 찾아갈 수 있다(구광현, 이희경, 김보현, 2012).

유아는 건물이나 장소에 대한 호기심뿐만 아니라 그곳에서 생활하는 사람들에 대해서도 매우 궁금해한다. 그래서 유아는 "여기에는 누가 살아?" "저기 사는 사람들은 왜 파란색 옷을 입어?"와 같은 질문을 던지면서 사람들에 대한 관심을 표현한다. 또한 유아는 왜 도서관에서 뛰면 안 되는지, 왜 식당에서 크게 떠들면 안 되는지 등을 질문하고, 이러한 질문에 대한 답을 찾으면서 장소에 따른 규칙을 이해하게 된다. 결국 유아는 주변 세계에 대해 많은 궁금증을 가지고 있으며, 이러한 궁금증을 해결하면서 사회생활에 필수적인 지식과 기술을 습득한다. 즉, 유아는 일상생활을 통해 자연스럽게 주변 세계에 대한 궁금증을 해결하면서 사회생활에 필요한 여러 가지 지식과 기술을 습득하는 것이다.

그러나 유아가 일상생활에서 지식과 기술을 습득하는 것만으로 환경에 대한 능동성을 발휘하기는 힘들다. 왜냐하면 환경에 대한 능동성은 인간과 환경의 관계를 이해하고 환경을 분석하고 평가하는 능력이 있을 때 발휘되기 때문이다. 또한 자원보존이나 환경보호와 같은 사회문제를 세계적 수준에서 파악하고 문제 해결을 위해 노력하는 자세를 가질 때 환경에 대한 능동성이 발휘된다(조영아, 2009). 그러

므로 유아가 일상생활에서 습득한 지식이 환경에 대한 포괄적이고 체계적인 지식
으로 확장되기 위해서 지리교육의 필요성이 대두한다. 결론적으로 유아가 급변하
는 현대사회에 능동적으로 적응하기 위해서는 자신을 둘러싼 환경에 대한 체계적
인 지식과 기술을 습득해야 하므로 지리교육이 필요하다.

2) 지리교육의 목적

지리교육의 목적은 유아가 자신을 둘러싼 환경에 대한 포괄적이고 체계적인 지
식을 바탕으로 책임감 있게 자신의 임무를 수행할 수 있도록 하는 것이다. 무엇보
다도 지리교육을 통해 유아는 주변 세계에 대한 단편적이고 분절된 지식이 아니라
전체적이고 연관된 지식을 습득할 수 있다. 즉, 서로 연관되지 않는 사실들의 집합
인 지식이 아니라 사실 간의 관계나 상호작용에 초점을 둔 지식을 습득하는 것이
다. 가령 영광의 특산물이 굴비라는 것을 외우는 대신 영광굴비가 왜 유명하게 되
었는지를 탐구함으로써 영광의 지역적 특성과 굴비의 관계를 연관 지을 수 있다.
'왜 북한은 남한보다 겨울에 추운가?' '왜 강원도에는 감자와 옥수수가 많은가?' '왜
서울은 대한민국의 수도가 되었을까?'와 같은 질문을 던지고 답을 찾으면서 체계
적인 지식을 습득할 수 있다. 그러므로 지리교육은 유아에게 단편적 사실을 전달

하는 것이 아니라 유아의 호기심을 자극하면서 유아가 자신을 둘러싼 환경에 관한 포괄적이고 체계적인 지식을 습득하도록 하는 데 그 목적이 있다(Maxim, 2011).

　이러한 지식은 연령이 증가함에 따라 점점 더 그 범위가 넓어지게 된다. 자신과 직접 연관된 공간, 예컨대 우리 동네, 우리나라 등에 제한되어 있던 유아의 관심은 점차 세계와 지구로까지 확대되면서 지식의 폭이 넓어지는 것이다. 지리교육을 통해 유아는 다른 나라의 지형과 기후, 주민 등에 관심을 두게 되면서 타 문화에 대한 이해와 존중, 지구환경에 대한 관점과 자세 등을 가지게 된다(이경한, 1996). 이렇게 세계적 수준으로 지식이 확대됨에 따라 유아는 인간과 환경의 관계뿐만 아니라 사람들 사이의 상호작용에 대해 파악함으로써 자신의 역할을 생각하게 된다. 즉, 유아는 자신이 속한 공간에서 자신이 무엇을 해야 하는가를 깨닫고, 지역뿐만 아니라 세계적 수준에서 발생하는 문제의 해결에 적극적으로 참여하게 되는 것이다 (Maxim, 2011). 결국 지리교육을 통해 유아는 자신과 환경이 어떻게 연관되어 있는지, 자신의 행위가 환경에 어떻게 영향을 미치는지 등을 고려하여 행동하게 된다. 유아가 일회용품의 사용이 지구환경에 미치는 부정적 영향을 인식하고 일회용품의 사용을 자제하는 것이 그 예다.

2. 지리교육의 내용

지리교육에서 다루어야 할 내용에 대해서는 학자마다 주장하는 바가 제각각이다. 지리교육의 주요 개념에 대해서도 여러 가지 견해가 있어서 한마디로 말하기가 힘든 상황이다. 그럼에도 공간(space), 분포(distribution), 지역(region) 등은 유아가 주변 환경에 대한 지식과 기술을 습득하는 데 필요한 개념이기 때문에 일반적으로 지리교육의 주요 개념으로 언급되고 있다. 지리교육에서 가장 기본적인 개념은 공간이다. 다시 말해, 지리교육의 내용은 유아가 환경을 탐색하면서 획득하는 공간 개념에 기초한다(조은진, 안남이, 2002). 유아가 공간을 어떻게 이해하고 받아들이느냐에 따라 환경을 탐색하는 수준과 정도가 결정되며, 이로 인해 주변 환경에 대한 지식과 기술도 달라지는 것이다. 또한 지리교육은 유아가 단순히 지식과 기술을 습득하는 것이 아니라 사회구성원으로서 자신의 임무를 수행할 수 있도록 하는 데 그 목적이 있다. 그래서 분포와 지역의 개념이 지리교육의 내용에 포함된다. 무엇이 어디에 어떻게 있는지, 각 지역의 특성이 무엇인지, 우리 지역과 다른 지역의 차이점과 공통점은 무엇인지 등을 파악함으로써 유아는 자신이 지금 여기에서 해야 할 일을 깨닫고 실천하게 된다.

1) 공간

(1) 공간 개념 발달

공간(space)은 인간의 활동이 행해지거나 사람 또는 사물이 점하고 있는 범위로, 물체가 존재하거나 사건이 발생하는 곳을 말한다. 공간은 상하 · 전후 · 좌우 등 삼차원적으로 무한히 퍼져 있기 때문에 물체나 사건의 위치와 방향은 공간에서 상대적으로 표시된다. 예를 들어, '이것이 저것보다 위에 있다.' '이것 앞에 저것이 있다.' '이것의 왼쪽에 저것이 있다.'는 식으로 물체의 위치와 방향이 표시된다. 그래서 공간은 물체와 독립하여 존재하지 않으며, 유기체 간의 상호작용이 끊임없이 일어나면서 물리적·심리적으로 널리 퍼져 있는 범위다. 두 사람이 이야기를 나누는 경우, 둘 사이의 거리에 대해 한 사람은 편안함을 느끼지만 다른 사람은 불편함을 느껴 더 떨어지려는 동작을 취할 수 있다. 즉, 사람들 사이의 거리나 사람들이 하는 일, 사람들 사이의 관계 등에 따라 사람마다 인식하는 공간이 다르게 나타나는 것이다(이혜경, 박성희, 2007).

　유아 역시 공간의 특성이나 심리적 변화, 문화적 차이 등에 따라 공간을 다르게 인식하며, 공간을 어떻게 인식하느냐에 따라 공간을 활용하는 정도도 달라진다. 가령 자신에게 친숙한 물건이나 사람이 있으면 유아는 편안함을 느끼기 때문에 공간을 크다고 생각하지 않고 활발하게 움직이면서 적극적으로 공간을 탐색한다. 하지만 같은 공간일지라도 낯설다고 느끼면 유아는 불편함을 느끼기 때문에 공간을 크다고 생각하고 좁은 영역 안에서 소극적으로 움직인다. 책상 위에 있던 물체가 책상 밑에 놓이면 물체는 그대로임에도 물체의 위치가 바뀌게 되어 유아는 다르다는 느낌을 받고 공간을 다르게 인식하면서 다르게 행동할 수 있다. 이렇게 공간에 대한 느낌에 따라 유아마다 공간의 크기를 다르게 인식하며, 자신이 인식하는 공간의 크기에 따라 공간에서의 움직임이 달라진다. 그러므로 유아마다 인식하는 공간의 크기는 절대적이지 않고 상대적이며, 같은 공간일지라도 상황에 따라 유아가 인식하는 공간의 크기는 달라진다(이혜경, 박성희, 2007).

　특히 유아의 공간 개념은 유아가 자신의 몸을 움직이면서 신체와 다른 사물과의 관계를 인식하고, 그 관계를 통해 위치와 방향을 이해함으로써 발달하게 된다. 앞으로 뛰어가고, 정글짐을 기어오르고, 계단을 오르내리는 등 자신의 몸을 끊임없이 움직임으로써 유아는 위치와 방향을 이해하게 된다. 자신의 몸을 움직이면서 유아는 자신이 물체보다 위에 있는지 아래에 있는지, 자신의 오른쪽에 또는 왼쪽에 어떤 물체가 놓여 있는지, 자신의 앞에 또는 뒤에 있는 물체를 집기 위해 얼마만큼 가야 하는지 등을 파악하게 된다. 결국 유아는 자신과 다른 사물이나 사람과의 관계를 통해 자신의 위치와 방향을 이해하며(하지유, 2016), 이러한 이해를 바탕으로 유아는 공간이 좁은지 넓은지를 인식하는 등 공간 개념을 획득하게 된다. 즉, 유아는 몸의 움직임을 통해 위치와 방향을 이해함으로써 공간 개념을 획득하는 것이다(Seefeldt, Castle, & Falconer, 2010).

(2) 공간 개념 교육

유아가 공간 개념을 획득하기 위해서는 무엇보다도 자신의 몸을 움직일 기회를 많이 가지는 것이 중요하다. 왜냐하면 유아는 달리고, 오르고, 공을 던지는 등의 신체활동을 통해 위치와 방향을 이해함으로써 공간 개념을 형성하기 때문이다(김희선, 2005). 술래잡기할 때 유아는 술래를 피해 달리던 방향을 바꾸거나 술래가 되어 사람들을 찾으러 다니는데, 이러한 움직임을 통해 물체와의 거리, 위치, 방향 등을 인식하게 된다. 유아는 어디로 얼마만큼 자신의 몸을 움직여야 하는가를 끊임없이 생각하기 때문에 공간 개념이 발달하게 된다. 즉, 유아는 신체활동을 통해 자신과 물체의 위치, 자신과 물체 사이의 거리, 물체와 물체 사이의 거리 등을 인식하면서 공간 개념을 획득하게 된다(Gallahue, 1982).

조형활동 역시 유아의 공간 개념 획득에 기여하는데, 왜냐하면 조형활동으로 만들어지는 조형물 자체가 삼차원적이기 때문이다(김성종, 2005). 유아의 조형활동에는 찰흙으로 그릇을 만드는 것, 블록으로 기차를 만드는 것, 종이를 접어서 개구리를 만드는 것 등이 포함된다. 유아가 조형물을 만들기 위해서는 먼저 물체의 위치와 방향을 고려하여 세심하게 관찰하는 것이 필요하다. 가령 블록으로 기차를 만든다면 유아는 먼저 블록의 특성을 고려하고, 앞뒤 좌우로 기차의 모양을 살피고, 기차를 앞으로, 뒤로, 옆으로 움직여 보는 과정을 거친다. 이렇게 조형물을 만져 보고, 살펴보고, 움직여 보면서 조형물의 방향과 질감, 형태 등을 파악할 수 있으므로 조형활동은 유아의 공간 개념 획득에 기여하는 것이다.

여러 가지 물체를 관찰하고 조작하는 과학 활동도 유아의 공간 개념 획득에 기여한다. 예를 들어, 유아는 빛에 의해 그림자가 생긴다는 것을 이해하고 하루 동안 변화하는 그림자의 길이와 모양, 방향 등을 관찰하고 기록함으로써 공간 개념을 획득할 수 있다(Seefeldt et al., 2010). 유아는 자신의 몸뿐만 아니라 여러 가지 물체를 이용하여 그림자를 만들고 시간이 지남에 따라 변화하는 그림자의 위치와 방향을 표시하면서 공간 개념을 획득하게 된다. 또한 그림자놀이를 통해 유아는 능동적으로 공간을 탐색하면서 공간 개념을 획득할 수 있다. 술래에게 그림자를 밟히지 않도록 그늘을 찾아다니면서 또는 술래가 되어 그림자를 밟기 위해 그림자의 위치와 방향을 파악하고 거리를 조절하면서 유아는 공간 개념을 획득하게 된다.

이 외에도 지도(map)를 읽고 그리는 등의 활동을 통해 유아는 공간 개념을 획득할 수 있다. 지도를 이용한 활동은 유아의 공간 개념 획득에 매우 효과적인데, 왜냐하면 지도에는 물체의 위치와 방향이 명확히 제시되어 있기 때문이다(Maxim, 2011). 유아는 지도에서 자신이 알고 있는 산이나 강, 건물 등을 찾고, 자신의 위치에서 그것들이 어느 방향에 있는지를 파악하며, 그것들이 자신의 위치와 떨어져 있는 정도를 비교하면서 공간 개념을 획득할 수 있다. 이때 교사는 유아가 위, 아래, 앞, 뒤, 왼쪽, 오른쪽과 같이 위치와 방향을 나타내는 단어를 사용하여 자신의 위치를 설명할 수 있도록 도와주는 것이 필요하다. "네가 이 산의 어느 쪽에 있니?" "네 앞에 어떤 건물이 있니?"와 같은 질문을 던짐으로써 유아에게 위치와 방향에 관한 단어를 사용할 기회를 제공하는 것이 필요하다. 지도를 그리는 활동은 유아 수준을 고려하여 교실의 모형을 만드는 것부터 시작한 후, 점차 학교나 지역사회 등으로 확대하는 것이 바람직하다.

결론적으로 퍼즐을 맞추고, 시소나 그네를 타고, 식물을 관찰하고, 그림을 그리는 등 유아가 행하는 모든 활동이 유아의 공간 개념 획득에 긍정적 영향을 미친다(Andrews, 1996). 그러므로 교사는 교실 내 다양한 활동을 통해 유아의 공간 개념 획득을 도모하는 것이 필요하다. 특히 유아의 공간 개념 형성을 위해 교사는 한두 가지 활동을 간헐적으로 제공하는 것이 아니라 여러 가지 활동을 지속적으로 제공하는 것이 필요하다. 왜냐하면 공간은 주관적으로 인식되어서 같은 활동이 어떤 유아에게는 도움이 되지만 다른 유아에게는 도움이 되지 않을 수 있기 때문이다. 즉, 유아마다 공간 개념 형성에 도움이 되는 활동이 다를 수 있는 것이다. 따라서 교사는 각 유아의 공간 개념 형성에 기여할 수 있도록 다양한 활동을 조직하고 시행하는 것이 필요하다.

2) 분포

(1) 분포 개념 발달

지리는 분포의 과학이라고 할 만큼 분포는 지리교육에서 중요한 개념이다(김연옥, 이혜은, 2006). 분포(distribution)는 무언가가 일정한 범위에 퍼져 있는 방식으로, 무엇이 어디에 얼마만큼 어떻게 있느냐에 관한 것이다. 지리교육에서 분포는 농작물이나 동식물, 유적지와 같은 것들이 어떻게 지표면에 퍼져 있는가를 말한다. 예를 들어, 한지의 원료인 닥나무(paper mulberry)는 전 세계에 고루 퍼져 있는 것이 아니라 한국과 일본, 대만, 중국 등에 분포하며, 한국에서는 영남지방과 호남지방의 산간지대에 많이 분포한다. 커피는 전 세계적으로 남위 25°와 북위 25° 사이에 있는 나라에서 생산되며, 생산되는 나라에 따라 그 맛과 향이 다르다.

이렇게 지구에 있는 것의 대부분은 어떤 곳에는 많고 다른 곳에서는 거의 발견되지 않기 때문에 발견되는 곳을 지도에 표시하면 그 패턴이 한눈에 드러난다. 귤은 어디에서 많이 재배되는지, 다이아몬드는 어디에 많이 있는지, 자동차는 어느 나라에서 생산되는지 등 지구에 있는 거의 모든 것이 어떻게 분포되어 있는가가 나타난다. 즉, 분포패턴이 나타나는 것이다. 분포패턴을 알면 어떤 것이 어디에서 어떻게 나타날지를 예상하고 대비하는 것이 가능하다. 가령 모기에 의해 전파되는 말라리아(malaria)의 분포패턴을 알면 말라리아가 발생하는 나라에 여행을 갈 때 예방약을 미리 먹어서 말라리아에 걸리는 것을 막을 수 있다. 태풍의 분포패턴을 알면 미리 태풍에 대비함으로써 태풍으로 인해 입을 수 있는 피해를 줄일 수 있다.

유아의 분포 개념 획득은 보통 자신이 좋아하는 동물이 사는 곳에 관심을 가지면서부터 시작한다. 예를 들어, 유아는 책이나 대중매체를 통해 북극곰은 북극권에서 살고, 기린은 건조한 사바나(savanna)에 분포하며, 사자는 아프리카나 인도에서 발견된다는 것을 알게 된다. 유아는 동물 대부분은 어디에나 있는 것이 아니라 주로 사는 곳이 있다는 사실을 깨닫게 되면서 분포 개념이 발달하는 것이다. 이런 식으로 유아는 동물뿐만 아니라 식물, 광물 등이 특정 장소에 분포되어 있으며, 더 나아가 기후나 지형, 질병 등도 장소마다 다르게 분포되어 있음을 깨달으면서 분포 개념을 획득하게 된다. 지구에 있는 것의 분포패턴에 대한 지식과 정보가 축적됨에 따라 유아의 분포 개념은 더욱더 발달하게 된다.

(2) 분포 개념 교육

유아의 분포 개념 획득을 도모하기 위해서 교사는 먼저 유아에게 주변 환경에 관심을 가질 기회를 제공해야 한다. 왜냐하면 지구에 어떤 것들이 있는지에 관심을 두면서 유아는 그것들이 어디에 어떻게 얼마만큼 있는지가 궁금해지기 때문이다. 유아는 산책이나 실외놀이를 통해 모래나 돌, 흙, 물, 나무, 꽃 등 다양한 자연물을 접하면서 지표면이 여러 가지 물체로 덮여 있음을 알게 된다(Seefeldt et al., 2010). 유아는 반복적으로 자연물을 접하면서 각각의 자연물을 발견할 수 있는 곳이 다르다는 것을 깨닫는다. 흙이나 돌이 있는 곳, 물이 흐르는 곳, 벚꽃이 피는 곳 등이 다 다르다는 것을 깨닫게 되는 것이다. 유아의 깨달음이 분포 개념으로 발달하기 위해서 교사는 유아가 발견한 자연물을 도표나 그림으로 표현할 수 있도록 다양한 활동을 계획하는 것이 필요하다. 예를 들어, 유아는 자신이 본 자연물을 우리 동네 그림에 표시함으로써 무엇이 어디에서 주로 발견되는지를 파악할 수 있다.

더 나아가 유아의 분포 개념 획득을 위해서 교사는 유아가 자동차나 자전거, 가게, 건물 등 유아 주변에 있는 인공물에도 관심을 가질 수 있도록 활동을 계획해야 한다. 가령 산책이나 현장학습을 통해 유아는 동네에 있는 다양한 가게에 대한 정보를 모을 수 있다. 가게의 이름뿐만 아니라 가게에서 파는 물건, 간판의 색깔, 가게가 있는 건물의 모양이나 크기, 가게에서 나는 냄새나 소리 등 가게에 대한 여러 가지 정보를 수집할 수 있다. 특히 교사는 "저 건물은 무슨 색깔이지?" "저 가게에서는 뭘 팔고 있지?" "지금 어떤 소리가 들리지?"와 같은 질문을 던짐으로써 유아가 가게에 대한 정보를 다양하게 모을 수 있도록 격려해야 한다. 가게에 대한 정보가 모이면 유아는 병원이 많은 곳, 식당이 많은 곳, 마트가 많은 곳 등을 그림이나 도표에 표시함으로써 분포 개념을 획득할 수 있다.

주변 환경에 대한 관심이 점점 더 확장되어 지구환경에 대한 관심으로 이어지면 유아는 더 명확한 분포 개념을 획득할 수 있다. 자신이 좋아하는 동물이 사는 곳에서 시작하여 다른 동식물과 광물, 지형, 기후 등으로 관심이 확장되면서 유아는 지구에 있는 모든 물체가 언제 어디서나 발견되는 것이 아님을 알게 된다. 즉, 유아는 물체가 주로 발견되는 곳이 있다는 분포 개념을 획득하게 되는 것이다. 이때 교사는 유아의 분포 개념이 지구 보호와 자원 절약의 개념으로 연결될 수 있도록 활동을 조직하는 것이 필요하다. 지구의 자원이 어느 특정 장소에서만 발견되고 언젠가 고갈된다는 사실을 깨달으면서 유아가 자원을 아껴야 한다는 의식을 가지게 해야 하는 것이다. 더 나아가 지구를 보호하고 자원을 절약하기 위해 자신이 무엇을 해야 하는가를 깨달을 수 있는 활동을 조직함으로써 유아가 사회적 의식(social consciousness)을 가지도록 해야 한다(Seefeldt et al., 2010). 따라서 교사는 유아가 지구에 자원이 분포되어 있다는 사실을 깨닫는 차원을 넘어서서 일상적으로 폐품을 재활용하거나 망가진 장난감을 고쳐 쓸 수 있도록 활동을 계획하는 것이 필요하다.

결국 유아의 분포 개념 획득을 위해서 교사는 유아가 일상적으로 접하는 사물에 주의를 기울이고 사물에 대한 상세한 정보를 모을 수 있도록 도와주어야 한다. 이는 유아의 관찰능력(observation skills)을 향상하는 것과 동시에 이루어져야 하는데, 왜냐하면 유아는 전조작기 사고의 특성상 한 가지 두드러진 속성으로 대상을 이해하는 경향이 있기 때문이다. 관찰능력이 길러지지 않으면 유아는 사물에 대한 제한된 정보만을 수집함으로써 잘못된 판단을 내릴 수 있다. 그러므로 교사는 유아가 자신의 모든 감각기관과 도구를 활용하여 사물에 대한 정보를 여러모로 모을 수 있도록 적극적으로 상호작용하는 것이 필요하다. 색깔이나 크기와 같은 사물의 특징은 어떠한지, 유아가 보고 듣고 느낀 것은 무엇인지 등을 끊임없이 질문하고 반응함으로써 유아의 관찰능력 발달을 도모해야 한다. 관찰능력이 발달함으로써 유아는 일상적으로 무엇이 어디에 어떻게 있는가에 대한 정보를 모으면서 분포 개념을 획득할 수 있다.

3) 지역

(1) 지역 개념 발달

지역(region)은 지표면에서 공통적인 속성을 가지고 있는 일정한 범위로, 물리적·문화적으로 다른 곳과 구별되는 공간적 범위를 말한다. 지역은 산맥이나 하천과 같은 자연환경뿐만 아니라 언어나 풍습, 종교, 정치 등 인문사회 환경에 따라 구분되는 영역이다. 그래서 같은 지역에 있는 사람들은 같은 언어를 사용하고, 같은 풍습을 즐기며, 정치적 정체성을 공유한다(Seefeldt et al., 2010). 즉, 지역은 자연·인문·사회 등 여러 환경이 서로 긴밀하게 연관되어 하나의 유기체로 움직이는 영역이다.

지역 안에 있는 여러 환경의 상호작용으로 각 지역은 그 지역만의 독특한 성질인 지역성(regionality)을 가지기 때문에 다른 지역과 구별된다. 지역성은 시간이 지남에 따라 지역 내 환경이나 다른 지역과의 관계 등이 변하면서 바뀌게 된다. 그러므로 지역은 가시적으로 드러나는 실제적인 지표라기보다 사람들의 머릿속에서 인식되고 구별되는 지표로서 추상적인 개념이다. 같은 지역에 사는 사람들일지라도 우리 지역이라고 말하면서 생각하는 지역이 제각기 다를 수 있는 것이다. 따라서 지역을 구분하는 것은 사람들의 심리적·정신적 상태까지 고려해야 하는 매우 어려운 일이다.

유아의 지역 개념은 자신과 가까운 곳에서 출발하여 점차 먼 곳으로 나아가면서 발달한다(구광현 외, 2012). 아파트의 옆 동에 사는 또래의 집만 방문해도 자신의 집에서 멀리 떨어져 있다고 느끼던 유아는 점차 다른 동네나 지방을 방문하여 지역적 차이를 경험하면서 지역 개념을 획득하게 된다. 특히 유아는 물리적 거리감과 동시에 문화적 차이를 직접 느끼고 경험하면서 지역 개념을 획득하게 된다. 집 근처의 마트를 걸어서 갈 때와 멀리 떨어져 있는 대형마트를 자동차로 가는 경우, 유아는 물리적 거리감뿐만 아니라 마트의 크기와 물건의 양, 사람들의 수 등을 보고 느끼면서 자신이 살던 곳과 다르다는 생각을 하게 된다. 지역적 차이는 가족과 함게 여행을 가는 경우에 더 명확해지는데, 왜냐하면 기후나 지형, 사람들의 말투, 먹는 음식 등이 확연히 달라지기 때문이다.

결국 유아는 직접 다른 곳으로 이동하여 자신이 사는 곳과 다른 문화를 경험하고 지역이 다름을 실감하면서 지역 개념을 획득하게 된다. 종종 유아는 직접경험이 아니라 간접경험을 통해 지역 개념을 형성하기도 한다. 동화책이나 텔레비전을 통해 다른 나라의 자연환경과 그곳 사람들의 생활양식 등을 접하면서 너무 멀리떨어져 있어서 쉽게 가기 힘든 지역도 있음을 알게 된다(최기영, 우수경, 양진희, 이학선, 이인원, 2008). 또한 사람들이 각 지역의 독특한 자연환경을 어떻게 극복하면서 적응하는지를 살펴봄으로써 유아는 인간과 환경의 관계에 대해 생각하게 된다. 그러므로 대중매체를 통해 간접적으로 다른 지역을 경험하는 것은 유아가 세계적 수준에서 지역 개념을 획득하는 데 크게 기여한다.

(2) 지역 개념 교육

유아의 지역 개념 발달을 도모하기 위해서 교사는 유아에게 친숙한 공간을 방문하는 것부터 시작해야 한다. 왜냐하면 유아의 지역 개념은 자신과 가까운 곳에서 시작하여 점점 먼 곳으로 확장하기 때문이다. 예를 들어, 교사는 동네를 산책하거나 지역사회 기관을 방문하여 동네 사람들이 하는 일을 관찰하고 기록하고 분석하

는 활동을 계획할 수 있다(박찬옥, 서동미, 엄은나, 2015).

사는 지역에 대한 다양한 활동이 이루어진 다음에는 여타 지역의 기관을 방문하여 그곳의 지형과 사람들의 생활모습 등을 관찰하고 비교하는 활동을 전개할 수 있다. 그러나 유아는 전조작기 사고의 특성상 한 가지 두드러진 속성으로 대상을 이해하는 경향이 있기 때문에 지역을 전체적으로 파악하기는 어렵다. 유아가 어떤 지역에 대해 말할 때 우리 동네보다 더 덥다, 더 크다, 더 좋다는 식으로 자기 생각을 표현하는 것이 그 예다.

그럼에도 교사는 다른 지역을 관찰하고 자신이 사는 지역과 비교하는 활동을 지속해서 실시하는 것이 필요하다. 이러한 비교를 통해 지역 간 유사점과 차이점, 공통점 등을 파악함으로써 유아가 지역의 특성을 정확히 이해할 수 있기 때문이다. 더 나아가 유아는 지역 간 상호작용에 대해서도 이해할 수 있다. 교통수단을 통해 사람들이 이동하고 물건들이 오가는 것을 보면서 유아는 지역 간 교류가 일상생활에 필수적임을 알게 되는 것이다(구광현 외, 2012).

유아의 지역 개념이 세계적 수준으로 발달하기 위해서 교사는 언어나 문화가 확연히 다른 지역에 대한 활동을 전개하는 것이 필요하다. 예를 들어, 교사는 유아와 전혀 다른 자연환경에서 전혀 다른 언어를 사용하며 살아가는 사람들의 모습을 소개할 수 있다. 그러나 이런 활동은 지역 간 차이점이 너무 부각되어 자칫 유아의 지역 개념 형성을 방해할 수 있다. 지역의 특성을 파악하려는 동기가 유발되는 것이 아니라 그냥 다르다고 생각하는 수준에 머무를 수 있기 때문이다.

따라서 교사는 지역 간 차이점을 소개하는 것과 동시에 공통점이나 유사점을 언급하는 것이 필요하다. 가령 유아가 즐기는 놀이 중의 하나가 비슷하게 다른 지역에서도 시행되고 있음을 확인하는 활동을 전개하면 다른 지역의 특성을 탐구하려는 유아의 동기가 더 유발될 수 있다(Seefeldt et al., 2010). 박물관을 방문하여 다른 나라의 의상이나 건물, 그림 등을 보는 것, 다른 나라의 노래나 춤 등을 듣고 따라하는 것, 지역별로 유사한 명절이나 속담, 동화 등을 확인하는 것 등을 통해 유아는 각 지역의 특성을 객관적으로 이해할 수 있다.

3. 지리교육의 방법

유아의 공간, 분포, 지역 등의 개념을 발달시키기 위한 지리교육 방법은 크게 교수자 중심 방법과 학습자 중심 방법으로 구분된다. 교수자 중심 방법으로 강의법이 있으며, 학습자 중심 방법으로 문답법, 토의법, 탐구(inquiry)법, 모의(simulation)법 등이 있다(김연옥, 이혜은, 2006). 각각의 방법은 장단점이 있으므로 교사는 지리교육을 계획할 때 수업의 목표, 유아의 인지발달 수준, 주변 환경 등을 고려하여 가장 적합한 방법을 선택하는 것이 중요하다. 또한 처음부터 끝까지 한 가지 방법으로 수업을 진행하기가 어려우므로 수업의 목표와 내용에 따라 교사는 두세 가지 방법을 적절하게 사용하는 것이 필요하다. 현장학습의 경우, 온종일 교실 밖에서 활동이 진행됨으로써 다른 활동을 방해할 수 있으므로 다른 활동과의 균형과 조화를 고려하여 시간과 장소를 세심하게 선정해야 한다. 결국 지리교육을 위한 최상의 방법은 없으며, 어떤 방법을 사용하건 교사에 따라 최선이 될 수도 있고 최악이될 수도 있다. 즉, 교수-학습 방법이 아니라 교사가 수업을 어떻게 준비하고 전개해 나가느냐에 따라 수업의 질은 결정되는 것이다. 그러므로 교사는 유아 수준에맞게 수업을 유연하게 구성하고 진행할 수 있도록 항상 고민하고 노력하는 자세를가져야 한다.

1) 강의

강의(lecture)는 교사가 학습자에게 언어로 지식을 전달하는 교수-학습 방법으로, 교사 중심으로 수업이 진행되는 경향 때문에 오랫동안 비판을 받고 있는 방법이다. 그런데도 강의는 사실이나 이론, 개념 등을 설명할 때, 특히 짧은 시간 안에많은 양의 정보를 전달하거나 활동을 소개할 때 매우 효과적인 교수-학습 방법이다(Chiappetta & Koballa, 2014). 그래서 구체적인 정보를 효율적으로 전달해야 하는 경우가 많은 지리교육에서 강의는 자주 이용되고 있다. 강의를 통해 유아는 자신이 알고 있는 지식과 새로운 정보를 연결하면서 나름대로 지식을 구성하는 등 인지적 틀(cognitive frame)을 확장할 수 있다(Fien, Gerber, & Wilson, 1999).

강의가 교사 중심의 일방적인 지식 전달에 그치지 않으려면 교사는 강의 도중에 유아와 활발하게 상호작용함으로써 유아의 적극적인 참여를 유도하는 것이 필요하다. "여기에는 무엇이 있을까?" "이것은 어디에서 볼 수 있을까?" "이곳은 어떻게 만들어졌을까?"와 같은 질문을 던지고 유아가 충분히 생각하고 반응할 수 있도록 기회를 주는 등 교사는 유아와 활발하게 상호작용해야 한다. 활동의 도입단계에서는 유아가 이미 알고 있는 것을 질문함으로써 유아의 흥미를 유발하고, 모형이나 비유를 활용하여 한 가지 개념을 다양한 방법으로 설명하는 것이 중요하다.

유아의 이해를 도와주기 위해서는 강의할 때 유아 수준에 맞는 다양한 자료를 함께 제시하는 것이 필요하다(Haubrich et al., 2006). 즉, 지리적 개념이 추상적이고 지리교육에서 다루는 범위가 넓은 경우가 많으므로 유아가 개념을 명확히 이해하기 위해서는 다양한 자료가 함께 제시되어야 한다. 특히 우리 동네와 같이 유아에게 친숙한 장소의 사진이나 동영상, 모형 등을 보여 주는 것이 필요한데, 왜냐하면 유아의 사전지식이나 경험과 연관된 친숙한 자료를 제시하는 것이 동기유발에 효과적이기 때문이다. 또한 성공적인 강의를 위해 교사는 각 유아의 반응을 살피면서 똑똑한 발음으로 쉽게 설명하는 것이 필요하다.

2) 현장학습

현장학습(study trip)은 유아가 직접 주변 환경을 탐색함으로써 지리교육의 내용을 학습할 수 있다는 점에서 매우 효과적인 지리교육 방법이다. 실제 지리교육에는 사진이나 동영상, 모형 등이 사용되고 있지만, 그 어떤 것보다도 현장학습이 유아의 지리적 개념 획득에 효과적이다(Fien et al., 1999). 사진이나 동영상 등을 통해 얻는 정보보다 직접 현장에 가서 몸소 느끼면서 얻는 정보가 훨씬 더 구체적이고 생생하기 때문에 유아가 지리적 개념을 획득하는 데 효과적인 것이다. 특히 지리교육의 주요 개념인 공간이나 분포, 지역 등이 추상적이어서 유아가 지리적 개념을 이해하려면 구체적인 현장학습이 반드시 이루어져야 한다. 가령 한국은 지역에 따라 토양의 색깔이 다른데, 이를 사진이나 동영상으로 확인하는 것보다 직접 가서 볼 때 유아는 훨씬 더 잘 이해할 수 있다.

하지만 유아가 모든 곳을 다 찾아다니면서 지리적 개념을 이해하는 것은 현실적으로 불가능하다. 그래서 교사는 지리적 접근성을 고려하여 유아에게 적합한 장소를 선정하는 것이 중요하다. 보통 현장학습으로 이용되는 곳은 경찰서나 소방서, 우체국, 도서관, 박물관, 방송국과 같은 지역사회 기관이다(구광현 외, 2012). 이러한 기관들을 방문함으로써 유아는 기관의 위치, 크기, 규모, 색깔 등 시각적으로 드러나는 기관의 특성뿐만 아니라 기관에서 일하는 사람들, 기관을 방문하는 사람들 등에 대한 정보를 얻을 수 있다. 또한 여러 기관을 방문함으로써 기관들을 서로 비교하고, 기관들 사이의 관계나 공통점 등을 파악할 수 있다. 경우에 따라 교사는 다른 지역의 기관을 방문하는 현장학습을 계획할 수 있는데, 이는 유아에게 같은 기관이라도 지역에 따라 그 특성이 제각각임을 확인할 기회를 제공한다. 예를 들어, 유아는 도서관도 지역에 따라 색깔이나 크기, 도서관 내 공간 배치, 비치된 자료 등이 다름을 확인할 수 있다.

현장학습이 매우 효과적인 지리교육 방법임에도 실제로 항상 성공적으로 이루어지는 것은 아니다. 왜냐하면 현장학습의 목적과 과정 등에 대해 사전에 충분한 논의가 이루어졌는지, 유아가 주변 환경을 충분히 탐색할 수 있을 만큼 안전이 보장되고 충분한 시간이 주어졌는지 등에 따라 현장학습의 성공 여부가 결정되기 때문이다. 특히 지리교육 방법으로서 현장학습의 목적은 추상적 개념을 구체적 경험을 통해 이해하려는 것이기 때문에 성공적인 현장학습을 위해서 교사-유아 상호작용이 필수적이다. 교사는 현장학습이 이루어지는 동안 유아가 무엇을 어떻게 생각하고 있는지를 끊임없이 질문하고 반응함으로써 유아가 적극적으로 환경을 탐색할 수 있도록 해야 한다. 또한 현장학습을 통해 알게 된 지리적 개념을 유아가 구

체화할 수 있도록 현장학습이 끝난 후 그림이나 도표 등으로 표현하는 활동을 계획해야 한다(구광현 외, 2012). 결국 지리교육 방법으로서 현장학습의 효과를 극대화하기 위해서 교사는 철저하게 현장학습을 계획하고 준비하는 것뿐만 아니라 유아와 적극적으로 상호작용하는 것이 요구된다.

3) 협동학습

협동학습(cooperative learning)은 4~6명으로 구성된 모둠이 함께 과제를 수행하면서 구성원 간의 긍정적 상호의존성을 촉진하는 교수-학습 방법이다(Slavin, 1994). 협동학습은 혼자서는 과제를 완수할 수 없으므로 다른 구성원에게 서로서로 의존하여 과제를 수행할 수밖에 없는 구조를 말한다. 한 명이 제대로 자신의 임무를 수행하지 못하면 그로 인한 손실은 단지 개인적 차원에 그치는 것이 아니라 전체적 차원으로 파급되어 구성원 모두가 피해를 보게 되는 것이다. 그러므로 구성원 각자는 책임감을 느끼고 자신이 맡은 역할을 끝까지 완수해야 하며, 사회적 상호작용을 통해 서로의 아이디어를 공유하고 격려하면서 과제를 완수해야 한다. 이렇게 사회적 상호작용을 통해 과제를 수행하기 때문에 협동학습은 구성원에게 의사소통능력과 리더십 등 다양한 지식과 기술을 습득할 기회를 제공한다(Felder & Brent, 2007). 또한 과제를 완수함으로써 구성원이 성취감과 자신감을 느낄 수 있기 때문에 협동학습은 구성원의 다양한 능력을 발달시키는 데 크게 기여하는 교수-학습 방법이다.

협동학습은 상호의존적 관계에 근거하므로 이질적으로 모둠을 구성할 때 그 효과가 극대화된다. 즉, 모둠의 구성원이 이질적일수록 더 다양한 의견을 교환하면서 창의적으로 과제를 해결하게 된다. 또한 모둠의 구성원이 이질적이면 구성원 각자가 소유하고 있는 능력이 다양하여 서로 더 많은 도움을 주고받을 수 있어서 협동학습에 대한 능동적인 참여를 촉진하게 된다. 모둠별로 우리 동네를 그리는 경우, 평소 그림 그리는 것을 싫어하는 유아가 다른 유아의 그리는 활동을 보고 동기가 유발되거나 다른 유아의 도움을 받아 그리는 방법을 배울 수 있다. 나이 많은 유아는 나이 어린 유아에게 지식이나 기술을 가르쳐 주면서 참여를 독려할 수 있으며, 주의가 산만한 유아는 다른 유아를 보고 끈기와 차분함을 배우면서 끝까지 자신의 임무를 수행할 수 있다. 따라서 교사는 유아의 성, 연령, 기질, 성향, 관심 등 다양한 요인을 세심하게 고려하여 모둠을 이질적으로 구성하는 것이 필요하다.

지리교육에서 협동학습은 계획, 실행, 종합 등 최소한 세 단계를 거쳐 이루어진다(Haubrich et al., 2006). 첫 번째 단계인 계획단계에서는 유아의 동기를 유발하는 것이 가장 중요하다. 가령 교실에 어떤 물건이 얼마나 있는지를 나타내는 분포도(distribution map)를 그린다면 교사는 먼저 교실에 있는 모든 물건에 대해 말할 기회를 유아에게 주면서 동기를 유발한다. 교사는 유아가 자기 예상보다 훨씬 더 많은 물건이 교실에 있다는 사실을 깨닫게 하면서 교실에 있는 물건의 분포도를 그리는 활동을 소개한다. 그다음에 모둠을 구성하고, 모둠에서 각자가 해야 할 일을 정하는 등 여러 가지 작업이 이루어진다. 이러한 작업은 매우 복잡하고 많은 시간을 요구하기 때문에 교사는 유아에게 충분한 시간을 제공하고 능동적으로 참여할 수 있는 분위기를 조성해야 한다(Haubrich et al., 2006). 두 번째 단계인 실행단계에서는 모둠별로 분포도를 그리는 작업이 이루어진다. 모둠에서 어떤 유아는 책을,

어떤 유아는 필기구를, 어떤 유아는 장난감을 표시하는 등 각자가 맡은 임무를 수행하면서 분포도를 완성하도록 한다. 마지막 단계인 종합단계에서는 모둠별로 그린 분포도를 보면서 서로 비교하고 격려하는 작업이 이루어진다. 이때 교사는 유아가 다른 모둠의 발표에 귀 기울이고 서로의 장단점을 비교할 수 있도록 도와주는 것이 필요하다.

이렇게 협동학습은 여러 단계를 거치면서 이루어지기 때문에 일회성이 아니라 장기성을 요구한다. 즉, 한 번의 활동으로 끝나는 것이 아니라 어떤 과제를 수행하기 위해 일정 기간 모둠이 유지되면서 활동이 이루어지게 된다(Haubrich et al., 2006). 따라서 협동학습은 구성원 각자가 자신의 능력을 최대한 발휘하여 맡은 소임을 수행해야만 완수할 수 있는 과제가 주어질 때 성공적으로 이루어진다. 구성원의 창의력과 고차원적 사고력을 요구하는 과제가 주어질 때 더 많은 성취감과 자존감을 느낄 수 있으므로 성공적인 협동학습이 가능한 것이다(Ross & Smyth, 1995). 그러므로 교사는 유아 수준에 맞는 적절한 과제를 선정하는 데 주의를 기울여야 한다. 또한 교사는 협동학습이 진행되는 동안 모든 유아가 적극적으로 자신의 임무를 수행할 수 있도록 세심하게 관찰하고 끊임없이 격려해야 한다. 적극적인 몇몇 유아가 주도하는 협동학습이 되지 않도록 교사는 각 모둠에 직접 참여하여 피드백을 제공하거나 과제 해결을 독려하는 것이 필요하다.

제6장

경제

경제(economy)는 인간생활에 필요한 재화와 서비스를 생산하고 분배하고 소비하는 모든 활동으로, 이러한 활동을 둘러싼 질서나 제도 등 모든 사회관계까지 포함하는 개념이다. 재화와 서비스 모두 인간의 욕구를 충족시켜 주는 상품(commodity)으로, 상품은 매매의 대상이 되는 유형·무형의 모든 재산을 가리킨다. 재화(goods)는 쌀이나 옷, 책과 같이 눈으로 보고 만질 수 있는 유형의 상품이며, 서비스(services)는 의사의 진료나 음악가의 연주처럼 직접적인 만족을 제공하는 무형의 상품이다. 인간은 재화와 서비스를 매일 이용하면서 살아가기 때문에 인간의 행위 대부분은 경제활동이라고 할 수 있다. 아침에 일어나 밥을 먹고, 버스로 학교에 가고, 라디오로 노래를 듣고, 극장에서 영화를 보는 등 일상이 경제활동의 연속인 것이다. 그러나 무한한 인간의 욕구에 비해 존재하는 자원은 한정되어 있어서 항상 해결해야 할 경제문제가 발생한다. 예를 들어, 하고 싶은 것은 여러 가지이지만 가지고 있는 돈이 조금밖에 없다면 어떤 것을 취하고 어떤 것을 포기할지를 결정해야 하는 문제가 생기게 된다. 결국 누구를 위해 무엇을 얼마나 어떻게 언제 생산하고 소비하고 분배해야 하느냐 하는 경제문제는 사회적 차원뿐만 아니라 개인적 차원에서 항시 제기되고 있다.

1. 경제교육

경제교육(economic education)은 경제현상을 올바르게 이해하고 합리적인 의사결정을 내릴 수 있도록 가르치고 배우는 활동이다. 즉, 경제교육은 일상생활에서 부딪히는 다양한 경제문제를 합리적으로 해결할 수 있도록 도와주는 활동이다. 직장에서 점심을 먹는 것은 단순히 한 끼를 해결하는 문제처럼 보이지만, 실제로 최소의 비용으로 최대의 만족을 누리기 위해 누구와 함께 어디에서 무엇을 먹을지를 결정해야 하는 복잡한 경제문제다. 이러한 경제문제를 합리적으로 판단하고 해결하려면 여러 가지 조건과 상황을 고려한 후 신중히 결정을 내려야 한다. 재화와 서비스가 꼭 필요한지, 상품의 구매가 합당한지, 상품의 가치에 맞는 적절한 가격인지 등을 판단한 후 결정해야 하는 것이다. 그러므로 경제교육은 경제활동에 필요한 지식과 기술, 태도, 가치 등을 습득하는 기회를 제공함으로써 일상생활에서 직면하는 다양한 경제문제를 효과적으로 해결하도록 도와준다. 특히 합리적인 경제활동은 충동적 욕구를 억제하고 만족을 지연하는 등 사회정서 발달이 이루어질 때 가능하다. 따라서 경제교육은 지식뿐만 아니라 기술이나 태도 등 여러 가지 측면에 중점을 두고 지속적·반복적으로 시행되어야 한다.

1) 경제교육의 필요성

경제교육이 필요한 이유는 경제적 개념을 이해함으로써 합리적인 경제활동을 할 수 있기 때문이다. 인간은 태어나면서부터 재화와 서비스를 이용하면서 경제활동에 참여하게 된다. 어릴 때는 밥을 먹고, 옷을 입고, 장난감을 가지고 노는 등 소비자로서 경제활동에 참여하다가 성인이 되어 소비자, 생산자, 유권자로서 경제활동에 참여하게 된다(박상준, 2016). 특히 대량생산과 대량소비로 대변되는 현대 자본주의 사회에서 경제활동 참여는 과거와 비교할 수 없을 정도로 매우 빈번하게 이루어지고 있다. 매일 새로운 상품이 쏟아지고, 상품에 대한 광고가 대중매체를 통해 전달되면서 현대인은 소비의 유혹을 뿌리치기가 매우 힘든 상황에 처해 있다. 즉, 무엇을 얼마에 구매해야 하느냐 하는 문제를 고민해야 하는 상황이 매 순간 쉴 새 없이 일어나고 있는 것이다. 지속적으로 제기되는 경제문제를 합리적으로 해결하려면 경제적 개념의 이해가 요구되기 때문에 경제교육의 필요성이 강조되고 있다.

최근에는 유아를 대상으로 한 상품이 급속히 증가하고 소비의 주체로서 유아의 지위가 급부상하면서 경제교육의 필요성이 더욱 강조되고 있다. 과거에는 부모가 구매한 상품을 수동적으로 사용하던 처지에 있던 유아가 현대에는 능동적으로 상품에 대한 정보를 모으고 상품을 고르는 소비의 주체가 되고 있다. 과거에는 유아 자신의 의견보다 부모의 의사에 의해 상품의 선택이나 구매 등이 결정되었지만, 현대에는 부모보다 유아 자신의 의사에 의해 상품의 구매가 이루어지고 있다. 유아 스스로 각종 대중매체를 통해 상품에 대한 정보를 수집하고, 유아교육기관에서 또래와 정보를 교환하고, 직접 마트나 인터넷을 통해 상품을 구매하고 있는 상황이다. 자신이 원하는 상품을 고르고, 다른 상품과 비교하며, 새로운 상품을 구매하기 위한 계획을 세우는 등 유아는 소비의 주체로서 경제활동에 깊숙이 참여하고 있다. 그래서 유아와 관련된 상품이 소비시장에서 차지하고 있는 비중이 점점 커지고 있으며, 미래의 경제인이 아니라 현재의 경제인으로서 유아가 경제활동에 행사하는 영향력이 막강해지고 있다(Calvert, 2008).

이렇게 유아가 경제활동에 깊숙이 참여하면서 경제교육의 필요성이 현재 더욱더 강조되고 있다. 특히 유아기에 잘못 형성된 소비 습관이 성인기까지 이어지면서 개인의 삶에 부정적 영향을 미칠 수 있다는 점에서 경제교육의 시급성과 중요성이 강조된다. 더군다나 과거와 다르게 한두 명의 자녀만을 낳고 기르면서 부모가 자녀의 욕구를 충족시키는 데 돈과 시간을 아끼지 않는 풍토가 형성됨으로써 경제교육의 중요성이 더욱 강조되고 있다. 이러한 풍토는 자신이 원하는 것을 쉽게 얻음으로써 유아가 충동적으로 상품을 구매하는 잘못된 소비 습관을 유발할 수 있기 때문이다. 그리고 잘못된 소비 습관은 유아가 자원을 소중히 여기고 절약하는 습관을 형성하는 데도 부정적 영향을 미칠 수 있다. 원하면 언제든지 살 수 있다는 생각을 가짐으로써 유아는 물건을 아끼고 다시 사용하는 습관을 지니기 어렵게 되는 것이다. 결국 소비 욕구를 억제하고 자신에게 꼭 필요한 상품을 고르는 등 유아의 합리적인 소비 습관 형성을 위해 경제교육의 필요성이 강조되고 있다.

2) 경제교육의 목적

경제교육의 목적은 유아가 경제활동을 위해 필요한 지식과 기술, 태도, 가치 등을 습득함으로써 합리적으로 경제문제를 해결할 수 있도록 하는 것이다. 무엇보다도 경제교육을 통해 유아는 경제현상을 지배하고 있는 경제적 개념을 이해할 수 있다(박상준, 2016). 유아는 일상적으로 다양한 경제현상을 경험한다. 가령 사고 싶은 물건이 마트에 없어서 사지 못한 경우나 같은 물건임에도 가게마다 물건의 가격이 다른 경우, 시간이 지남에 따라 물건의 가격이 달라지는 경우 등을 경험한다. 이러한 경제현상을 경험하면서 유아는 왜 물건을 언제 어디서나 살 수 없는지, 왜 가게마다 물건의 가격이 다른지, 왜 물건의 가격이 달라지는지 등에 대해 궁금증을 가지게 된다. 이러한 유아의 궁금증은 희소성이나 교환가치와 같은 경제적 개념을 이해함으로써 해결될 수 있다. 즉, 경제교육을 통해 경제현상을 지배하고 있는 경제적 개념을 이해함으로써 유아는 합리적으로 경제문제를 해결할 수 있는 것이다.

다음으로 경제교육을 통해 유아는 합리적으로 사고하고 결정하는 능력을 기를 수 있다(장수정, 2004). 경제활동을 하면서 유아는 매 순간 선택의 갈림길에 서서 고민을 하게 된다. 이것을 사야 할지 저것을 사야 할지, 지금 사야 할지 나중에 사야 할지, 이것을 버려야 할지 말아야 할지 등을 결정해야 하는 상황이 매번 발생하는 것이다. 이때 유아는 자신의 직관적 사고에 의존하여 결정하는 경우가 많은데, 예컨대 물건의 색이 마음에 든다거나 친구가 가지고 있는 물건이라는 이유로 물건을 구매하게 된다. 이런 식으로 구매한 물건에 대해 유아는 금방 관심을 잃기 때문에 또 다른 물건을 사 달라고 조르게 된다. 즉, 유아의 인지적 제한으로 인해 충동적 구매가 나타나기 쉬운 것이다. 그러므로 경제교육은 유아가 여러 가지 측면을 고려하여 상황을 판단하고 합리적인 결정을 내릴 수 있도록 하는 데 초점을 둔다.

마지막으로 경제교육을 통해 유아는 민주시민으로서 갖춰야 할 태도를 기를 수 있다. 민주시민(democratic citizen)은 사회구성원으로서 자신의 권리와 의무를 명확히 인지하고, 자유와 평등, 정의 등의 가치를 추구하며, 주체적으로 공동체의 결정에 참여하는 사람이다. 여기서 공동체의 결정에 참여한다는 것은 단순히 자신의 의사를 표현하는 차원이 아니라 능동적으로 공동체의 문제해결에 기여함을 의미한다. 현재 제기되는 공동체의 문제는 자원 고갈, 빈부 격차 심화, 일자리 부족 등이며, 이러한 문제는 항상 경제활동과 연관되어 있다. 따라서 유아는 경제교육을 통해 공동체의 문제에 관심을 가지고 문제해결에 참여할 기회를 가지게 된다. 가령 경제교육을 통해 유아는 단지 비싸기 때문이 아니라 자원의 낭비를 줄이기 위해서 물건을 아껴 써야 한다는 것을 배우고, 이를 실천하게 된다. 즉, 유아는 개인적 차원이 아니라 사회적 차원에서 문제를 바라보고 해결함으로써 민주시민의 태도를 기르는 것이다.

2. 경제교육의 내용

경제교육의 내용을 구성하는 주요 개념에 대해서는 학자마다 다르게 주장하고 있다. 그럼에도 가장 많이 언급되고 있는 개념으로는 희소성(scarcity), 기회비용(opportunity cost), 교환가치(exchange value), 생산(production), 분배(distribution), 소비(consumption) 등이 있다. 이 중에서 경제교육의 가장 기본이 되는 개념은 희소성이다(Seefeldt, Castle, & Falconer, 2010). 희소성은 인간의 물질적 욕구를 충족시킬 수 있는 수단이 상대적으로 부족한 상태로, 희소성으로 인해 한정된 자원으로 최대의 만족을 얻으려는 경제활동이 이루어진다. 인간은 항상 자신이 가진 것보다 더 많은 것을 원하기 때문에 최소의 비용으로 최대의 효과를 얻기 위해 무엇을 얼마나 생산하고 어떻게 분배할 것이냐 하는 경제문제가 발생한다. 또한 희소성으로 인해 선택의 문제가 발생하는데, 왜냐하면 모든 것을 다 가질 수 없는 상황에서 무언가를 얻기 위해 다른 것을 포기해야 하기 때문이다. 경제활동에서 선택 가능한 여러 가지 것 중에서 하나를 선택할 때 그 선택 때문에 포기해야 하는 것의 가치인 기회비용이 발생하는 것이다. 이렇듯 희소성으로 인해 모든 경제문제가 발생하기 때문에 희소성은 경제교육에서 가장 기본이 되는 개념이다.

1) 희소성

(1) 희소성 개념 발달

유아의 희소성(scarcity) 개념은 일상의 경험을 통해 발달한다. 음식을 먹을 때, 장난감을 가지고 놀 때, 놀이터에서 기구를 이용할 때 등 매일 반복되는 일상 속에서 유아는 희소성 개념을 획득하게 된다. 가령 동생과 과자를 더 먹겠다고 다투는 경우나 소꿉놀이하는 도중에 실랑이를 벌이는 경우, 서로 먼저 블록을 가지고 놀겠다고 우기는 경우 등이 발생한다. 역할놀이를 할 때 서로 주인공을 하려고 나서기도 하고, 산책할 때 서로 교사의 손을 잡으려고 하다가 싸우기도 한다. 이런 일상적인 경험을 통해 유아는 자원이 한정되어 있으며, 부족한 자원 때문에 자신이 원하는 것을 모두 다 가질 수 없다는 희소성 개념을 획득하게 된다.

그러나 유아의 희소성 개념은 불확실하고 일관적이지 않은 것으로 나타난다. 또한 유아는 희소성 개념을 이해하는 데 어려움을 겪는 것으로 나타나고 있다(윤주현, 2010; 이재정, 1999; 정수미, 1990). 예를 들어, 가지고 싶은 것을 다 가질 수 있느냐 하는 질문에 유아는 가지고 싶으면 다 가질 수 있다고 하거나 어머니가 원하는 것을 모두 가질 수 없다고 말하기 때문에 가질 수 없다고 대답한다(Armento, 1982).

희소성 개념은 만 7세경에 명확해지는데, 이는 가지고 싶어도 원하는 것을 다 가질 수 없다고 말하는 것에서 잘 드러난다. 결국 유아의 희소성 개념은 연령이 증가함에 따라 사회적 경험이 풍부해지고 여러 시행착오를 겪으면서 발달하게 된다.

(2) 희소성 개념 교육

유아의 희소성 개념 발달을 도모하기 위해서 교사는 유아에게 다양한 사회적 경험의 기회를 제공하는 것이 필요하다. 유아교육기관에서 희소성과 연관된 사회적 경험으로는 블록의 수가 제한되어 있어서 한 번에 세 명의 유아만 블록을 이용하는 것, 두 개뿐인 그네를 이용하기 위해 차례를 지켜야 하는 것, 각 유아가 정해진 수의 색종이만 사용하는 것 등이 있다. 이러한 사회적 경험을 통해 유아는 자원이 한정되어 있음을 깨달으면서 희소성 개념을 획득하게 된다.

또한 유아의 희소성 개념은 유아가 원하는 것과 필요한 것을 구분함으로써 발달할 수 있다(Seefeldt et al., 2010). 교사는 유아에게 자신이 원하는 것을 모두 열거하도록 한 후, 그중에서 가장 필요한 것 한 가지만 고르게 하는 활동을 전개할 수 있다(박찬옥, 서동미, 엄은나, 2015). 이러한 활동을 통해 유아는 원하는 것을 다 가질 수 없으므로 필요한 것을 선택해야 하고, 필요한 것을 선택함으로써 다른 것을 포기해야 한다는 것을 알게 된다(한면희, 2006). 즉, 희소성으로 인해 발생하는 선택의 문제를 경험하는 것이다.

희소성 개념이 발달함에 따라 유아는 합리적으로 판단하고 결정하는 능력을 기르게 된다. 유아는 자신에게 가장 필요한 것이 무엇인지, 어떤 것을 선택할 때 가장 만족스러운지 등을 깨달으면서 자신만의 판단 기준과 원칙을 세우게 된다. 나름의 기준과 원칙에 따라 선택을 하면서 여러 번의 시행착오를 거치게 되고, 이러한 과정을 통해 기준과 원칙을 수정하고 보완하면서 합리적인 선택을 하게 된다. 즉, 원하는 것을 모두 다 가질 수 없음을 깨닫고 어떤 것을 선택할 것인가를 고민하는 과정에서 유아의 판단력과 결정력이 발달하는 것이다.

그러므로 유아가 희소성 개념을 획득하기 위해서는 무엇보다도 다양한 사회적 경험을 쌓는 것이 중요하다. 자원이 부족하다는 것, 원하는 것과 필요한 것이 일치하지 않는다는 것, 언제나 가장 필요한 것을 선택해야 한다는 것 등은 직접적인 경험을 통해서만 깨달을 수 있기 때문이다. 특히 유아는 직관적 사고 때문에 여러 측면을 동시에 고려하지 못하므로 상황을 여러모로 파악하는 능력을 길러야 한다. 그래서 교사는 유아에게 다양한 사회적 경험의 기회를 제공함으로써 유아의 희소성 개념 발달을 도와주어야 한다.

2) 기회비용

(1) 기회비용 개념 발달

기회비용(opportunity cost)은 희소성으로 인해 발생하는 것으로, 여러 가능성 중 하나를 선택할 때 그 선택 때문에 포기해야 하는 것의 가치를 말한다. 만약 2,000원으로 필통을 샀다면 2,000원으로 살 수 있었던 김밥이나 떡볶이, 아프리카 난민을 위한 기부 등을 기회비용으로 지불한 셈이다. 기회비용은 한정된 자원에서는 언제나 발생하는데, 예컨대 시간도 한정되어 있으므로 어떤 시간을 선택함으로써 기회비용이 발생하게 된다. 유아가 저녁을 먹은 후 놀이터에서 노는 것을 선택했다면 놀이터에서 노는 것의 기회비용은 텔레비전을 보는 것이나 책을 읽는 것 등이 된다. 그래서 합리적인 의사결정을 위해서는 자신에게 가장 필요하면서 기회비용이 적은 것을 선택해야 한다. 즉, 눈에 보이는 비용뿐만 아니라 눈에 보이지 않는 비용까지 고려하여 선택한 것의 가치가 포기한 것의 가치보다 더 클 때 합리적인 의사결정이라고 할 수 있다.

유아는 기회비용 개념을 쉽게 이해하지 못하는 것으로 나타난다. 왜냐하면 유아는 각각의 가치를 비교하여 최선의 결정을 내리기보다는 모든 것을 포기해 버리는 것이 바람직하다고 생각하기 때문이다(Kourilsky, 1987). 그런데도 유아는 기회비용 개념을 다른 경제적 개념보다 더 빨리 획득하는 것으로 나타난다. 일상생활에서 선택해야 하는 상황을 자주 접하기 때문에 유아는 의식적·무의식적으로 기회비용 개념을 획득하게 되는 것이다(변길희, 2006; 이종향, 2013). 희소성 개념이 만 7세경에 명확해지는 것에 반해, 만 5세경이면 기회비용 개념을 이해하고 그에 근거하여 의사결정을 하는 것으로 나타난다. 즉, 5세 유아는 선택 가능한 여러 가지 것 중에서 최대 만족을 얻을 수 있는 것을 합리적으로 선택할 수 있는 것이다.

(2) 기회비용 개념 교육

유아의 기회비용 개념은 무언가를 선택해야 하는 상황에서 사회적 상호작용이 활발히 일어남으로써 발달한다. 기회비용은 무언가를 선택함으로써 다른 것을 포기해야 하는 상황에서 발생하는데, 이때 또래나 교사, 부모 등과의 상호작용이 활발할수록 유아의 기회비용 개념이 발달하게 된다. 예를 들어, 어머니를 따라서 마트에 가는 것과 또래와 함께 놀이터에서 노는 것 중 하나를 선택해야 하는 상황에서 유아는 고민한다. 지금 꼭 해야만 하는 것이 무엇인가를 고민하면서 유아는 어머니와 또래의 의견을 듣게 되고, 적은 기회비용으로 최대 만족을 가져다주는 것을 선택하게 된다. 주변 사람들과의 상호작용이 활발할수록 유아는 상황의 여러 가지 측면을 고려할 수 있으므로 기회비용에 대해 생각할 기회를 더 많이 가질 수 있다. 결국 유아의 기회비용 개념은 무언가를 선택해야 하는 갈등상황을 타개하기 위해 주변 사람들과 활발히 상호작용하면서 발달하게 된다.

따라서 교사는 유아의 기회비용 개념 발달을 도모하기 위해 유아에게 선택해야 하는 다양한 갈등상황을 제공하고 충분히 상호작용하는 것이 필요하다(구광현, 이희경, 김보현, 2012). 교사는 색종이와 도화지 중 어떤 것을 선택할지, 그림 그리기와 책 읽기 중 무엇을 할지와 같은 갈등상황을 제공하고, 유아에게 선택의 이유와 근거를 질문하면서 긍정적 피드백을 제공해야 한다. 왜 이것을 선택하고 저것을 포기하는지를 물어보고 유아의 설명에 긍정적으로 반응함으로써 유아가 일상적으로 기회비용에 대해 생각할 수 있도록 해야 한다. 즉, 교사는 유아가 직관적으로 판단하고 무언가를 선택하는 것이 아니라 충분히 고민하고 판단하여 결정할 수 있도록 도와주어야 하는 것이다. 결국 선택해야 하는 상황을 자주 접할수록 유아는 모든 선택에는 포기가 따르며, 포기하는 것의 가치가 기회비용임을 깨닫게 된다(성영란, 2016). 그러므로 유아의 기회비용 개념 발달을 위해 교사는 유아에게 다양한 선택상황을 제공하고 상호작용하는 것이 필요하다.

3) 교환가치

(1) 교환가치 개념 발달

상품(commodity)은 생산자 자신이 직접 사용하기 위해 만들어진 것이 아니라 교환을 위해 생산된 것이다. 상품은 구체적 유용성에 따라 인간의 욕구를 충족시킬 수 있는 사용가치(use value)와 다른 상품과 일정 비율로 교환될 수 있는 교환가치(exchange value)를 가진다. 교환가치는 어떤 종류의 사용가치가 다른 사용가치와 교환되는 비율로서 표시되는데, 가령 과자 한 봉지가 운동화 한 켤레와 교환된다면 과자 한 봉지의 교환가치는 운동화 한 켤레인 셈이다. 이처럼 과자와 운동화라는 종류가 다른 사용가치가 양적으로 비교되고 교환될 수 있는 이유는 과자와 운동화 모두 인간 노동의 산물이기 때문이다. 상품의 가치는 그것의 생산에 필요한 노동시간의 양으로 결정되는데, 예컨대 과자 한 봉지와 운동화 한 켤레를 생산하는 데 필요한 노동량이 같아서 서로 교환될 수 있는 것이다. 만약 과자 한 봉지와 운동화 한 켤레의 생산에 필요한 노동량이 달라지면 상품의 가치가 변하기 때문에 교환비율도 바뀌게 된다.

가격(price)은 상품의 교환가치가 화폐로 표현된 것이다. 가격은 본질적으로 어떤 상품이 다른 상품과 교환되는 비율이다. 가격에 따라 상품은 교환되므로 가격은 교환을 떠나서 존재할 수가 없다. 그래서 재화와 서비스의 거래가 이루어지는 시장에서 모든 상품은 가격을 지니고 나타난다. 가방이나 시계와 같은 재화뿐만 아니라 공연이나 마사지와 같은 서비스 등 모든 상품에는 가격이 매겨지며, 상품의 가격에 해당하는 돈을 주고받음으로써 거래가 이루어지게 된다. 상품의 가격은 생산자와 소비자가 모두 동의하고 만족하는 수준에서 결정되며, 때에 따라 오르기도 하고 내리기도 한다. 생산자는 되도록 비싸게 팔고 소비자는 되도록 싸게 사고 싶기 때문에 상품을 사려는 수요가 많아지면 가격이 올라가고, 상품을 팔려는 공급이 많아지면 가격이 내려가게 된다. 수요와 공급이 일치하는 곳에서 가격이 결정되기 때문에 수요와 공급이 달라지면 가격도 변한다.

　유아의 교환가치 개념은 물건을 살 때 돈을 지불한 후 받는 거스름돈에 대한 생각이 전혀 없는 단계에서 거스름돈을 완전히 이해하는 단계로 발달한다(Berti & Bombi, 1981). 첫 번째 단계는 교환가치 개념이 없는 단계로, 유아는 돈을 주고 물건을 사야 한다는 것에 대해 잘 이해하지 못한다. 두 번째 단계는 화폐의 차이를 이해하지 못하는 단계로, 유아는 화폐를 주고 물건을 사야 한다는 것을 이해한다. 그러나 모든 화폐를 똑같이 생각해서 어떤 화폐로든 물건을 살 수 있다고 생각한다. 세 번째 단계는 특정 화폐로 모든 것을 살 수 없다는 것을 인식하면서 화폐의 차이를 이해하는 단계이며, 네 번째 단계는 물건을 살 때 돈이 충분하지 않다는 것을 이해하는 단계다. 다섯 번째 단계에서 유아는 물건의 가격과 화폐 사이의 일대일 대응관계를 이해하며, 마지막 단계에서 유아는 물건을 사기 위해 화폐를 지불한 다음에 받는 거스름돈을 완전히 이해하게 된다.

　유아는 일상의 경험을 통해 교환가치 개념을 획득한다. 예를 들어, 가게에서 물건을 살 때마다 부모가 돈과 물건을 교환하는 것을 보면서 유아는 무언가를 사기 위해서는 돈을 내야 한다는 것을 알게 된다. 유아는 돈을 주고 물건을 사는 것에 흥미를 느끼고, 부모의 행동을 따라 하면서 교환가치 개념을 획득하게 된다. 유아는 만 3세경에 돈과 다른 물건을 구별할 수 있으며, 만 4세경에 물건을 사기 위해 돈이 필요하다는 것을 알게 된다(Seefeldt et al., 2010). 유아는 나의 것과 남의 것을 명확히 구분하고, 남의 것을 가지려면 돈을 지불해야 함을 알게 되는 것이다(Berti & Bombi, 1988). 그러나 만 4~5세 유아는 아직 지폐와 동전을 정확히 구별할 수 없기 때문에 동전이 클수록 더 많은 물건을 살 수 있다고 생각한다. 물건의 구매는 거의 매일 이루어지므로 유아는 돈과 물건의 교환을 항시 관찰하며 사고파는 놀이를 빈번하게 즐기면서 교환가치 개념을 획득하게 된다. 만 7세경에 지폐와 동전을 정확히 구별하고 돈의 가치를 이해하면서 교환가치 개념을 완전히 획득하게 된다.

(2) 교환가치 개념 교육

유아의 교환가치 개념은 직접 물건을 사고파는 경험을 통해 발달한다. 동네에 있는 가게를 방문하여 직접 돈을 내고 물건을 구매하거나 시장놀이를 하면서 판매자와 소비자가 되는 경험을 통해 유아는 교환가치 개념을 획득하게 된다. 특히 시장놀이는 유아의 교환가치 개념 획득에 크게 기여하는데, 왜냐하면 시장놀이를 통해 유아는 판매자와 소비자의 역할을 동시에 경험할 수 있기 때문이다. 소비자의 입장에서 유아는 물건의 가격을 물어보고, 가격에 해당하는 돈을 지불하고, 물건을 장바구니에 담아 가져간다. 판매자의 입장에서 유아는 소비자가 물건의 가격에 해당하는 돈을 정확히 지불하는지를 확인하고, 물건을 소비자에게 건네주면서 돈과 물건을 교환한다.

바자(bazaar)나 장터는 시장놀이보다 유아의 교환가치 개념 발달에 훨씬 더 기여하는데, 왜냐하면 바자나 장터에서는 유아가 실제로 돈을 주고받으면서 물건을 교환하기 때문이다. 유아는 종류가 다른 화폐를 사용함으로써 화폐의 차이를 인식하고, 물건의 가격에 해당하는 화폐를 지불하고 받는 거스름돈을 이해하게 된다. 시장놀이에서는 가짜 돈을 사용하지만, 바자나 장터에서는 진짜 돈을 사용함으로써 유아가 교환가치 개념을 더 명확히 획득하는 것이다. 부모와 함께 마트에 가서 직접 물건을 구매하는 것 역시 유아의 교환가치 개념 획득에 도움을 준다. 따라서 유아의 교환가치 개념이 발달하기 위해서는 실제로 돈을 주고 물건을 구매하는 경험을 많이 가지는 것이 필요하다(Schug, 1983).

3. 경제교육의 방법

유아의 경제적 개념은 구체적이고 직접적인 경험을 통해 발달한다. 즉, 직접 물건을 고르고 사고파는 등 일상경험을 통해 유아는 경제적 개념을 획득하는 것이다. 그래서 가정이나 유아교육기관, 지역사회 등 실생활에서 어떤 경험을 어떻게 하는지에 따라 유아의 경제적 개념에서 차이가 발생한다. 가령 유아교육기관에서 자원의 부족함을 강조하여도 가정에서 유아가 원하는 장난감을 다 사 준다면 유아는 희소성 개념을 획득하기가 어렵다. 또한 유아는 부모의 소비 습관이나 지역사회의 가치관 등을 매일 접하면서 보고 배우고 따라 하게 된다. 소비가 미덕인 사회에서는 유아가 쉽게 물건을 사지만, 절약을 내세우는 사회에서는 유아가 신중하게 고려한 후 물건을 선택하게 된다. 경제활동이 일상적으로 이루어지고 있으므로 일상경험이 유아의 경제적 개념 형성에 많은 영향을 미치는 것이다. 따라서 교사는 유아의 경제적 개념 발달을 도모하기 위해서 가정과 유아교육기관, 지역사회 등에서 이루어지고 있는 모든 경제활동을 고려하는 것이 필요하다(Sunal, 1990). 결국 경제교육에서 강조하는 것은 일상의 구체적이고 직접적인 경험을 통한 경제적 개념의 발달이며, 이를 위해 토의나 질문, 극놀이, 현장학습 등의 교수−학습 방법이 이용되고 있다.

1) 토의

토의(discussion)는 언어적 상호작용을 통해 문제를 해결하는 교수−학습 방법으로, 둘 이상의 사람들이 모여서 함께 공통의 문제에 대한 최선의 해결방안을 찾는 방법이다. 즉, 토의는 찬성과 반대의 입장으로 나뉘어 서로 다투는 것이 아니라 서로의 생각이나 의견, 정보 등을 나누면서 공통의 문제를 해결하는 방법이다. 따라서 학교에서 스마트폰 사용 여부와 같이 찬반으로 나뉘는 주제는 토의에 적합하지 않다. 대신에 쓰레기를 줄이거나 전기를 절약하는 방법과 같이 함께 해결방안을 도출할 수 있는 주제가 토의에 적합하다. 토의는 자기 생각을 말하고 다른 사람의 의견을 들으면서 이루어지므로 의사소통이 활발히 이루어질 수 있는 협조적 분위기와 민주적 태도 등을 요구한다(권용주, 남정희, 이기영, 이효녕, 최경희, 2013). 이처럼 토의는 의사소통능력과 문제해결능력을 증진하는 데 매우 효과적인 교수−학습 방법이다.

특히 토의는 경제교육 방법으로 매우 효과적인데, 왜냐하면 토의를 통해 유아는 합리적으로 생각하고 결정하는 능력을 기를 수 있기 때문이다(김숙자, 이미진, 2010). 토의를 통해 비판적으로 사고하고, 다양한 대안을 모색하며, 최선의 가치를 판단하는 의사결정능력(decision making skills)이 향상되는 것이다(Woolever & Scott, 1988). 의사결정(decision making)은 여러 가지 대안 중에서 최선의 방안을 선택하는 것으로, 의사결정능력은 희소성으로 인해 발생하는 선택의 문제를 해결하는 데 필수적이다. 다시 말해, 의사결정능력이 없으면 경제활동에서 제기되는 다양한 문제를 합리적으로 해결하기 어려운 것이다. 유아의 의사결정능력은 다른 유아와 함께 문제를 해결하기 위해 다양한 방법을 논의하고 여러 가지 방법 중 최선을 선택하는 과정을 통해 발달한다. 그러므로 토의는 유아의 의사결정능력을 향상하는 데 매우 효과적인 경제교육 방법이다.

토의가 성공적으로 이루어지기 위해서는 무엇보다도 토의에 적합한 주제가 선정되어야 한다. 토의의 주제는 구성원이 공통으로 관심이 있는 것으로, 여러 사람이 다양한 의견을 교환함으로써 함께 해결할 수 있는 것이어야 한다. 이미 너무 알려진 사실이나 개념, 찬반이 나뉘는 것, 해결 가능성이 없는 것 등은 토의의 주제로 적합하지 않다. 예를 들어, 자동차의 배기가스를 줄이는 방법과 같은 주제는 유아 수준에 적합하지 않지만, 장난감 자동차를 망가뜨리지 않고 오래 사용하는 방법과 같은 주제는 유아가 해결할 수 있으므로 토의 주제로 적합하다. 따라서 교사는 유아가 해결할 수 있는 주제를 선정하고 적극적인 피드백을 제공함으로써 토의가 원활히 진행될 수 있도록 분위기를 조성해야 한다.

2) 극놀이

극놀이(dramatic play)는 어떤 상황을 극으로 표현하는 놀이로, 유아가 다양한 경제상황을 경험함으로써 경제적 개념을 획득하도록 하는 교수-학습 방법이다. 극놀이를 통해 유아는 마치 어떤 사람이 된 것처럼 행동함으로써 그 사람의 생각이나 느낌, 관점 등을 이해하게 된다. 극놀이를 통해 유아는 경제활동에서 만나는 모든 사람을 경험할 수 있으며, 그 사람의 처지에서 생각하고 느끼면서 경제적 개념을 획득하게 된다. 즉, 극놀이는 유아에게 구체적인 경험의 기회를 제공함으로써 지식과 기술, 태도, 가치 등을 습득하도록 도와주는 방법이다. 경제교육 방법으로 이용되는 극놀이의 형태로 역할놀이(role playing)와 인형극(puppet play), 무언극(pantomime) 등이 있다(이숙재, 이방실, 2003).

역할놀이의 경우, 생산자로서 물건을 만들고 판매자로서 물건을 팔고 소비자로서 물건을 사는 등 각기 다른 역할을 수행하면서 유아는 다른 입장에서 다른 경험을 하게 된다. 판매자로서 물건을 팔 때는 되도록 비싸게 많은 물건을 팔고 싶으므로 소비자가 물건을 사도록 권유하고, 받은 돈을 정확히 세어 보고 거스름돈을 건넨다. 반면에 소비자로서 물건을 살 때는 싸게 좋은 물건을 사고 싶으므로 물건의 상태를 꼼꼼히 살피고 물건값을 흥정하며, 받은 거스름돈을 확인하고 영수증을 챙긴다. 또한 물건을 사기 전에 자신에게 필요한 물건이 무엇인지, 어떤 물건을 언제 어디서 사야 할지 등을 고민하고 계획하기도 한다(문주영, 2001).

인형극은 사람이 아니라 사람이 조종하는 인형이 연극을 하는 것으로, 인형을 통해 생각이나 느낌, 이미지 등을 다른 사람과 자연스럽게 공유하는 놀이다(장수정, 2004). 유아는 인형을 조종하면서 줄거리가 있는 이야기를 하거나 즉흥적으로 자기 생각이나 감정을 표현할 수 있다. 특히 인형을 통해 자신의 의사를 표현하기 때문에 직접 얼굴을 대하고 말하기 어려운 내용도 자신감 있게 표현하면서 의사소통능력을 기를 수 있다. 물건값의 흥정과 같이 서로 얼굴을 붉힐 수 있는 경우에도 인형을 통해 의사를 전달하므로 판매자와 소비자의 입장에서 분명히 말을 할 수 있다. 즉, 인형극은 유아가 객관적으로 여러 가지 경제 상황을 경험함으로써 경제적 개념을 획득하는 데 도움을 주는 경제교육 방법이다.

무언극은 대사 없이 몸짓만으로 생각이나 느낌을 표현하면서 연극을 하는 것으로, 유아에게 다양한 방법으로 의사를 표현할 기회를 제공하는 놀이다. 몸짓은 몸의 움직임으로, 표정이나 자세 등을 통해 생각이나 느낌을 표현하면서 환경을 통제하려는 욕구가 나타나는 것이다. 몸짓을 통해 생각이나 느낌이 그대로 드러나기 때문에 몸짓은 상대가 내게 호감을 느끼고 있는지, 거짓말을 하고 있는지 등을 판단하는 데 가장 중요한 열쇠가 된다. 그러므로 유아가 몸짓을 통해 자신의 의사를 정확히 표현하는 능력을 기르는 것은 매우 중요하다. 더군다나 유아는 언어보다 동작을 통해 이해한 지식을 더 깊이 내면화하기 때문에 몸짓은 유아의 학습에 크게 기여한다(장수정, 2004). 결국 무언극을 통해 유아는 몸짓으로 다양한 경제활동을 경험하면서 경제적 개념을 효과적으로 획득할 수 있게 된다.

3) 현장학습

현장학습(study trip)은 경제교육에서 필수적인 교수–학습 방법인데, 왜냐하면 경제교육은 일상경험을 통한 유아의 경제적 개념 발달을 강조하기 때문이다. 경제교육을 위한 현장학습은 상품인 재화와 서비스가 매매되는 곳이면 어디에서나 가능하므로 사실 거의 모든 종류의 가게에서 현장학습이 이루어질 수 있다. 과일을 파는 가게, 식자재를 파는 마트, 필기구를 파는 문방구, 머리를 다듬는 미용실, 아프면 찾아가는 병원, 영화를 보러 가는 극장 등 셀 수도 없이 많은 가게가 현장학습의 장소가 된다. 특히 서비스는 무형의 상품이기 때문에 유아가 서비스를 받고 돈을 지불해야 한다는 사실을 이해하기가 쉽지 않다. 따라서 유아가 서비스를 받고 돈을 지불해야 하는 이유를 이해하려면 현장학습을 통해 서비스가 어떻게 이용되는지를 직접 확인하는 것이 필요하다.

판매와 소비가 이루어지는 가게뿐만 아니라 생산이 이루어지는 곳도 경제교육을 위한 현장학습의 장소로 적절하다. 고구마나 감자와 같은 농산물, 신발이나 텔레비전과 같은 공산품 등이 직접 만들어지는 농장이나 공장 등을 방문함으로써 유아는 상품의 생산, 포장, 운반 등 전 과정을 볼 수 있다. 또한 물류센터를 방문하여 상품이 어떻게 분배되는지를 이해할 수 있다. 이 외에도 은행이나 우체국과 같이 화폐와 연관된 기관을 방문함으로써 유아는 돈의 쓰임과 가치 등을 학습할 수 있다. 이렇게 다양한 기관에서의 현장학습을 통해 유아는 경제활동이 실제로 어떻게 이루어지고 있으며 자신과 얼마나 깊이 연관되어 있는가를 이해하게 된다. 더불어 다양한 직업의 세계를 살펴봄으로써 유아는 지역사회에서 일하는 많은 사람에게 관심을 두게 된다.

경제교육을 위한 현장학습이 성공적으로 이루어지려면 사전 · 사후활동이 체계적으로 시행되는 것이 필요하다. 가게에서 물건을 구매하는 현장학습인 경우, 현장학습을 가기 전에 각자 갖고 싶은 물건이 무엇인지, 자신에게 무슨 물건이 필요한지, 어떤 물건을 구매할 것인지 등에 대해 충분히 논의해야 한다(신천숙, 2008). 현장학습에서 돌아온 후에는 실제로 계획한 물건을 구매하였는지, 계획과 다른 물건을 구매했다면 왜 그랬는지, 거스름돈을 잘 받았는지, 다음 번에는 어떤 물건을 어떻게 구매할지 등에 관해 이야기할 수 있다. 다른 유아의 경험을 들으면서 유아는 자신의 행동을 반성할 수도 있다. 또한 유아는 자신의 경험을 그림으로 표현하거나 역할놀이를 하면서 체험으로 터득한 경제적 개념을 내면화할 수 있다. 결국 성공적인 현장학습은 일회성이 아니라 다양한 교수−학습 방법과 연계되어 지속적이고 체계적으로 이루어질 때 가능하다.

제7장

문화

문화(culture)는 인간이 자연을 변화시켜서 만들어 낸 것으로, 인간이 만든 모든 환경과 가치, 신념, 상징, 관점 등을 말한다(Banks, 2008). 문화는 한 사회가 가지고 있는 독특한 생활양식으로, 법과 제도, 의식주, 언어, 풍습, 예술, 종교 등을 모두 포함한다. 즉, 문화는 한 사회가 자연환경에 적응하면서 만들어 낸 공통의 생활양식인 것이다. 가령 사막처럼 식물이 자라기 힘든 지역에서는 물을 찾기 위해 자주 옮기는 유목생활을 하며, 북극의 툰드라 지역에서는 사냥에 의존하여 생활한다. 이렇듯 지역에 따라 다른 자연환경으로 인해 다른 문화가 형성되며, 인간은 태어나는 순간부터 자신이 속한 사회의 문화를 배우면서 사회화가 된다. 그러나 한 사회의 문화는 고정되어 있지 않으며, 시대가 변함에 따라 끊임없이 변화하는 속성을 가지고 있다. 예를 들어, 한국의 음식 문화에서 과거에는 밥이 주식이었지만, 현재에는 밥 대신 빵이나 국수를 주식으로 먹는 경우가 많아지면서 쌀 소비량이 현저하게 줄어든 상태다. 더군다나 교통과 통신의 발달로 이주(migration)가 빈번해지면서 다양한 문화가 공존하고 있다. 따라서 문화에 대한 편견이나 선입견을 버리고 문화 다양성을 존중하는 태도가 현대사회에서 절실히 요구되고 있는 상황이다.

1. 문화교육

문화교육(culture education)은 문화의 속성을 이해하고 문화 다양성을 존중하며 비판적으로 문화현상(cultural phenomenon)을 바라보도록 배우고 가르치는 활동이다. 인간은 태어나면서부터 자신이 속한 사회의 문화를 습득하기 때문에 습관처럼 자신의 문화에 젖어 들어 있다. 주변 사람들도 자신과 같은 방식으로 살아가므로 현재의 생활방식에 어떤 불편함이나 문제의식을 느끼지 못하는 것이다. 그래서 자신과 다른 문화를 접하면 순간적으로 거부감이나 반감을 보이면서 다른 문화를 멀리하는 경향이 있다. 이러한 경향은 매우 자연스러운 현상이지만, 장기화하거나 집단화되면 심각한 사회문제로 비화할 수 있다. 즉, 자신의 문화를 정당화하고 타 문화를 배척하면서 집단이기주의나 집단따돌림의 문제가 발생할 수 있는 것이다. 따라서 어떤 선입견이나 편견도 가지지 않고 타 문화를 바라보고 존중하는 태도를 기르는 것이 중요하다. 이러한 태도는 이주가 빈번해짐에 따라 주류 문화로부터 소외되어 자신의 정당한 권리를 보장받지 못하는 사람들이 증가하면서 더욱더 강조되고 있다. 그러므로 문화교육은 문화에 대한 편견이나 선입견으로부터 비롯된 여러 가지 문제를 발견하고 해결하는 능력을 기르는 활동이다.

1) 문화교육의 필요성

문화교육이 필요한 이유는 문화를 이해함으로써 문화현상을 비판적으로 바라볼 수 있기 때문이다. 문화현상은 인간의 의지와 행동에 의해 인위적으로 만들어진 현상으로, 그 자체가 다양하고 복잡할 뿐만 아니라 바라보는 시각에 따라 다르게 해석된다. 가령 소나기가 오는 것과 같은 자연현상은 인간의 의도와 상관없이 일어나지만, 명절에 차례를 지내는 것과 같은 문화현상은 가치가 개입된 인간의 의도적인 행동 때문에 나타난다. 즉, 명절에 차례를 지내는 것이 옳은지 그른지,

어떻게 차례를 지내야 하는지, 누가 차례를 준비해야 하는지 등의 가치판단이 문화현상에 포함되는 것이다. 또한 문화현상은 보편성과 특수성을 가지는데, 예컨대 음식을 먹는다는 보편성과 지역에 따라 먹는 음식의 종류가 다르다는 특수성을 가진다. 문화현상을 만들어 내는 인간의 성격과 가치판단, 능력 등이 다양하기 때문에 각각의 문화현상은 나름의 특성을 가지면서 다양하고 복잡하게 나타난다.

문화현상의 다양성과 복잡성은 인간의 삶을 풍요롭고 윤택하게 만들지만, 바라보는 시각에 따라 다르게 해석되기 때문에 갈등상황이 언제든지 발생할 수 있다는 문제점을 내포한다. 한쪽에서 당연한 것이 다른 쪽에서는 전혀 그렇지 않을 수 있어서 문제가 항상 발생할 수 있는 것이다. 그래서 문화현상에서 나타나는 문제를 해결하기 위해서는 어떤 편견이나 선입견 없이 문화현상을 객관적으로 바라보는 것이 필요하다. 즉, 문화현상에서 나타나는 문제는 여러 각도에서 비판적으로 문제를 바라보는 능력에 의해 해결되는 것이다. 이러한 능력은 문화의 속성을 이해하고, 문화 간 차이점과 유사점을 인식하고, 타 문화를 인정하고 존중하는 등 문화에 대한 지식과 기술, 태도, 가치 등을 습득함으로써 발달한다. 결국 문화를 이해하고 문화현상에서 나타나는 문제를 해결하기 위한 능력을 기르기 위해서 문화교육이 필요하다.

특히 문화교육은 유아기부터 체계적이고 지속적으로 시행되는 것이 필요한데, 왜냐하면 유아기에 이미 문화에 대한 편견이나 선입견이 나타나기 때문이다. 만 2세경에는 인종적 차이를 구분하고, 외모나 의복, 언어 등으로 사람들 사이의 유사점과 차이점을 인식한다(Ramsey, 1995). 만 2세 반경에는 외모의 차이에 대해 불편함을 느끼며, 만 3세경에는 빈번하게 차이에 대해 부정적으로 반응하는 등 편견이나 선입견이 나타나기 시작한다. 즉, 부모나 교사, 또래 등과의 상호작용을 통해 사회적 가치나 기준을 내면화하면서 외모나 행동에서 자신과 다른 사람을 꺼리는 경향이 뚜렷해지는 것이다(구광현, 이희경, 김보현, 2012). 따라서 문화에 대한 편견이나 선입견이 형성되기 이전에 유아기부터 문화교육이 체계적으로 시행되는 것이 필요하다. 더군다나 한번 형성된 편견이나 선입견이 바뀌기는 어려우므로 문화교육의 필요성은 유아기에 더욱 강조된다.

2) 문화교육의 목적

문화교육의 목적은 유아가 문화에 대한 지식과 기술, 태도, 가치 등을 학습함으로써 문화 다양성(cultural diversity)을 수용하고 존중할 수 있도록 하는 것이다. 즉, 문화에 대한 전반적인 이해에 근거하여 문화 간 차이점과 유사점을 이해하고 다양한 문화를 존중하는 것이 문화교육의 목적이다. 따라서 문화교육은 유아가 자신이 속한 사회의 문화를 이해하도록 하는 것에서 출발한다. 유아는 자신이 무엇을 먹고 어디에 살며 어떻게 인사하는지 등을 파악하면서 문화를 이해하기 시작한다. 또한 한국 사람은 왜 주식으로 밥을 먹는지, 언제부터 밥을 먹게 되었는지, 옛날에는 한복을 입었는데 왜 지금은 특별한 날에만 입는지 등을 궁금해하면서 이야기를 나눌 수 있다. 과거부터 현재까지 전해 내려오는 것, 과거에는 있었는데 현재 없는 것, 과거에는 없었는데 현재 있는 것 등을 이야기하면서 유아는 문화를 깊이 이해할 수 있다. 결국 문화교육을 통해 유아는 자신이 속한 사회의 의식주나 관습, 전통, 예술 등을 파악함으로써 문화를 이해하게 된다.

자신이 속한 사회의 문화에 대한 이해를 바탕으로 유아는 다른 나라 사람들의 문화에 관심을 가지고 자신의 문화와 비교할 수 있다. 돼지고기나 소고기를 먹지 않는 것, 땅이 아니라 물 위에 집이 있는 것, 옷을 입지 않고 맨발로 다니는 것 등 자신과 다른 문화를 보면서 유아는 많은 의문을 가진다. 왜 소고기를 먹지 않는지, 왜 물 위에서 사는지, 왜 맨발로 다니는지 등 그 이유를 질문하고 답을 찾으면서 유아는 자연환경에 따라 삶의 방식이 다르다는 것을 알게 된다. 그리고 다른 나라 사람들이 먹는 것, 입는 것, 사는 곳, 인사하는 법 등을 보면서 자신과 무엇이 다르고 무엇이 비슷한지를 파악할 수 있다. 이렇게 문화 간 차이점과 유사점을 파악하면서 유아는 매우 다른 것처럼 보이는 문화들 사이에서 공통점을 발견하고 놀라워하기도 한다. 결국 다양한 삶의 방식이나 가치, 신념 등을 경험하면서 유아는 어떤 편견이나 선입견 없이 있는 그대로 타 문화를 바라보는 능력을 기를 수 있다.

타 문화에 대한 이해를 바탕으로 유아는 각 문화의 역사와 전통에 관심을 가지고 다양한 문화를 수용하고 존중하는 태도를 기를 수 있다. 특히 전조작기 유아는 자기중심적 사고로 인해 자신의 관점에서만 세상을 바라보기 때문에 자신과 다른 것에 대해 불편함이나 공포감을 느낀다(Seefeldt, Castle, & Falconer, 2010). 그래서 문화교육을 통해 자신과 다른 문화를 접할 때 거부감이나 반감이 아니라 관심과 호감을 느끼고 존중하는 태도를 기르는 것이 요구된다. 무슬림(Muslim)이 돼지고기를 먹지 않는 것을 이상하게 생각하는 것이 아니라 종교적 이유로 옛날부터 오랫동안 지켜져 온 관습임을 이해하고 존중하는 것이 그 예다. 즉, 각각의 문화가 나타나게 된 역사적 배경을 이해함으로써 유아는 각 문화를 있는 그대로 수용하고 문화적 차이를 인정하게 된다. 결론적으로 문화교육의 목적은 유아가 각각의 문화를 편견 없이 이해함으로써 문화 다양성을 수용하고 존중할 수 있도록 하는 것이다.

2. 문화교육의 내용

문화교육의 내용에는 유아가 문화 다양성을 수용하고 존중할 수 있도록 다양성(diversity), 편견(prejudice), 평등(equality), 전통(tradition) 등이 포함된다. 문화교육은 자신이 속한 사회의 문화를 이해하는 것에서 출발하기 때문에 문화교육의 내용에는 전통 개념이 포함되며, 점차 다른 나라 사람들의 문화에 관심을 가지기 때문에 다양성 개념이 포함된다. 다양성 개념 발달은 문화 간 차이점과 유사점뿐만 아니라 자신과 다른 사람 사이의 차이점과 유사점을 발견함으로써 이루어진다. 그러나 유아는 다른 사람과의 차이점을 인식할 때 불편함을 느끼면서 부정적 반응을 보이며, 이러한 반응이 반복됨으로써 편견이나 선입견이 생기게 된다. 편견이나 선입견은 인지적 측면과 아울러 정의적 측면이 강한 개념으로, 한번 형성되면 바꿰기 어렵다는 특성이 있다. 그래서 편견이 무엇인지, 편견을 가지는 것이 왜 잘못 된 것인지를 깨닫게 하는 반편견교육(anti-bias education)이 강조되고 있다. 더 나 아가 누구든지 차이로 인해 차별받지 않아야 한다는 평등 개념 교육이 중요시되고 있다. 결국 각각의 집단이 서로 독립적으로 평등한 관계를 유지함으로써 문화적 차이로 인한 어떤 불이익도 받지 않아야 함을 깨달을 수 있도록 문화교육의 내용 이 구성되어야 한다.

1) 다양성

(1) 다양성 개념 발달

다양성(diversity)은 인종이나 민족, 종교, 성, 피부색 등 개인적 특성이 다른 것으 로, 개인의 능력이나 관심, 학습 스타일, 성장배경, 선호 등에서 나타나는 차이를 포함한다. 즉, 다양성은 인종이나 민족, 종교, 성, 취향, 성장배경 등에 따라 다르 게 나타나는 개인이나 집단 간의 차이를 말한다. 구체적으로 다양성은 인간과 인 간 사이의 관계에 의해 나타나는 삶의 다양한 모습을 포함한다(이종일, 2010). 다양 성은 가족구성원 간이나 집단 간의 상호의존적 관계에 의해 나타나는 다양한 삶의 모습을 보여 준다. 가령 부모의 사회경제적 지위에 따라 다른 가정환경에서 성장 하면 개인의 관심이나 선호 등이 달라지면서 개인차가 나타난다. 사회에는 직업이나 종교, 인종, 민족 등에 따라 다양한 집단이 존재하며, 사회는 집단 간의 끊임없는 상호작용으로 유지된다. 개인마다 다른 욕구와 감정, 관심 등을 바탕으로 다양한 직업과 법, 제도 등이 생겨나면서 사회는 발전한다. 그러나 다양성은 차이를 포함하기 때문에 생각이나 의견 차이에서 비롯되는 갈등을 내포한다.

또한 다양성은 인간과 인간 사이의 관계뿐만 아니라 인간과 자연 사이의 상호의존적 관계에 의해 나타나는 다양한 삶의 모습도 보여 준다(이종일, 2010). 예를 들어, 알래스카의 이글루(igloo)나 말레이시아의 수상가옥, 몽골의 게르(Ger)와 같이 지역에 따라 집의 형태가 다르며, 의복이나 음식도 주변에서 쉽게 얻을 수 있는 재료와 기후 등에 따라 다양하게 나타난다. 즉, 각각의 문화는 서로 다른 인종이나 민족이 자연환경에 적응하기 위해 살아가면서 만들어 낸 것이므로 그 형태가 다양하게 나타난다. 결국 다양성은 삶의 여러 측면에서 나타나는 차이를 말하는 것으로, 다름으로 존재하는 다수의 문화가 실제로 공존하고 있음을 의미한다(이용재, 2011).

유아의 다양성 개념 발달은 자신과 다른 사람 사이에 있는 차이점을 발견하는 것에서 시작한다. 머리카락이나 피부색과 같이 외모에서 나타나는 차이뿐만 아니라 취미나 관심, 선호 등이 다른 것을 발견함으로써 유아의 다양성 개념은 발달한다. 예를 들어, 가족과 함께 다른 지역에 여행을 가면 유아는 그곳의 기후나 식물, 음식, 언어 등이 자신이 사는 곳과 다르다는 것을 발견하게 된다. 책이나 대중매체를 통해 유아는 다른 나라 사람들이 자신과 다른 것을 먹고 입는 것을 보면서 의식주의 차이를 경험하게 된다. 또한 또래와 함께 어울리면서 나타나는 생각의 차이로 인해 종종 말다툼하거나 속이 상해 울기도 한다. 즉, 유아는 자신과 다른 사람이 다르다는 것과 사람들의 살아가는 모습이 다양하다는 것을 발견하면서 다양성 개념을 획득하는 것이다.

(2) 다양성 개념 교육

다양성 개념 교육은 서로의 다름을 인정하고 존중하도록 하는 데 그 목적이 있다(이경한, 2014). 즉, 다양성 개념 교육의 목적은 단지 다름을 인식하는 차원을 넘어서서 유아가 다름을 존중하고 다름의 가치를 실천하도록 돕는 것이다. 다름의 가치는 서로 다른 것들이 존재함으로써 사회가 더 잘 유지되고 사람들이 더 큰 만족을 누릴 수 있으므로 다름이 중요하다는 것을 의미한다. 예를 들어, 사과나 배, 복숭아 등은 같은 맛이 아니라 그 나름의 모양과 맛을 지니고 있으므로 사람들은 다양한 맛을 즐길 수 있다. 마찬가지로 사람들은 각기 다른 재능과 자질을 가지고 있으므로 사회에서 각기 다른 능력을 발휘하면서 자신의 임무를 수행한다. 또한 각자가 서로 다른 생각을 하고 있어서 서로의 아이디어가 공유되고 더 발전된 아이디어가 생산되어 사회가 발전한다. 따라서 다양성 개념 교육은 유아가 다름을 존중하고 다름의 가치를 실천할 수 있도록 하는 데 그 목적이 있다.

유아의 다양성 개념 발달을 도모하기 위해 교사는 유아에게 다름을 체험할 기회를 제공하는 것이 중요하다. 나와 친구의 차이점과 공통점, 가족구성원 사이의 닮은 점과 다른 점, 각각의 교실에 있는 것과 없는 것 등을 탐색함으로써 유아는 무엇이 다르고 무엇이 같은지를 파악할 수 있다. 책이나 대중매체를 통해 다른 나라 사람들의 생김새를 보거나 무엇을 먹고 어떤 옷을 입고 어디에서 살고 있는지를 관찰하면서 같은 점과 다른 점을 찾을 수 있다. 더 나아가 각자의 장점을 이용하여 서로에게 도움을 주고받음으로써 유아는 다름의 가치를 경험할 수 있다. 가령 함께 교실의 환경을 구성하기 위해 어떤 유아는 색종이를 접고, 어떤 유아는 종이를 오리고, 어떤 유아는 색칠을 하는 등 각자가 잘하는 분야를 맡아서 일하면 훨씬 더 원활하게 작업이 끝나게 된다. 이렇게 서로 다른 능력과 관심 덕분에 일이 쉽게 해결되는 경험을 통해 유아는 서로가 다르다는 것이 중요함을 알게 되는 것이다.

그러므로 다양성 개념을 획득하는 것은 단지 다름을 인정하는 차원이 아니라 다름이 필요하며 존중받아야 함을 깨닫는 것을 말한다. 지구에 있는 생물체가 장기적으로 생존하기 위해서 생물 다양성이 필수적인 것처럼 인간의 생존을 위해서는 문화 다양성이 필요함을 깨닫는 것이다(유네스코한국위원회, 2008). 문화는 자연환경에 적응하면서 만들어진 생활양식이기 때문에 문화 다양성은 다양한 생활양식이 존재함으로써 인간이 어떠한 자연환경에서도 생존할 수 있음을 가리킨다. 더불어 문화 다양성은 다양한 문화가 존재함으로써 현재뿐만 아니라 미래 인간의 삶이 훨씬 더 다채롭고 풍요로울 수 있음을 의미한다. 따라서 각각의 문화유산이 가지는 가치에 대한 논의가 활발히 이루어짐으로써 모든 문화유산은 보호되고 육성되는 것이 필요하다. 결국 다양성이 인간의 생존을 위해서 필수적임을 깨달을 수 있도록 다양성 개념 교육이 이루어져야 한다.

2) 편견

(1) 편견 개념 발달

편견(prejudice)은 한쪽으로 치우친 생각이나 견해로, 정확한 사실이 아니라 불충분하고 부정확한 정보에 기초한다. 만약 잘못된 예측을 하여도 새로운 사실이나 증거를 바탕으로 잘못을 수정하면 그 예측은 편견이라고 할 수 없다. 하지만 편견은 새로운 정보나 근거가 나타나도 그것을 무시하고 끝까지 자신의 예측을 고집하는 것으로 나타난다. 따라서 편견은 정확한 정보나 증거의 습득을 방해하기 때문에 자기 생각을 바꾸지 않는 것으로 나타난다. 즉, 편견은 객관적이거나 충분한 근거 없이 특정 집단이나 개인에 대해 가지는 지나치게 호의적이거나 비호의적인 감정적 태도다.

편견은 보통 성이나 인종, 종교, 언어, 계층, 연령, 장애, 직업 등을 이유로 특정 집단이나 개인에 대해 가지는 부정적인 정서나 평가를 말한다. 다시 말해, 편견은 특정 집단이나 개인에 대해 충분한 지식이나 경험을 갖기 전에 형성된 부정적이고 적대적인 태도다(Gordon, 1979). 이러한 편견은 부모나 교사, 또래 등과의 상호작용을 통해 습득되며, 유아는 사회화 과정(socialization process)을 통해 편견을 받아들이면서 자신의 판단이나 평가의 기준으로 삼는다. 한번 형성된 편견은 사회 분위기에 의해 인정되고 지지가 되는 한 지속되는 경향이 있으므로 유아가 처음부터 편견을 가지지 않고 객관적으로 사고하는 것은 매우 중요하다.

유아의 편견은 만 3세경에 차이에 대해 부정적 반응을 자주 보이는 것에서 나타나기 시작한다. 만 4~5세 유아는 성이나 외모, 인종, 계층, 장애 등에 대한 편견을 보이며, 남아보다 여아가 성에 대한 편견을 더 가지는 것으로 나타난다(양미현, 1999). 유아의 성에 대한 편견은 사회에 만연된 성 역할 고정관념을 수용하면서 생기는 것으로, 유아가 다양한 경험을 쌓는 것을 방해하면서 유아의 발달에 부정적 영향을 미치게 된다(Derman-Sparks, 1993). 인종에 대한 편견은 유아가 갈색보다 흰색 인형을 더 선호하고(Barbara & Elizabeth, 1996), 여러 인종 중에서 흑인에 대한 선호도가 가장 낮은 것에서 잘 드러난다(장영희, 이숙재, 김혜실, 김정화, 1999). 장애에 대한 편견은 장애인과 같이 있을 때 느끼는 두려움이나(Colon, Rubin, & Sprung, 1985), 장애에 걸릴 수 있다는 생각 등으로 나타난다. 결국 유아의 편견 개념은 사회적 상호작용을 통해 도덕적 가치나 기준 등을 내면화하면서 형성하게 된다.

(2) 편견 개념 교육

편견은 특별한 이유 없이 어떤 사물이나 사람을 싫어하거나 좋아하는 것으로 나타나기 때문에 유아는 자신이 편견이 있다는 사실을 잘 깨닫지 못한다. 그래서 편견 개념 교육은 편견이 무엇이고 편견을 가지는 것이 왜 잘못된 것인지를 깨닫게 함으로써 편견을 가지지 않도록 하는 교육이다. 이는 흔히 반편견교육(anti-bias education)이라고 일컫는 것으로, 성이나 인종, 민족, 장애 등에 대한 편견을 갖지 않도록 교육하는 것이다(Ramsey, 1995). 반편견교육은 사회 속에 존재하고 있는 편견이 무엇이고, 편견으로 인해 다른 사람들이 어떤 피해를 보고 있으며, 왜 편견을 버려야 하는지를 알고 실천할 수 있도록 도와주는 교육이다. 반편견교육을 통해 유아는 자신에게 어떤 편견이 있는지, 편견이 왜 문제인지, 편견에 대해 어떻게 반응해야 하는지 등을 배우고 실천함으로써 긍정적이고 객관적인 사고를 형성하게 된다.

그러나 유아의 편견 개념은 사회적 상호작용을 통해 습득되기 때문에 성공적인 반편견교육이 되기 위해서는 유아의 편견 개념에 영향을 미치는 요인을 고려하는 것이 필요하다. 즉, 부모나 또래, 교사, 지역사회, 대중매체 등이 유아의 편견 개념에 어떻게 영향을 미치는지를 고려하여 반편견교육이 시행되어야 한다. 예를 들어, 유아는 거의 매일 대중매체를 접하면서 무의식적으로 다양한 편견을 학습하며(최정호, 강현두, 오택섭, 1997), 부모의 취향이나 선호, 언행 등을 따라 하면서 부모가 가진 편견을 내재화하게 된다(김희영, 김경숙, 2010). 만약 부모가 유색인종에 대해 반감을 품으면 그러한 반감이 평소의 언행을 통해 드러나기 때문에 유아 역시 특별한 이유 없이 유색인종을 싫어하게 되면서 편견이 생기게 된다. 따라서 부모교육을 통해 부모 스스로 자신이 가지고 있는 편견을 발견하고 극복할 수 있도록 도와주는 것이 필요하다(박영자, 2002; 하숙현, 2000).

특히 유아교육현장에서 유아의 발달에 중요한 역할을 담당하고 있는 교사의 신념과 태도는 유아의 편견에 지대한 영향을 미친다. 즉, 교사가 의식하지 못한 채 교사가 가지고 있는 편견이 유아에게 그대로 전달되면서 유아가 편견을 가지게 되는 것이다. 그럼에도 유아교사의 상당수는 자신이 편견을 가지고 있지 않으며, 모든 유아를 편견 없이 대한다고 생각하는 경향이 있다(Jones & Derman-Sparks, 1992). 이는 자신의 편견을 의식하지 못하는 것으로, 교사의 편향된 사고와 행동이 유아에게 부정적 영향을 미칠 수 있다는 데 문제의 심각성이 있다.

그러므로 반편견교육이 성공적으로 이루어지기 위해서는 무엇보다도 교사 스스로 자신에게 편견이 있음을 인지하고 편견을 버리기 위해 노력하는 것이 필요하다. 더불어 한번 형성된 편견이 바뀌기 어려우므로 처음부터 편견이 생기지 않도록 반편견교육이 일상생활을 통해 항상 이루어지는 것이 필요하다. 교사는 유아의 편견을 발견하면 즉각적으로 수정해 줌으로써 유아가 편견을 가지지 않도록 도와주어야 한다. 결국 반편견교육을 통해 유아는 충분한 정보에 근거하여 객관적으로 판단함으로써 문제를 해결하는 능력을 기르게 된다.

3) 평등

(1) 평등 개념 발달

평등(equality)은 성이나 외모, 장애, 계층 등이 다르다는 이유로 차별받지 않는 것을 말한다. 즉, 평등은 생김새나 성격, 태어난 장소, 타고난 신분 등이 다르더라도 인간으로서 똑같은 대우를 받는 것이다. 차별(discrimination)은 합당한 이유 없이 성이나 외모, 장애, 계층 등이 다르다는 이유로 불이익을 주는 것으로, 예로는 남녀 차별이나 인종 차별 등이 있다. 차별은 본래 대등한 인간으로서 마땅히 가져야 하는 사회적 권리를 권력집단이 박탈함으로써 발생한다. 예를 들어, 과거에 여성이나 가난한 사람은 정치에 참여하지 못하였고, 노예처럼 신분이 낮은 사람은 인간 대접을 받지 못하였다. 또한 일에 대한 능력과 상관없이 여성이라는 이유로 고용이나 승진 등에서 불리한 대우를 받는 것, 피부색이나 인종, 국적 등의 이유로 임금을 적게 받는 것 등이 차별의 예다.

평등의 주요한 형태로 기회의 평등(equality of opportunity), 조건의 평등(equality of condition), 결과의 평등(equality of outcome) 등이 있다(Conley, 2013). 기회의 평등은 모든 사람이 부나 명예, 권력 등을 성취하기 위한 기회를 동등하게 가지는 것으로, 성이나 계층 등과 상관없이 누구에게나 교육을 받을 기회가 주어지는 것이 그 예다. 조건의 평등은 삶의 조건이 평등하다는 것으로, 평등을 가로막는 모든 제도적 장치를 제거함으로써 기회의 평등을 극대화하기 위한 평등이다. 즉, 조건의 평등은 사회구조 속에 뿌리 깊이 박혀 있는 불평등이 제거되지 않는 이상 동등한 기회가 주어져도 그 기회를 활용하는 것은 어려우므로 모든 사람이 같은 출발선에 설 수 있어야 한다는 것이다. 결과의 평등은 권력과 자원의 동등한 분배와 연관되며, 모든 사람은 성이나 인종, 종교 등과 상관없이 똑같은 결과와 혜택을 가져야 한다는 것이다(Conley, 2013). 다시 말해, 결과의 평등은 사람마다 조건이 다르므로 서로 다른 기준이나 정책을 적용하여 결과적으로 형평성 있게 분배가 이루어지도록 하는 것을 말한다. 신입생이나 신입사원의 일정 비율을 저소득층에게 할당하는 것이 결과의 평등에 해당한다.

유아는 평등 개념을 형제자매 관계나 또래 관계를 통해 습득하게 된다. 집이나 교실, 놀이터 등에서 형제자매나 또래와 어울리면서 부딪히는 여러 가지 갈등상황을 통해 유아는 평등 개념을 획득하게 된다(Damon, 1977). 가령 어머니가 다른 형제자매에게 과자를 더 많이 주거나 교사가 다른 유아에게 장난감을 가지고 놀 기회를 더 많이 준다면 유아는 무언가 부당하다는 느낌을 받게 된다. 왜 형이 더 많은 과자를 가지는지, 왜 친구가 장난감을 더 자주 가지고 노는지 등에 의문을 가지는 것이다. 그러나 처음에는 무엇이 잘못된 것인지를 잘 파악하지 못하기 때문에 유아는 성인의 결정을 따른다. 유아는 점차 분배나 보상 등을 성인이 결정하고 조직하고 계획하며 무언가 공정하지 않은 일이 발생하고 있다는 느낌을 가지면서 평등 개념을 획득하게 된다(전영순, 1989). 즉, 기회의 평등으로서 모두 다 똑같이 가져야 한다는 평등 개념이 발달하게 되는 것이다.

(2) 평등 개념 교육

유아의 평등 개념 발달을 도모하기 위해 교사는 모든 유아가 동등한 기회를 가질 수 있도록 규칙을 정하는 것이 필요하다. 한 사람이 한 번에 쓸 수 있는 색종이의 수를 두 장으로 제한하는 것, 한 사람이 그네를 탈 수 있는 시간을 1분으로 정하는 것 등의 규칙을 유아와 함께 정할 수 있다. 특히 교사가 독단적으로 규칙을 정하는 것이 아니라 유아 스스로 규칙을 정하고 서로서로 감시하는 것이 중요하다. 왜냐하면 교사가 정한 규칙을 따르는 것은 교사의 일방적인 권위에 복종하는 결과를 초래하여 유아의 평등 개념 발달을 저해할 수 있기 때문이다. 따라서 교사는 모두가 똑같은 기회를 가지는 규칙을 유아와 함께 정하고 지킬 수 있도록 분위기를 조성하는 것이 필요하다.

또한 교사는 유아가 무언가 부당함을 느낄 때 자신의 불만을 솔직히 표현할 수 있도록 격려해 주어야 한다. 자신이 불평등으로 인해 어떤 불이익을 당할 때, 유아는 아직 완벽한 평등 개념을 가지고 있지 못하므로 자신이 무엇 때문에 부당함을 느끼는지 잘 알지 못한다. 그래서 유아는 그냥 기분이 나빠서 토라져 있거나 속상함과 분함을 이기지 못하여 울음을 터뜨리기도 한다. 이런 식으로 표현하는 것이 습관이 되면 유아는 부당함의 원인을 찾지 못하기 때문에 평등 개념을 획득하기가 어려워진다. 그러므로 교사는 왜 자신이 기분이 나쁘고 무엇이 잘못된 것인지를 유아가 말하고 되짚어 보면서 유아 스스로 부당함의 원인을 파악할 수 있도록 도와주어야 한다.

마지막으로 교사 스스로 자신의 언행을 되돌아보면서 반성하는 자세를 가지는 것이 필요하다. 머리카락이나 피부색이 다른 유아, 아버지나 어머니가 없는 것처럼 가족구조가 다른 유아, 신체적 장애로 인해 움직임이 자유롭지 못한 유아 등을 자신도 모르게 다르게 대우한 적은 없는지를 항상 점검해야 한다. 특히 교사는 유아의 역할모델이기 때문에 유아는 교사의 모든 언행을 따라 하면서 배우게 된다. 교사가 어떤 유아를 불평등하게 대우하면 유아도 이를 따라 하면서 무시하게 되고, 급기야 평등 개념을 획득하기 어려워진다. 따라서 유아의 평등 개념 발달을 도모하기 위해 교사는 자신이 모든 유아에게 동등한 기회를 주고 있는지, 모든 유아를 동등하게 대우하고 있는지, 자신의 편견으로 인해 불이익을 당하는 유아가 있는지 등을 끊임없이 점검하고 수정하는 것이 필요하다.

3. 문화교육의 방법

문화교육의 목적은 유아가 문화 다양성을 수용하고 존중하게 하는 것이기 때문에 유아가 다양한 삶의 가치와 방식, 신념 등을 경험하고 표현할 수 있도록 여러 가지 교수–학습 방법이 이용되고 있다. 실제로 강의, 이야기, 토의, 질문, 극놀이, 현장학습 등 다양한 교수–학습 방법이 유아의 문화적 개념 발달을 도모하기 위해 이용되고 있다. 특히 문화 자체가 매우 포괄적이고 광범위하므로 문화교육은 장기간에 걸쳐 통합적으로 이루어질 때 교육적 효과가 나타날 수 있다. 즉, 문화는 단지 지식으로 아는 수준에 그치는 것이 아니라 습관처럼 몸에 배서 신념이나 태도로 나타나는 것이기 때문에 문화교육은 과정 중심으로 오랫동안 이루어져야 한다. 그래서 유아 스스로 다양한 문화에 관심을 가지고 문화적 차이에 의문을 가지며 일상적으로 함께 논의하는 수용적인 교실 분위기가 형성되어야 한다. 이러한 분위기에서 항상 질문하고 토의함으로써 유아는 자신과 다른 것에 대한 편견이나 선입견을 품지 않고 차이를 있는 그대로 인정하고 존중하게 된다. 그러므로 교사는 일회성의 단편적인 문화교육이 아니라 지속적이고 포괄적인 문화교육이 시행될 수 있도록 수용적인 교실 분위기를 조성하면서 다양한 교수–학습 방법을 활용하는 것이 필요하다.

1) 질문

질문(question)은 질의와 응답을 통한 교수–학습 방법으로, 교사와 유아 간 상호작용을 전제로 유아의 사고를 확장하는 방법이다. 질문은 개념을 비교하거나 가치판단, 비판 등이 필요할 때 사용되며, 학습자의 탐구능력과 비판적 태도 등을 기르는 데 유용한 방법이다(한정선 외, 2009). 즉, 교사는 다양한 형태의 질문을 적절하게 활용함으로써 유아의 비판적 사고력과 문제해결능력을 향상할 수 있다.

특히 질문은 유아의 학습동기를 유발하여 능동적 참여를 유도하기 때문에 문화교육이 장기적이고 포괄적으로 이루어지기 위해서 필수적으로 요구되는 방법이다. 더군다나 질문할 때 교사는 모든 유아에게 응답할 기회를 주고 응답할 시간을 충분히 제공함으로써 유아가 평등 개념을 획득할 수 있도록 도와줄 수 있다. 그래서 유아 스스로 궁금한 것을 질문하고 연속적인 질문으로 유아의 사고를 확장할 수 있도록 교사는 수용적인 교실 분위기를 조성하는 것이 필요하다.

교사가 던지는 질문은 수업의 어느 단계에서 제시되느냐에 따라 그 형태와 목적이 달라진다. 수업의 도입단계에서는 유아의 사전지식을 확인하고 수업에 대한 흥미를 유발하기 위해 교사는 질문한다. 전개단계에서는 유아의 사고를 확장하기 위해서, 마무리단계에서는 유아가 배운 것을 재검토하면서 스스로 평가하고 교정하도록 도와주기 위해서 질문을 한다. 따라서 교사는 수업의 단계에 따라 적절한 질문을 던짐으로써 유아의 사고 확장을 도와주어야 한다.

　문화와 관련된 책을 읽고 이야기를 나누는 수업의 경우, 교사는 도입단계에서 주제와 관련된 유아의 사전지식을 확인하기 위해 질문한다. 피부색이 다른 사람을 본 적이 있는지, 다른 나라 음식을 먹어 본 적이 있는지, 다른 지역에 가 본 적이 있는지 등을 질문함으로써 수업에 대한 유아의 흥미를 유발한다. 전개단계에서 유아와 함께 책을 읽은 후 교사는 지식과 이해에 관한 저차원적 질문을 비롯하여 적용이나 분석, 종합과 같이 고차원적 질문을 던짐으로써 유아의 사고 확장을 도와준다. 무엇을 보고 느꼈는지, 왜 그렇게 생각하는지, 어떻게 하는 게 좋을지 등의 질문을 통해 유아는 여러 각도에서 주제를 바라보게 된다. 마무리단계에서 무엇이 가장 좋았는지, 어떤 것이 가장 아쉬웠는지 등을 질문함으로써 교사는 유아가 자신의 사고과정을 되돌아볼 수 있도록 한다.

2) 토의

　토의(discussion)는 서로의 의견을 교환하면서 공통의 문제를 해결하는 방안을 찾는 교수-학습 방법이다. 토의를 통해 유아는 자신의 견해를 전달하고 다른 유아의 생각을 고려하면서 서로의 생각을 공유할 수 있기 때문에 토의는 효과적인 문화교육 방법이다(박찬옥, 서동미, 엄은나, 2015). 즉, 자신과 다른 사람 사이에 있는 생각의 차이점과 공통점을 발견하고 서로 조율하면서 문제를 해결하기 때문에 토의가 문화교육 방법으로 적절한 것이다.

　성공적인 토의를 위해서는 토의의 주제가 잘 선정되어야 한다. 일반적으로 토의의 주제는 찬반으로 나뉘지 않으면서 구성원의 공통된 관심사로서 해결 가능성이 있는 것이 적합하다. 문화교육과 관련된 토의 주제는 유아가 일상생활에서 흔히 접할 수 있는 구체적인 상황이 적합하다. 예를 들어, 피부색이 다르다는 이유로 놀림을 당해서 우는 친구가 있다면 어떻게 하는 게 좋을지, 다리가 아파서 목발을 짚고 다니는 친구가 있다면 어떻게 도와줄 수 있는지 등과 같이 흔히 발생할 수 있는 주제가 유아에게 적합하다.

교사는 성공적인 토의를 위해서 토의의 주제와 연관된 책이나 그림, 사진 등의 자료를 충분히 제시해 주어야 한다. 즉, 교사는 성이나 인종, 민족, 종교, 계층, 장애 등과 관련하여 다양한 집단의 문화가 담긴 자료를 제시함으로써 유아가 주어진 주제에 대해 충분히 생각할 수 있도록 도와주어야 한다. 또한 교사는 모든 유아에게 자기 생각을 정리하고 표현할 수 있는 충분한 시간과 기회를 제공해야 한다(박찬옥 외, 2015). 유아가 다른 유아의 의견에 귀를 기울이고 자신과 다른 생각에 대해 비난하지 않도록 교사는 적극적인 피드백을 제공해야 한다.

3) 극놀이

극놀이(dramatic play)는 유아가 주변에서 만나는 다양한 사람들의 삶을 모방하면서 타인의 생각이나 감정을 이해할 수 있는 교수–학습 방법이다. 극놀이를 통해 유아는 여러 가지 갈등상황에서 다양한 역할을 직접 수행해 봄으로써 타인의 입장에서 상황을 이해하고 판단할 기회를 가지게 된다. 그래서 문화 다양성을 수용하고 존중하도록 하는 것이 목적인 문화교육에서 극놀이는 빈번하게 이용되고 있다.

극놀이의 형태 중 문화교육에서 자주 이용되는 방법은 역할놀이(role playing)다. 역할놀이는 지금 여기(here and now)에서 일어나는 전형적인 갈등상황을 다룬다(구정화, 박윤경, 설규주, 2010). 역할놀이는 유아 주변에서 일어나는 갈등상황을 그대로 다루기 때문에 유아가 일상적으로 경험하는 내용을 포함한다. 그래서 역할놀이를 통해 유아 스스로 자기 생각이나 감정을 표현하고 타인과 상호작용하면서 타인의 생각이나 감정을 이해하게 된다. 즉, 역할놀이를 통해 유아는 자기중심적 사고를 벗어나 타인의 입장을 고려할 수 있다. 또한 타인과 의사소통하면서 갈등상황을 해결하기 때문에 의사소통능력과 문제해결능력을 기를 수 있다.

극놀이에서 다루는 갈등상황은 개인적 문제, 개인 간 갈등, 집단 간 갈등, 역사적 문제 등으로 구분된다(윤기옥, 2002). 개인적 문제는 서로 다른 가치관들이 개인 내부에서 충돌하는 것으로, 자신의 관심과 타인의 관심이 달라서 생기는 갈등을 말한다. 개인 간 갈등은 개인과 개인 사이에서 일어나는 문제를, 집단 간 갈등은 인종이나 종교 등이 다른 집단 사이에서 일어나는 문제를 말한다. 역사적 문제는 과거부터 현재까지 사람들이 살아가면서 만들어 내는 다양한 갈등을 일컫는다. 이러한 갈등상황을 직접 경험함으로써 유아는 개인이나 집단이 가지고 있는 편견이나 선입견을 발견하고, 서로의 차이점을 인정하며 수용하게 된다.

역할놀이를 활용한 수업은 유아의 관심을 집중시키고, 참여자를 선정하고, 진행 과정을 논의하고, 관찰자를 준비하고, 실연하고, 평가하고, 재실연하고, 토의하고, 일반화하는 등의 단계를 거쳐 이루어진다(Shaftel & Shaftel, 1967). 유아의 관심 집중시키기는 모든 유아가 갈등상황을 명확히 이해하는 단계로, 교사는 갈등상황에 있는 주인공이 지금 어떤 어려움에 부딪혀 있는지, 어려움을 극복하기 위해 무엇을 할 수 있는지 등을 질문한다(구정화 외, 2010). 참여자 선정하기는 갈등상황에 등장한 인물을 찾아내고 등장인물을 분석한 후 유아 스스로 배역을 정하는 단계이고, 진행 과정 논의하기는 무엇으로 배역을 표시할지, 어떤 소품을 사용할지 등을 정하는 단계다. 관찰자 준비하기는 관찰자로서 등장인물의 생각과 감정을 이해하고 판단할 수 있도록 설명하는 단계이며, 실연하기는 각 배역의 감정과 행동 특성을 고려하여 연기를 행하는 단계다. 평가하기는 토의를 통해 평가가 이루어지는 단계로, 교사는 등장인물의 생각이나 느낌을 물어보면서 감정이입을 유도하거나 역할놀이의 결론과 다른 해결방안에 관해 물어볼 수 있다. 재실연하기는 앞서 이루어진 평가에 근거하여 다른 유아가 배역을 맡아 새로운 방식으로 연기를 행하는 단계이며, 토의하기는 두 번째 실연을 평가하기 위해 토의하는 단계다. 마지막으로 일반화하기는 수업에서 다룬 내용을 유아가 일상생활에서 실천할 수 있도록 정리하는 단계로, 비슷한 상황에 부딪히면 어떻게 할 것인지에 대해 함께 이야기하면서 마무리할 수 있다.

결국 역할놀이를 통해 유아는 여러 가지 갈등상황을 경험함으로써 생각이나 감정이 다른 타인과의 사이에 발생하는 문제를 해결하는 방법을 습득하게 된다. 갈등상황이 문화적 차이나 차이로 인한 편견에 의해 발생하는 것임을 깨달으면서 유아는 문제의 원인을 발견하고 그 해결방안을 찾을 수 있다. 그러므로 교사는 개인이나 사회가 가지고 있는 편견을 극복하고 모두가 평등한 관계로서 어떤 불이익도 받지 않아야 함을 유아가 깨달을 수 있도록 역할놀이를 구성해야 한다. 더불어 교사는 피부색이 다르거나 장애를 가진 친구가 겪는 어려움에 대해 단지 불쌍하다는 식으로 감정적인 결론이 도출되지 않도록 주의를 기울여야 한다.

제8장

시민

　시민(citizen)은 민주사회(democratic society)의 구성원으로서 권리와 의무를 지니며, 주체적이고 자발적으로 공공정책(public policy) 결정에 참여하는 사람이다. 시민은 권력창출의 주체로서 모든 권리를 완전하고 평등하게 향유하며 정치적 의사결정에 참여하는 사람이다. 고대 그리스에서 시민이 처음 등장할 때 시민은 공간적·경제적·정치적 측면으로 나뉘어 정의되었다. 즉, 시민은 공간적으로 도시에 살고, 경제적으로 재산과 교양을 갖추고, 정치적으로 공동체의 결정에 적극적으로 참여하는 존재로 간주하였다. 이렇게 시민은 고대에는 특권계급을 가리켰지만, 근대에는 부를 축적한 자본가계급을, 현대에는 사회구성원 전체를 가리킨다. 그러나 시민은 자발성과 보편성을 띠면서 비판적 사고력과 의사결정능력을 가지고 있다는 점에서 불특정 다수의 사람을 가리키는 대중(the public)과 구별된다. 미국사회과교육협의회는 유능한 시민을 민주사회에서 시민의 책무를 다하는 데 필요한 지식과 기술, 태도 등을 가지고 있는 사람으로 정의한다(National Council for the Social Studies, 2011). 유능한 시민은 스스로 유능한 시민이 되기 위한 자질을 함양하여 공동체의 결정에 적극적으로 참여함으로써 시민의 권리뿐만 아니라 의무를 실행하는 사람이다.

1. 시민교육

시민교육(citizenship education)은 유능한 시민이 되는 데 필요한 지식과 기술, 태도 등을 배우고 가르치는 활동으로, 사회가 급변하면서 그 중요성이 더욱 강조되고 있다. 사회가 급격히 변화하면서 능동적으로 사회변화에 대처할 수 있는 시민의 자질이 더욱더 강조되고 있는 것이다. 나라별로 조금씩 차이는 있지만, 시민교육은 정규 학교교육을 받지 못한 청소년이나 노동자, 성인 등을 위한 기초교육의 형태로 시작되었다. 이후 시민교육은 시민의 권리와 의무가 강조되면서 확대되다가, 18세기에 이르러 계몽운동이 전개되고 의무교육이 시행되면서 본격화되었다. 현재 시민교육은 시민의 인간다운 삶을 보장하기 위한 교육으로서 시민 스스로 현실에서 제기되는 문제를 해결할 수 있도록 하는 데 중점을 두고 있다. 즉, 시민교육은 시민 스스로 삶의 가치관을 확립하고, 시민의 권리와 의무를 다하며, 현재뿐만 아니라 미래의 삶을 능동적으로 조직할 수 있도록 도와주는 교육이다. 특히 현대 사회에서 정보화·세계화가 급속히 진행됨에 따라 시민교육은 자신이 속한 지역사회나 국가를 넘어서서 세계시민으로서 갖춰야 할 지식과 기술, 태도 등을 배우고 가르치는 데 주안점을 두고 있다.

1) 시민교육의 필요성

시민교육이 필요한 이유는 유능한 시민에게 요구되는 지식과 기술, 태도 등을 습득함으로써 자신의 권리와 의무를 다할 수 있기 때문이다. 시민은 민주사회의 주인으로서 공공정책 결정에 참여하여 권력을 행사하기 때문에 시민의 능력과 자질에 의해 민주사회의 현재와 미래가 결정된다. 민주사회의 유지와 발전은 시민이 자신의 권리와 의무를 어떻게 실행하는지에 따라 달라지는 것이다. 그러므로 민주사회의 시민으로서 자신의 권리와 의무를 실행할 수 있는 능력을 기르기 위해 시민교육이 필요하다. 다시 말해, 무엇이 자신의 자유를 침해하는지, 자신의 자유를 지키기 위해 무엇을 해야 하는지 등을 스스로 판단할 수 있는 능력을 기르기 위해 시민교육이 필요하다(Maxim, 2011).

더군다나 정보화 · 세계화의 급속한 진행과 함께 세계시민으로서 갖춰야 할 능력과 자질이 강조되면서 시민교육의 필요성은 점점 더 커지고 있다. 세계시민은 세계의 정치와 역사, 경제, 문화 등을 이해하고, 세계의 변화를 인식하며, 변화에 능동적으로 대처하여 문제를 해결하는 것이 요구된다. 또한 세계시민은 세계 각국의 다양한 문화를 이해하고, 문화 다양성을 수용하고 존중하며, 개인보다 인류의 평화와 발전을 위해 노력하는 것이 요구된다(이민희, 윤철경, 김안나, 1999). 이러한 지식과 기술, 태도 등이 갖춰져 있지 않으면 세계시민으로서 자신의 권리와 의무를 실행하는 것은 불가능하다(Center for Civic Education, 2014). 그러므로 세계시민으로서 자신의 권리와 의무를 다하는 데 요구되는 능력을 기르기 위해 시민교육이 필요하다.

특히 시민교육은 현재 자신의 권리와 의무를 실행하는 데 필요한 능력을 기른다는 점에서 유아기에 그 필요성이 강조된다. 즉, 미래가 아닌 현재의 시민으로서 유아가 자신의 권리와 의무를 실행하려면 유아기에 시민교육이 실시되어야 하는 것이다. 시민의 권리와 의무는 성인이 된 이후가 아니라 태어나는 순간부터 주어진다(양시내, 2014). 그러므로 유아는 현재 보호와 교육을 받고 자신의 의사를 표현하

며 국가와 지역사회 활동에 참여할 권리를 가지고 있다. 그러나 권리와 의무가 주
어져도 그것을 실행할 능력이 없다면 제대로 자신의 권리와 의무를 실행할 수 없
게 된다. 따라서 유아가 자신의 권리와 의무를 실행하는 데 필요한 능력을 기르기
위해서 시민교육이 시행되어야 하는 것이다.

2) 시민교육의 목적

시민교육의 목적은 유아가 사회참여(social participation)에 필요한 지식과 기술,
태도 등을 습득함으로써 양식 있고 책임감 있는 시민이 되도록 하는 것이다. 즉,
시민교육의 목적은 유아가 소양과 분별력을 가지고 다른 사람을 배려하며 인간적
이고 공정한 사회를 만드는 데 적극적으로 참여하는 시민이 되도록 하는 것이다
(Banks, 2009). 따라서 시민교육의 목적은 지식, 기술, 태도 등 세 가지 측면으로 구
분하여 논의될 수 있다.

지식 측면에서 시민교육의 목적은 유아가 자신이 속한 지역사회를 비롯하여 국
가, 세계 등을 다양한 관점으로 바라보는 데 필요한 구체적인 지식을 쌓도록 하는
것이다. 이는 단지 지식을 습득하는 차원이 아니라 현실에서 제기되는 문제를 파
악하고 해결방안을 적극적으로 모색하는 것을 의미한다(전숙자, 2007). 가령 교실
에서 또래와 장난감을 가지고 놀 때 다툼이 발생하면 유아는 대화를 통해 문제의
원인을 파악한 후 최선책을 찾아서 해결할 수 있다.

기술 측면에서 시민교육의 목적은 유아가 문제 해결을 위해 필요한 기술을 습득
하도록 하는 것이다. 시민교육을 통해 유아는 정보를 수집하고 변별하고 분석하
고 종합하는 등 일련의 과정을 거쳐 문제를 해결할 수 있다. 교실이나 놀이터에서
일상적으로 발생하는 갈등상황에서 유아는 관찰하고, 비교하고, 분류하고, 측정하
고, 의사소통하고, 추론하고, 예측하는 등 다양한 기술을 사용하여 문제를 해결할
수 있는 것이다. 그러므로 시민교육을 통해 유아는 문제 해결에 필요한 여러 가지
기술을 습득하게 된다.

태도 측면에서 시민교육의 목적은 유아가 사회문제에 관심을 가지고 그 문제의 해결에 능동적이고 효율적으로 참여하도록 하는 것이다. 시민교육을 통해 유아는 공동체의 안전과 평화, 번영 등에 관심을 가지고, 더 안전하고 더 정의로운 공동체를 만들기 위해 자신이 해야 할 일을 고민하고 실천할 수 있다. 다시 말해, 유아는 다른 사람을 배려하고, 규칙을 지키고, 차이를 인정하고, 다양성을 존중하는 등 다른 사람과 더불어 살아가는 데 필요한 태도를 가지게 된다. 결론적으로 유아가 자신의 삶과 연관된 문제를 비판적으로 사고하고 능동적으로 참여하여 해결할 수 있도록 하는 것이 시민교육의 목적이다.

2. 시민교육의 내용

사회참여에 필요한 능력을 기르는 시민교육의 주요 개념으로 협동(cooperation), 배려(caring), 관용(tolerance), 양보(yield), 공유(sharing) 등이 언급된다. 이러한 개념은 유능한 시민으로서 자신의 권리와 의무를 다하기 위해 요구되는 것으로, 단지 이해하는 수준에서 그치는 것이 아니라 실천하는 수준까지 포함하는 개념이다. 예를 들어, 배려와 관용은 자신과 다른 견해나 의견을 수용하고 타인을 예의 바르게 대하는 태도를 말하는 것으로, 그런 사회적 행동을 직접 경험함으로써 습득되는 개념이다. 즉, 단어의 사전적 의미를 이해하고 머릿속에 담아 두는 개념이 아니라 직접 실천해 봄으로써 단어의 의미를 명확히 이해하게 되는 개념이다. 결국 시민교육의 내용에는 유능한 시민에게 요구되는 지식과 기술, 태도 등을 모두 포괄하는 개념이 포함된다. 왜냐하면 시민은 단순히 민주사회의 구성원으로 살아가는 사람이 아니라 주체적이고 자발적으로 공공정책 결정에 참여하는 사람이기 때문이다. 따라서 사회를 여러모로 바라볼 수 있는 지식, 사회문제를 합리적으로 해결할 수 있는 기술, 책임감 있게 공동체의 문제 해결에 참여하는 태도 등을 기를 수 있는 개념이 시민교육의 내용에 포함된다.

1) 협동

(1) 협동 개념 발달

협동(cooperation)은 공통의 목표를 달성하기 위해 개인이나 집단이 서로 도우면서 함께 일하는 것을 말한다. 협동은 사회 속에서 살아가는 데 유용한 기술로(Seefeldt, Castle, & Falconer, 2010), 사회가 발전하고 유지되기 위한 기본적인 조건으로 간주된다. 협동하지 않으면 해결되지 않는 문제가 비일비재하므로 협동은 일상생활에서 매우 빈번하게 요구되고 있다. 심지어 경쟁이나 갈등관계에 있는 사람들 사이에서도 협동은 요구된다. 가령 팀으로 나누어 시합할 때 다른 팀과 겨루기 위해 같은 팀 내에서의 협동은 필수적이다. 그뿐만 아니라 시합이 원만히 치러지기 위해서는 소속팀과 상관없이 모두 다 시합의 규칙을 지키고, 넘어지면 일으켜 주는 등 협동이 이루어져야 한다. 서로 경쟁적인 관계임에도 원만한 시합이라는 공통의 목표를 달성하기 위해 서로 협동하게 되는 것이다. 이렇게 공통의 목표를 달성하기 위해 최고의 방법을 함께 모색하면서 창의력과 의사소통능력, 문제해결능력 등이 향상된다.

유아의 협동 개념은 부모나 교사와 같은 성인의 도움을 받아 발달하게 된다. 왜냐하면 유아는 자기중심적 사고로 인해 집단보다는 자신의 안녕(welfare)에 더 많은 관심을 두기 때문이다. 그래서 유아는 협동하려면 무언가를 포기하거나 나누어 가져야 한다는 것을 자연스럽게 깨닫는 것이 아니라 성인의 도움으로 깨달으면서 협동 개념을 획득하게 된다(Seefeldt et al., 2010). 또한 자신의 자아개념을 발달시키는 것과 집단의 구성원이 되기 위한 것 사이의 균형이 중요하다는 것을 깨달으면서 유아는 협동 개념을 획득하게 된다. 연령이 증가함에 따라 타인과 서로 도움을 주고받는 등 협동과 연관된 사회적 경험이 많아지면서 유아의 협동 개념은 더욱더 발달하게 된다.

〈여름하면 생각나요〉협동작품

(2) 협동 개념 교육

유아의 협동 개념 발달을 도모하기 위해 교사는 경쟁보다 협동을 강조하는 교실 분위기를 조성하는 것이 필요하다. 경쟁은 협동과 반대되는 개념으로, 경쟁을 강조하는 사회 분위기 때문에 대부분 교실에는 경쟁적인 분위기가 만연한 상태다. 더 많은 물건을 더 빨리 만들어서 더 많이 팔려는 자본주의 사회의 경쟁 개념이 교실에 들어와서 경쟁적인 분위기가 형성된 것이다. 경쟁에서 이겨야 한다는 가치관은 가정에서도 강하게 나타나기 때문에 유아는 다른 사람들보다 더 잘해서 다른 사람들을 이겨야겠다는 생각을 가지게 된다. 이러한 생각은 사회적 상호작용에 부정적 영향을 미쳐 협동을 방해하며(Finlinson, Austin, & Pfister, 2000), 집단구성원으로서 유아가 자아정체감(self-identity)을 형성하는 데도 해를 입히게 된다.

따라서 유아가 협동 개념을 획득하기 위해서는 협동이 장려되는 교실 분위기가 조성되어야 한다. 이를 위해 교사는 교실에서 경쟁을 줄일 수 있는 다양한 방법을 사용하는 것이 필요하다. 예를 들어, 이기는 사람과 지는 사람이 생기지 않는 게임을 하는 것, 각각의 유아에게 서로 다른 활동을 제공하는 것 등의 방법을 통해 경쟁보다 협동을 장려하는 분위기를 조성할 수 있다(Seefeldt et al., 2010).

또한 교사는 혼자보다 여럿이 함께 수행하는 과제를 제공함으로써 유아의 협동 개념 발달을 도모할 수 있다. 가령 교실 벽 꾸미기나 음식 만들기, 김장하기, 꽃밭 가꾸기 등은 여럿이 함께 서로서로 도와가면서 일을 해야 끝마칠 수 있는 과제다. 이러한 과제를 수행하면서 유아는 자신이 맡은 일에 대한 책임감뿐만 아니라 다른

사람과 어울리는 즐거움을 느낄 수 있다. 과제가 완수되면 유아는 각자가 맡은 부분
부분이 모여서 전체가 완성된 것을 확인함으로써 크나큰 성취감을 맛볼 수 있다. 결
국 유아는 협동의 중요성과 필요성 등을 깨달으면서 협동 개념을 획득하게 된다.

2) 배려

(1) 배려 개념 발달

배려(caring)는 타인을 걱정하고 염려하여 주의를 기울이는 것으로, 보통 타인
을 보살피고 돌보아 주는 행동으로 나타난다. 배려는 돌봄이나 보살핌을 일컫는
것으로, 부모의 자식에 대한 사랑이나 교사의 학생에 대한 헌신, 성인의 아동에 대

한 돌봄 등으로 나타난다(이세영, 2012). 배려는 자신이 무언가를 성취하기 위한 것이 아니기 때문에 자신의 관점에서 벗어나 다른 사람의 관점과 요구, 기대 등을 모두 고려하는 것이다. 그러므로 배려는 자기 자신이 아닌 배려받는 사람에게 주의를 집중하고, 배려받는 사람의 복지 증진을 위해 행동하는 것을 말한다(유병열, 2002).

배려는 배려하는 사람과 배려받는 사람 사이의 상호관계로 완성된다(Noddings, 2005). 배려받는 사람이 배려를 수용하고 반응하며, 배려하는 사람이 이러한 반응을 인지할 때 배려는 완성되는 것이다. 배려받는 사람이 어떤 반응을 보이느냐에 따라 배려하는 사람이 계속 배려할지 말지가 결정되는 등 배려는 관계의 질에 의해 좌우된다. 그러므로 멀리 떨어져 있어서 관계 형성이 어려운 사람 사이에서는 배려가 완성되기 어려우며, 따뜻한 배려는 호혜적인 관계를 보여 준다고 할 수 있다(박병기, 추병완, 2007).

유아는 주변 사람들과의 사회적 상호작용을 통해 배려 개념을 획득하게 된다. 부모나 교사, 또래 등 자신과 가깝게 지내는 사람들과의 일상적인 상호작용을 통해 유아는 자신이 배려받고 있음을 느끼면서 배려 개념을 획득한다. 공손한 말투나 경청하는 자세, 긍정적인 반응 등을 통해 타인이 자신에게 기울이는 애정과 관심 등을 느끼면서 유아는 배려 개념을 획득하는 것이다. 또한 유아는 타인의 감정이나 어려움에 공감하고 양보하고 도와주는 등 타인을 배려하면서 배려 개념을 획득한다. 즉, 타인을 배려하는 과정에서 기쁨을 느끼는 등 직접적인 실천을 통해 유아는 배려 개념을 획득하게 된다(윤성운, 성은영, 2012). 결국 유아의 배려 개념은 배려하고 배려받는 경험을 통해 발달하게 된다.

(2) 배려 개념 교육

유아의 배려 개념은 경험에 의존하여 발달하므로 배려를 자주 경험할수록 유아의 배려 개념은 더욱더 발달하게 된다. 따라서 유아의 배려 개념 발달을 도모하기 위해 교사는 유아에게 배려를 경험할 기회를 많이 제공하는 것이 필요하다. 예를 들어, 대화를 나누는 동안 교사는 유아에게 온전히 집중하고 유아의 말에 귀를 기울이며 유아의 요구에 반응함으로써 유아에게 배려의 경험을 제공할 수 있다. 또한 교사는 유아를 인정하고 격려함으로써 유아의 배려 개념 발달을 도모할 수 있다. 교사가 유아의 장점이나 단점, 관심 등을 알고 친밀한 관계를 유지하면서 인정하고 격려할 때 유아는 배려받고 있음을 느끼면서 배려 개념을 획득하게 된다.

특히 배려의 본보기(model)를 보여 주는 것은 유아의 배려 개념 발달에 매우 효과적이다(이세영, 2012). 부모나 교사가 타인을 배려하는 것을 보고 따라 하면서 유아는 배려 개념을 획득하게 된다. 유아는 부모나 교사가 얼마나 타인을 염려하는지, 타인에게 어떤 도움을 주는지, 타인을 어떻게 대하는지 등을 매일 관찰하고 모방함으로써 배려 개념을 획득하는 것이다. 더군다나 부모나 교사는 유아와 친밀한 관계를 유지하면서 유아의 발달에 지대한 영향을 미치기 때문에 유아는 부모나 교사의 도덕적 가치나 기준, 행동 등을 내면화하게 된다. 유아는 배려하는 사람의 본보기로서 부모나 교사를 모방함으로써 배려 개념을 획득하는 것이다.

또한 유아의 배려 개념 발달을 위해서 유아에게 배려를 직접 실천할 기회를 제공하는 것이 필요하다. 배려하는 행동에는 타인의 입장에서 생각하기, 타인의 마음을 편안하게 해 주기, 타인에게 피해를 주지 않기, 타인을 도와주고 양보하기 등이 포함된다. 이러한 행동을 유아는 놀이터나 강당 등에서 자신보다 어린 동생을 돌보아 주면서 경험할 수 있다. 또한 유아는 친구에게 장난감을 양보하거나 책 정리를 하는 친구를 도와주면서 배려를 실천할 수 있다. 이렇게 배려를 실천하면서 유아는 각각의 상황에서 요구되는 행동이 무엇인지, 어떤 행동이 상황에 적합한지 등을 파악함으로써 배려 개념을 획득하게 된다. 따라서 교사는 칭찬 스티커나 상을 제공하는 등 유아의 배려행동에 적극적으로 반응함으로써 유아가 지속해서 배려를 실천할 수 있도록 도와주는 것이 중요하다(윤성운, 성은영, 2012).

3) 공유

(1) 공유 개념 발달

공유(sharing)는 자원이나 공간을 공동으로 사용하는 것으로, 보통 여러 명이 한 개의 물건을 같이 가지고 있는 것을 말한다. 공유는 한 개의 물건을 공동으로 소유하지만, 공유하는 사람들 사이에는 인적 결합관계나 집단적 통제가 없는 상태를 가리킨다. 공유는 나누고 분배하는 과정을 거치기 때문에 사실상 타인에게 무언가를 주는 것을 의미한다. 예를 들어, 음식을 공유한다는 것은 실제로 선물로서 음식 일부를 타인에게 준다는 것을 의미한다. 이렇게 공유는 자신이 소유한 물건을 필요로 하는 다른 사람과 함께 나누는 것이기 때문에 주는 사람에게는 자기희생(self-sacrifice)을 요구하고 받는 사람에게는 혜택을 주는 행동이다(Staub, 1971).

이와 다르게 자신이 가진 것을 타인에게 나누어 준 다음에도 자신이 소유한 것이 줄어들지 않는 공유도 있다. 신념이나 지식, 정보 등을 공유하는 경우가 그 예다. 자신이 아는 정보를 다른 사람에게 알려 준다고 해서 자신이 알고 있는 정보가 줄어들지 않으며, 자신이 아는 피아노 연주법을 다른 사람에게 가르쳐 주어도 자신의 피아노 실력이 줄어들지 않는다. 오히려 정보나 피아노 연주법을 아는 사람이 더 많아지는 놀라운 현상이 나타난다(이은주, 2013). 자신이 가진 것을 나누어 준 후에도 자신이 가진 것이 줄어들지 않을뿐더러 자신이 나눈 것을 고스란히 간직하게 되는 공유인 것이다. 공유함으로써 다른 사람에게 혜택을 주기 때문에 공유는 주는 사람과 받는 사람 모두에게 보람과 기쁨을 느끼게 하는 행동이다. 따라서 공유는 친사회적 행동으로서 인간관계의 기본 요소로 작용하며, 사회적 관계를 단단하게 묶어 줌으로써 인간의 행복을 보장하는 역할을 한다.

유아는 감정이입(empathy)을 통해 타인의 정서 상태를 구별하고 타인의 정서 상태를 향상하는 데 도움을 주고자 반응하면서 공유 개념을 획득하게 된다. 누군가가 필요한 물건을 가지지 못하여 곤경에 처한 경우, 유아는 그 사람이 느끼는 정서와 비슷한 정서를 경험하면서 도와주고자 하는 마음이 생기게 된다. 유아는 그 사람을 어떻게 도와주어야 하는가를 고민하게 되고, 그 사람을 도와주는 가장 좋은 방법이 그 사람이 필요로 하는 물건을 주는 것임을 깨달으면서 물건을 공유하게 된다. 또한 유아는 누군가가 불행하게 보이면 그 사람에게 자신이 정말 아끼는 담요나 인형을 주면서 달래려고 애를 쓴다(Santrock, 1994). 즉, 감정이입을 통해 타인을 도와주고자 하는 마음이 생기고, 타인을 도와주는 방법으로 물건을 나누어 주면서 유아의 공유 개념이 발달하는 것이다.

(2) 공유 개념 교육

　유아의 공유 개념 발달을 도모하기 위해 교사는 일상적으로 공유의 필요성을 강조하면서 유아에게 공유의 경험을 제공하는 것이 필요하다. 특히 유아교육기관에서 빈번하게 발생하는 다양한 갈등상황을 이용하여 자연스럽게 유아가 공유 개념을 획득할 수 있도록 도와주는 것이 중요하다(이은주. 2013). 유아교육기관에서는 장난감이나 블록, 색종이, 가위 등과 같이 한정된 자원을 둘러싼 갈등상황이 항상 발생한다. 유아는 더 많이 가지거나 더 오랫동안 놀고 싶어서 또래와 물건을 나누지 않으려고 하기 때문에 문제가 발생하는 것이다. 이때 교사는 왜 물건을 나누어야 하는지, 물건을 가지지 못한 친구의 감정이 어떠한지, 모두 함께 물건을 사용하면 무엇이 좋은지 등을 유아와 이야기하면서 공유 개념 발달을 도와주어야 한다.

　그러나 유아는 처음에 다른 유아와 물건을 공유하는 것에 대해 불편한 감정을 느낀다. 왜냐하면 자신이 가진 물건을 다른 유아에게 주려면 무언가를 포기할 수밖에 없기 때문이다. 따라서 교사는 갈등상황뿐만 아니라 유아가 공유를 경험할 수 있는 모든 상황을 최대한 이용하여 유아의 공유 개념 발달을 도와주는 것이 필요하다. 예를 들어, 대화하는 과정에서 이야기하는 시간이나 순서를 공유하는 경험을 통해 유아는 공유 개념을 획득할 수 있다(Seefeldt et al., 2010). 즉, 한 사람이 일방적으로 말하는 것이 아니라 모든 사람이 고루 말하는 것에 의해 유아는 시간이나 순서를 공유할 수 있다. 또한 서로의 아이디어나 관심 등을 주고받으면서 신념이나 지식, 정보 등을 공유할 수 있다.

　이렇듯 유아의 공유 개념은 일상생활을 통해 발달하므로 교사는 유아와 적극적으로 상호작용함으로써 유아의 공유 개념 발달을 도와주는 것이 필요하다. 그림을 그릴 때, 장난감을 가지고 놀 때, 간식을 먹거나 식사를 할 때, 놀이터에서 기구를 이용할 때 등 매 순간 유아에게 공유의 필요성을 강조하면서 공유의 경험을 제공해야 하는 것이다. 특히 유아는 공유의 필요성을 인정하여도 감정적으로 공유를 거부할 수 있으므로 교사는 유아와 빈번하게 상호작용하면서 피드백을 적극적으로 제공하는 것이 중요하다. 교사와의 상호작용을 통해 편안한 감정을 느낄 때 유아는 자신의 무언가를 포기하면서 느끼는 좌절감이나 속상함을 극복할 수 있기 때문이다. 또한 교사는 적절한 양의 물건을 유아가 찾기 쉽게 배열하는 등 유아가 편안함을 느낄 수 있도록 교실의 물리적 환경을 조성하는 것이 필요하다(Seefeldt et al., 2010). 결국 유아가 공유를 경험할 수 있는 환경과 기회를 제공함으로써 교사는 유아의 공유 개념 발달을 도모할 수 있다.

3. 시민교육의 방법

시민교육의 목적은 유아가 양식 있고 책임감 있는 시민이 되도록 하는 것이므로 시민교육에는 사회참여에 필요한 능력을 기를 수 있는 다양한 교수−학습 방법이 이용된다. 즉, 시민의 권리와 의무를 다하는 데 필요한 지식과 기술, 태도 등을 기르는 방법이 다양하게 이용되는 것이다. 특히 시민교육에서 다루는 개념은 이해하는 차원에서 그치는 것이 아니라 실천을 요구하기 때문에 유아에게 직접적인 경험을 제공하는 교수−학습 방법이 강조되고 있다. 예를 들어, 쓰레기를 버리지 말아야 한다는 당위성을 강조하는 것이 아니라 모두 함께 공원의 쓰레기를 줍는 현장학습을 통해 교사는 유아가 쓰레기를 버리지 않는 것이 타인을 배려하는 것임을 깨닫게 할 수 있다. 현재 시민교육의 방법으로 이야기를 비롯하여 토의, 질문, 협동학습, 현장학습 등이 이용되고 있으며, 유아가 실제로 민주사회의 다양한 측면을 경험할 수 있도록 학제간 접근이 시도되고 있다. 가령 과학 활동을 하면서 협동과 배려, 공유 등의 개념을 학습하고 경험할 수 있다. 그러나 어떤 교수−학습 방법이 사용되건 성공적인 시민교육이 이루어지기 위해서는 민주적인 교실 분위기가 먼저 형성되어야 한다. 왜냐하면 유아는 민주적인 교실 분위기에서 민주적 가치와 태도를 자연스럽게 습득할 수 있기 때문이다(심성보, 2011).

1) 토의

토의(discussion)는 시민교육의 교수-학습 방법으로서 보통 유아가 그림책을 읽고 이야기에 나타난 문제의 해결방안을 함께 찾는 식으로 이루어진다. 그러므로 토의가 잘 이루어지기 위해서는 그림책을 잘 선정하는 것이 무엇보다 중요하다. 시민교육을 위한 토의에 적합한 그림책은 다양한 사람들이 실제로 겪는 갈등상황을 담고 있으면서 유아에게 여러 가지 문제의식을 느끼게 해야 한다. 예를 들어, 아기 생쥐가 언니나 오빠 생쥐보다 더 많은 일을 했음에도 아빠 생쥐가 똑같은 양의 빵을 나누어 주는 이야기를 읽고 유아는 문제의식을 느낄 수 있다. '일을 더 많이 했으면 더 많이 먹어야 하지 않을까?' '언니나 오빠 생쥐가 더 커서 더 많이 먹어야 할까?' '아빠 생쥐는 왜 빵을 똑같이 나누어 주었을까?' 등의 문제를 제기하고 토의할 수 있다(박은미, 2008). 또한 교사는 유아가 비슷한 경험을 한 적이 있는지, 자신이 아기 생쥐라면 기분이 어떨지 등을 질문함으로써 유아의 사고를 확장할 수 있다.

그림책을 활용한 토의는 유아의 친사회적 행동을 증가시키고 사회적 능력을 향상하는 것으로 나타난다(강성화, 김경희, 2003; 권민균, 석미경, 2004; 김시내, 2011; 박은미, 2008; 서정숙, 남규, 2010). 왜냐하면 그림책의 등장인물이 타인을 돕고 배려하고 공유하는 것을 보고 토의하면서 등장인물의 행동을 모방하려는 유아의 동기가 유발되기 때문이다. 또한 유아는 그림책을 통해 무엇이 옳은지 그른지를 배우며 사회의 도덕적 가치와 기준을 내면화하게 된다. 사회구성원으로서 무엇을 지켜야 하고, 무엇을 해서는 안 되며, 무엇을 요구해야 하는지 등을 깨달으면서 자신의 권리와 의무에 대해 파악하게 되는 것이다. 유아는 토의가 끝난 다음에도 토의에서 다룬 주제와 연관된 질문을 계속 던지며 질문의 답을 탐색하기 때문에 문제해결능력이 발달하게 된다.

더군다나 토의하는 과정 그 자체가 시민의 자질을 기르는 데 크게 기여한다. 토의하는 동안 다른 사람의 말을 경청하고, 다른 사람에게 말할 기회를 주고, 서로 다른 생각이나 의견, 정보 등을 나누기 때문이다. 처음 토의를 시작할 때 대부분 유아는 자신과 다른 의견에 대해 무시하거나 화를 내는 경향을 보인다. 토의가 진행됨에 따라 유아는 다른 사람의 말을 끝까지 듣고 자신의 의사를 정확히 표현하는 등 향상된 의사소통능력을 보인다. 결국 토의를 통해 유아는 타인과 호혜적으로 상호작용하는 기술을 습득하고 그 기술을 상황에 적절하게 사용하는 등 사회적 능력을 기르게 된다. 그러므로 교사는 토의하는 방법이나 절차 등에 대해 유아와 충분히 논의한 후 토의를 진행함으로써 토의 자체가 시민교육을 위한 효과적인 교수-학습 방법이 되도록 해야 한다.

2) 극놀이

극놀이(dramatic play)는 시민교육의 교수-학습 방법으로서 보통 유아가 타인의 입장이 되어 역할을 수행하는 역할놀이(role playing)의 형태로 이루어진다. 역할놀이를 통해 유아는 실제 삶에서 일어나는 다양한 갈등상황을 구체적으로 경험하면서 살아가는 데 필요한 사회적 기술을 습득할 수 있다. 예를 들어, 친구가 차례를 지키지 않아 화가 나는 갈등상황을 다루는 역할놀이를 통해 유아는 자신이 차례를 지키지 않을 때 다른 사람이 느끼는 감정을 경험할 수 있다. 이러한 경험을 통해 유아는 왜 차례를 지켜야 하는지, 차례를 지키지 않으면 누가 어떤 피해를 보는지, 차례를 지키지 않을 때 발생할 수 있는 사고가 무엇인지 등을 알게 된다. 결국 역할놀이를 통해 유아는 타인을 왜 배려해야 하는지, 어떻게 배려해야 하는지 등을 깨달으면서 사회적 기술을 습득하게 된다. 이렇게 습득한 사회적 기술을 이용하여 유아는 친구의 입장이 되어 친구의 생각이나 감정을 이해하면서 친구와의 관계를 개선할 수 있다.

또한 역할놀이를 통해 유아는 자신의 숨겨진 감정을 드러내고, 다른 사람의 감정을 이해하며, 자신이 감정을 표현하는 방식을 객관적으로 바라보면서 감정을 조절하는 능력을 기를 수 있다(Van Ments, 1999). 이렇게 자신의 감정을 조절함으로써 유아는 또래와 긍정적 관계를 유지하고 자기 자신에 대한 자신감을 가지게 되면서 자아존중감이 높아지게 된다. 자아존중감이 높아지면서 문제를 해결할 수 있다는 자신감이 생기기 때문에 유아는 갈등상황에서도 문제를 회피하는 것이 아니라 적극적으로 문제를 해결할 수 있게 된다(이진영, 성소영, 2013). 즉, 역할놀이가 유아의 자아존중감에 긍정적 영향을 미치면서 문제해결능력 향상에 기여하는 것이다(박지영, 2007; 이진영, 성소영, 2013). 더불어 역할놀이는 유아의 친사회적 행동(박나래, 2008; 이진영, 성소영, 2013)과 사회적 유능감(이은실, 2010) 향상에 기여하는 것으로 나타난다.

특히 극놀이는 시민교육의 교수–학습 방법으로서 매우 효과적인데, 왜냐하면 시민교육은 미래가 아니라 현재의 시민으로서 유아가 자신의 권리와 의무를 실행하도록 하기 때문이다. 즉, 극놀이를 통해 유아는 현재 직면하고 있는 다양한 갈등상황을 경험하면서 자신의 권리와 의무를 실행할 기회를 가질 수 있기 때문에 극놀이가 시민교육의 교수–학습 방법으로 효과적이다. 가령 교실 벽을 꾸미는 데 몇몇이 참여하지 않는 경우나 아픈 친구를 배려하지 않아 친구가 다친 경우 등 교실에서 흔히 발생하는 갈등상황을 극놀이를 통해 경험함으로써 유아는 자신의 문제를 해결하는 능력을 기르게 된다. 극놀이에서 경험한 상황이 실제로 발생했을 때 유아는 극놀이에서 사용했던 문제해결방법을 사용하여 자신의 문제를 해결할 수 있는 것이다.

극놀이가 성공적으로 이루어지기 위해서는 교사의 적절한 개입이 필요하다(Shaftel & Shaftel, 1967). 극놀이가 유아의 사회적 능력 발달에 기여하려면 구조적으로 진행되어야 하는데, 이는 교사의 적절한 개입으로 가능하다. 교사는 유아가 갈등상황을 이해하고, 배역을 정하고, 관찰자의 역할을 이해하고, 실연하고, 평가하는 등 극놀이의 단계마다 적절히 개입함으로써 극놀이가 구조적으로 진행될 수 있도록 도와주어야 한다. 극놀이가 구조적으로 진행될수록 유아는 갈등상황에서 무엇이 문제인지, 각 배역의 감정과 행동 특성은 어떠한지, 문제를 어떻게 해결해야 하는지 등을 더 잘 이해할 수 있다. 또한 어떠한 언행이 친구의 감정을 상하게 하는지, 곤경에 처한 친구를 어떻게 도와야 하는지, 장난감을 공유하지 않는 친구에게 무슨 말을 해야 할지 등을 파악함으로써 유아는 사회적 기술을 발달할 수 있다. 그러므로 극놀이를 통해 유아의 사회적 능력 발달이 극대화될 수 있도록 교사는 극놀이의 단계마다 적절히 개입하는 것이 필요하다.

3) 현장학습

현장학습(study trip)은 시민교육의 교수–학습 방법으로서 보통 유아가 공공기관을 방문하거나 봉사활동에 참여하는 것으로 나타난다. 현장학습을 통해 유아는 민주사회의 구성원으로서 자신의 권리와 의무를 직접 실천해 보는 기회를 가지게 된다. 유아는 자신의 생명을 유지하고, 학대나 차별 등으로부터 보호받고, 전인적 발달을 위해 교육받고, 자신의 의사를 표현하고, 국가나 지역사회 활동에 참여할 권리가 있다. 이러한 권리가 자신에게 있다는 것을 대부분 유아는 인지하지 못하므로 교사는 현장학습을 통해 유아가 자신의 권리를 깨달을 수 있도록 하는 것이 필요하다.

공공기관(public institution)은 개인이 아니라 공공의 이익을 위한 기관으로, 국가나 지방자치단체의 공무를 수행하는 관공서는 물론이고 공기업과 준정부기관을 포함한다. 유아는 일반적으로 경찰서나 소방서, 우체국, 보건소, 도서관, 박물관, 양로원, 은행 등의 공공기관을 방문한다. 유아는 공공기관에서 일하는 사람들을 관찰하면서 그들이 하는 일이 자신과 어떻게 연관되어 있는지, 자신의 권리와 의무를 실천하기 위해 무엇을 해야 하는지 등을 파악하게 된다. 가령 소방서를 방문한다면 유아는 소방관이 하는 일과 그 일이 자신과 어떻게 연관되어 있는지를 파악할 수 있다. 소방관은 화재를 진압하는 일만 하는 것으로 알고 있던 유아는 화재진압 외에도 재난과 재해를 예방하고 구조 및 구급 업무를 수행한다는 것을 이해하게 된다. 말벌에 쏘이거나 독사에 물린 경우, 지진이나 태풍으로 인해 고립된 경우 등에도 자신을 구조해 주는 사람이 소방관임을 유아는 알게 된다. 또한 유아는 자신에게 생존을 보장받을 권리가 있으므로 위급상황에서 구조를 요청할 수 있다는 것도 알게 된다. 화재와 같은 재난이 발생하는 것을 막기 위해 불장난을 하지 않는 것과 같이 자신이 실천해야 할 의무가 무엇인지를 이해하게 된다. 그러므로 시민교육을 위한 현장학습은 구체적으로 자신의 권리와 의무를 실천하는 교수-학습 방법으로서 시행되어야 한다.

최근에는 봉사활동에 참여함으로써 유아가 시민의 권리와 의무를 실천할 수 있도록 하는 현장학습에 대한 관심이 높아지고 있다(Maxim, 2011). 공원이나 놀이터에 있는 쓰레기를 줍는 것, 양로원과 같은 기관을 방문하여 노래나 춤, 그림 등의 재능을 기부하는 것, 과자나 빵을 만들어서 지역사회의 복지시설에 전달하는 것 등이 그 예다. 공원이나 놀이터의 쓰레기를 주우면서 유아는 자연환경에 대한 관심과 문제의식을 느낄 수 있다. 쓰레기는 어떻게 생긴 것인지, 누가 쓰레기를 버린 것인지, 쓰레기가 있으면 어떤 점이 불편한지, 쓰레기 때문에 동식물은 어떤 피해를 보는지 등 여러 가지 문제를 제기할 수 있다. 이러한 문제를 해결하기 위한 하나의 방법으로 유아는 자신이 나서서 쓰레기를 주워야 한다는 것을 깨닫고 실천함으로써 사회참여에 필요한 지식과 기술, 태도 등을 습득하는 것이다. 또한 누군가를 도와주고 무언가를 나누어 주는 활동을 통해 유아는 협동이나 배려, 공유 등의 개념을 명확히 이해하게 된다. 유아는 도와주고 나눠 주면서 기쁨과 보람을 느끼기도 한다.

현장학습을 다녀온 후 교사는 유아가 보고 듣고 느낀 것, 새롭게 알게 된 것, 궁금한 것 등을 그림이나 블록 등 다양한 방법으로 표현할 수 있도록 해야 한다. 특히 시민교육에서는 실천이 중요하므로 교사는 유아가 직접 해 본 것을 중심으로 이야

기를 나눌 수 있도록 도와주어야 한다. 예를 들어, 유아는 자신이 무엇을 어떻게 했는지, 실제로 해 보니 생각과 다른 점은 무엇인지, 앞으로 어떤 것을 더 하고 싶은지 등에 관해 이야기할 수 있다. 자신이 경험한 활동을 중심으로 이야기함으로써 유아는 시민교육에서 다루는 개념을 보다 정확하게 이해하고 적용하면서 내면화하게 된다. 그러므로 교사는 사회참여의 기회를 충분히 제공하는 현장학습을 시행함으로써 유아가 사회참여에 필요한 지식과 기술, 태도 등을 습득하여 시민으로서의 자질을 향상할 수 있도록 도와주어야 한다.

제3부

유아사회과교육의 설계

제9장

교수–학습 모형 및 방법

　유아사회과교육은 유아에게 사회과교육을 시행하는 것으로, 사회과교육의 내용이 광범위하고 포괄적인 것만큼 매우 다양하게 전개된다. 사회과의 통합적인 내용을 바탕으로 유아의 특성을 고려하여 효과적으로 교육해야 하므로 유아사회과교육의 실행은 쉽지 않다. 실제로 상당수 교사는 유아사회과교육의 수업목표와 내용을 정확히 이해하지 못하고 부적절한 수업방법과 자료를 사용함으로써 효과적인 수업을 전개하지 못하고 있다. 예를 들어, 토의를 통해 시민으로서 갖춰야 할 의사소통능력을 기르는 것을 수업목표로 정해 두고도 수업내용에 치중하여 유아가 내용을 아는지 모르는지에 초점을 두고 수업을 전개하는 경우가 있다. 또한 유아사회과교육이 시민의 자질로서 기술과 태도, 가치 등의 함양에 중점을 두고 있지만, 여전히 유아교육현장에서는 사회과학적 지식의 전달에 치중한 수업이 이루어지고 있다. 따라서 유아사회과교육이 효과적으로 이루어지기 위해서 교사는 수업의 목표와 내용, 방법, 평가 등을 철저히 계획하고 자료를 충분히 준비한 후 수업하는 것이 필요하다. 교사가 수업목표를 달성하기 위해 수업내용을 충분히 이해하고 그에 적합한 수업방법과 자료를 다양하게 활용할 때 효과적인 유아사회과교육이 실행될 수 있다.

1. 교수-학습 모형

교수-학습 모형(teaching-learning model)은 수업의 목표를 달성하기 위해 가장 적합한 수업내용과 방법, 자료 등을 선정하고 종합하여 체계적으로 설계한 것이다. 수업(instruction)은 교사의 가르침과 학습자의 배움으로 구성되며, 어느 부분에 초점을 두느냐에 따라 수업설계가 달라진다(박상준, 2014). 과거에는 교사의 입장에서 교수 방법과 자료를 활용하는 방식 등에 초점을 둔 수업설계가 이루어졌지만, 현재는 학습자의 입장에서 학습자의 특성과 교육환경에 적합한 수업을 설계하는 데 주안점을 두고 있다. 교사가 아무리 최신의 교수 방법과 자료를 사용하여 가르치더라도 학습자의 요구와 수준에 맞지 않으면 학습자의 배움은 일어나기 어렵다. 효과적인 교수-학습이 이루어지기 위해서는 학습자의 이해와 요구에 근거하여 수업내용과 방법, 자료 등이 선정되어야 하는 것이다. 그래서 학습자의 특성을 고려하여 수업내용과 방법, 자료 등을 선정하고 종합하여 효과적으로 수업의 목적을 달성할 수 있는 교수-학습 모형에 대한 연구가 활발한 상황이다. 특히 사회과교육은 시민성을 기르기 위한 교과이므로 사회과학적 지식과 기술, 태도, 가치 등을 효과적으로 가르치고 배울 수 있는 교수-학습 모형이 활발히 논의되고 있다.

1) 문제해결학습모형

(1) 특징

문제해결학습모형(problem-solving learning model)은 학습자가 문제를 해결하는 과정에서 반성적 사고(reflective thinking)를 통해 새로운 지식이나 기술, 태도 등을 습득하도록 하는 교수-학습 모형이다. 특히 문제해결학습모형은 학습자가 자신의 경험이나 사회문제에 대한 생생한 정보를 활용함으로써 일상생활에서 제기되는 문제를 해결하는 데 효과적인 모형이다(최용규, 정호범, 김영석, 박남수, 박용조, 2014). 즉, 문제해결학습모형은 창조적 활동이나 반성적 사고를 통해 학습자가 과거의 경험이나 지식을 유용하게 활용하여 문제를 해결하도록 도와주는 모형이다. 문제해결학습모형은 학습자 스스로 자신이 직면한 문제를 해결하기 때문에 활동 중심으로 이루어지며, 결과적으로 학습자의 문제해결능력을 향상하는 데 기여한다.

문제해결학습모형은 듀이(John Dewey)의 진보주의에 그 뿌리를 두고 있으며, 교과를 초월한 생활 속의 문제를 학습자가 주체적으로 해결하도록 하는 데 주안점을 둔다. 듀이는 학습자가 주변의 환경이나 지식을 이용하여 문제를 해결하도록 경험을 제공하는 것이 교육의 목적이라고 말하면서 학습자의 지적 호기심과 흥미를 중시하였다. 또한 주변 사람들과의 의사소통을 통해 그들의 경험을 공유함으로써 학습자가 자신의 문제를 효과적으로 해결할 수 있음을 강조하였다. 듀이의 관점에서 지식이란 그 자체로 완전하지 않으며 학습자의 생활 속에서 응용될 수 있을 때 의미가 있다. 지식은 학습자 스스로 활동이나 경험을 통해 가치를 부여하면서 유용성을 갖게 되고, 이러한 구체적 유용성을 지닌 지식을 탐구하는 것이 사고(thought)인 것이다(최용규 외, 2014).

그래서 유아사회과교육에서 문제해결학습이 성공적으로 이루어지려면 무엇보다도 유아의 흥미를 유발하는 구체적인 문제가 제시되어야 한다. 놀이터에서 미끄럼틀을 탈 때 차례를 지키지 않아 발생하는 문제, 교실에서 블록이 충분하지 않아 생기는 문제 등 유아가 일상적으로 부딪히면서 해결하고 싶은 문제가 제시되어야 하는 것이다. 또한 성공적인 문제해결학습을 위해서는 문제를 해결하는 과정이 개방적이어서 유아가 자신의 의견을 솔직히 표현하고 다양한 의견이 오갈 수 있어야 한다. 개방적인 분위기 속에서 유아는 여러모로 문제를 바라볼 수 있으며, 이를 통해 사고를 확장하는 것이 가능하기 때문이다. 특히 문제를 해결하면서 습득하는 지식은 고정된 것이 아니라 언제든지 바뀔 수 있으므로 유아가 자신의 관점에서 지식을 재구성하기 위해서는 문제를 해결하는 과정이 개방적이어야 한다.

(2) 모형

문제해결학습모형은 일반적으로 문제를 파악하고, 가설을 설정하고, 정보를 수집하고, 문제를 해결하고, 반성하는 등 5단계로 이루어진다(박은종, 2014).

1단계에서 유아는 문제 상황(problematic situation)을 접하고 무엇이 문제인지를 파악하게 된다. 문제 상황은 유아가 생활하면서 의문을 가지거나 곤란을 겪는 상황으로, 알고 있는 지식으로 설명이 되지 않거나 당장 생활에 불편을 겪는 상황을 말한다. 겨울인데도 개나리가 피는 것, 유아교육기관을 오갈 때마다 길이 막히는 것 등이 그 예다.

2단계에서 유아는 문제가 왜 발생하는지에 대해 자유롭게 이야기한 후 문제의 원인에 대한 가설을 설정한다. 교사는 "이 문제를 어떻게 생각하니?" "이 문제는 어떻게 하면 해결이 될까?"와 같이 질문함으로써 유아가 가설을 세울 수 있도록 도와준다.

3단계에서 유아는 가설을 검증하기 위해 문제와 관련된 정보를 수집한다. 모둠별로 어떤 자료를 어떻게 모을지 토의한 후 자료를 수집하고, 수집한 자료를 토대로 문제의 원인에 대해 논의한다. 교사는 유아가 다양한 방법으로 자료를 모을 수 있도록 도와준다.

4단계에서 유아는 가능한 모든 문제해결방안에 대해 토의하면서 문제를 해결하게 된다. 자유롭게 토의하는 과정을 통해 유아의 창의적·능동적 사고력이 길러지므로 교사는 자유롭게 의견이 개진될 수 있는 분위기를 조성하는 것이 필요하다.

5단계에서 유아는 문제를 해결하는 과정에 대해 반성하는 시간을 가진다. 유아는 자신의 문제해결방안을 실천하기 위한 계획을 세우고, 어려웠던 점이나 아쉬웠던 점 등을 이야기하면서 반성하게 된다.

2) 발견학습모형

(1) 특징

발견학습모형(discovery learning model)은 학습자 스스로 어떤 사실로부터 원리를 발견하도록 도와주는 교수–학습 모형으로, 학습자 스스로 학습할 수 있도록 여건을 조성해 주는 것이다. 발견학습모형의 핵심은 학습자가 사실에 대한 단편적인 지식이 아니라 사실에 내재하여 있는 원리를 발견함으로써 희열을 느끼고 자신의 능력에 대한 자신감을 가지게 하는 것이다(이홍우, 2015). 브루너(Jerome S. Bruner)는 발견을 원래의 사실을 넘어서서 새로운 통찰에 도달하는 것으로 간주하고, 지식의 습득보다 지식을 습득하는 과정 그 자체를 강조하였다(Bruner, 1961). 학습자가 문제 해결을 기대하고, 방법을 고안하고, 그 방법을 시도해 보면서 마침내 문제해결에 유용한 정보를 스스로 발견하는 등 지식을 습득하는 일련의 과정을 중시한 것이다. 따라서 발견학습모형은 학습자가 직접 실천하면서 배우는 과정에 초점을 두고 학습자의 능동적이고 자발적인 참여를 강조한다. 또한 학습자의 자아실현을 촉진하고 과학적 탐구능력과 문제해결능력 등을 향상하는 데 주안점을 둔다.

이렇게 발견학습모형은 학습자의 과학적 탐구능력 신장에 주안점을 두기 때문에 교사는 설명을 최소화하고 대신 여러 가지 상황이나 자료를 제시함으로써 학습자의 학습동기를 유발해야 한다. 교사는 학습자 스스로 자료 속에 있는 규칙성을 발견하거나 개념을 형성하도록 도와주어야 하므로 철저하게 수업을 계획하고 자료를 준비해야 한다. 교사는 도입단계에서 학습목표와 관련된 자료를 제시하고 학습자 스스로 법칙이나 원리 등을 도출하도록 수업을 진행하기 때문에 발견학습모형은 귀납적이며 학습자 중심이다(McNeil, 1997). 특히 교사는 학습자의 개념 형성을 도와주기 위해 단순하고 명확하게 학습목표를 제시하고, 학습목표에 근거한 자료의 특성을 암시하는 것이 필요하다. 즉, 설명은 적게 하고 질문은 많이 하는 식으로 수업을 전개해야 하는 것이다.

그러므로 발견학습모형에서는 교사와 유아 사이의 언어적 상호작용이 매우 중요하다. 교사는 개별 유아가 다양한 능력을 발휘할 수 있도록 확산적 질문을 던지고, 유아가 충분히 생각하고 응답할 수 있도록 기다리며, 정답이 나와도 질문을 계속하여 유아의 사고 확장을 도와주어야 한다. 하지만 발견학습모형은 유아의 능동적 참여를 중시하기 때문에 수업이 자칫 산만하게 진행될 수 있다는 문제점이 있다. 즉, 다양한 의견이 오가면서 분위기가 산만해지기 때문에 유아가 자신의 개념을 정리하지 못할 수 있는 것이다. 특히 사회과교육의 특성상 서로 다른 의견을 주고받는 식으로 수업이 진행되면서 유아가 체계적으로 개념을 형성하지 못할 수 있다. 따라서 교사는 수업의 단계마다 적절하게 개입하여 교실 분위기를 안정시키면서 유아의 개념 형성을 도와주는 것이 필요하다(권재술 외, 2013).

(2) 모형

발견학습모형은 대체로 문제를 파악하고, 가설을 설정하고, 가설을 검증하고, 결론을 도출하고, 일반화한 후 적용하는 등 5단계로 이루어진다(김윤모, 2007).

1단계에서 유아는 학습목표와 관련된 문제가 무엇인지를 파악한다. 문제는 그 성격이 분명하면서 모든 유아의 관심을 끌 수 있어야 한다. 교사는 다양한 방법으로 학습목표와 관련된 자료를 제시하거나 질문함으로써 유아의 흥미와 학습동기를 유발한다.

2단계에서 유아는 문제를 해결하기 위해 문제에 대한 초보적 · 일반적 설명의 수준인 가설을 설정한다. 가설은 문제의 원인과 결과 사이의 관계를 가능한 한 분명히 나타내면서 문제를 충분히 설명할 수 있어야 한다.

3단계에서 유아는 가설을 검증하기 위해 가설을 지지하거나 증명할 수 있는 자료를 찾는다. 즉, 문제를 해결하기 위한 구체적인 활동을 전개하면서 유아는 개념이나 원리, 법칙 등을 발견하게 되는 것이다. 교사는 이전 자료보다 더 구체적인 자료를 제시하거나 정반대의 자료를 제시하여 유아의 발견을 도와주어야 한다.

4단계에서 유아는 토의를 통해 지금까지 발견한 것에서 나타난 경향성이나 규칙성을 정리하면서 결론을 도출한다. 교사는 새로운 자료를 제시하거나 피드백을 통해 유아의 정리를 도와준다.

5단계에서 유아는 문제에서 나타난 인과관계나 상관관계 등을 설명하면서 일반화한 후 이를 다른 문제에 적용한다. 유아는 자신이 발견한 원리를 새로운 환경이나 사실에 적용해 봄으로써 개념을 내면화하게 된다. 이 단계에서 교사는 학습목표의 달성 여부를 확인하고 다음 수업을 예고한다.

3) 탐구학습모형

(1) 특징

탐구학습모형(inquiry learning model)은 학습자 스스로 문제를 제기하고, 가설을 설정하고, 자료를 수집하고, 자료를 분석하고, 결론을 내리는 교수–학습 모형이다. 탐구학습모형은 사회과학의 연구방법을 사회과교육에 도입하고 적용한 신사회과운동(new social studies movement)에 의해 등장한 것으로, 실제 사회과학자가 하는 것처럼 학습자가 사회과학자의 연구 과정을 밟아 가는 것이다(최용규 외, 2014). 발견학습모형에서는 자료가 먼저 제시되고 나중에 학습자가 문제를 파악하는 반면, 탐구학습모형에서는 학습자가 먼저 문제를 제기하고 문제 해결을 위한 가설을 설정한다. 가설을 설정한 다음에는 가설을 검증하기 위해 증거를 모으고, 증거로부터 결론을 도출하고, 자신이 내린 결론에 대해 다른 사람들과 토의하는 것이 탐구학습모형이다(Settlage & Southerland, 2007).

탐구학습모형은 학습자가 수업에 적극적으로 참여함으로써 지식이나 정보를 획득하고 조직하는 방법을 터득하도록 하는 데 그 목적이 있다(박성익, 1999). 즉, 탐구학습모형의 목적은 학습자가 과학적·분석적 사고력을 기르고 탐구하는 태도를 가짐으로써 시민의 자질을 갖추도록 하는 것이다. 그러므로 탐구학습모형에서는 민주적인 교실 분위기 형성이 중요한데, 왜냐하면 다른 학습자가 제시한 가설이 부적절해 보여도 서로 인정하고 의견을 교환하면서 가설을 검토하고 수정할 수 있어야 하기 때문이다(전숙자, 2007). 민주적인 교실 분위기 속에서 학습자는 스스로 자료를 분석하고 결론을 도출하며 자신의 결론을 당당하게 설명할 수 있다. 또한 민주적인 교실 분위기는 충분한 토의를 보장하기 때문에 학습자의 의사소통능력과 문제해결능력을 기르는 데 기여한다.

유아사회과교육에서 탐구학습이 성공적으로 이루어지기 위해서는 교사가 계획을 철저히 세우는 것이 중요하다(Mahood, Biemer, & Lowe, 1991). 교사는 우선 학습목표를 분명히 하고, 유아의 흥미와 관심을 끌 수 있는 주제를 선정해야 한다. 교사는 시간이나 집단의 크기, 주제 등을 통제함으로써 유아가 주어진 시간 내에 적절한 규모의 소집단에서 탐구할 수 있도록 하는 등 유아에게 탐구할 수 있는 환경과 자료를 제공해야 한다. 또한 교사는 유아의 질문에 즉각적으로 반응함으로써 유아가 적극적으로 탐구하는 과정에 참여하고 그 과정 자체를 즐길 수 있도록 도와주어야 한다. 즉, 교사는 탐구하는 과정에 초점을 두어야 하며, 유아가 사회현상에 관심을 가지고 문제를 해결하면서 과학적 탐구능력을 기를 수 있도록 도와주어야 한다(정재철, 2001).

(2) 모형

탐구학습모형은 일반적으로 문제를 제기하고, 가설을 설정하고, 자료를 수집하고, 자료를 분석하고, 결론을 도출하는 등 5단계로 이루어진다(전숙자, 2007).

1단계에서 유아는 사회현상에 대한 의문이나 문제를 제기한다. 교사는 유아의 사전지식에 대해 정확히 파악한 후 유아가 알고 있는 것과 모순된 질문을 하면서 유아 스스로 문제를 제기할 수 있도록 해야 한다. 교사는 유아 스스로 자신이 알아내고자 하는 것이 무엇인지를 명확히 하도록 도와주어야 한다.

2단계에서 유아는 제기된 문제를 해결하는 방안을 고민하고 잠정적 결론인 가설을 설정한다. 가설은 유아 수준에서 검증할 수 있으면서 옳고 그름을 판단할 수 있어야 한다. 유아 혼자서 가설을 설정하는 것은 어려우므로 교사는 모둠별로 토의하여 가설을 설정할 수 있도록 도와주어야 한다.

3단계는 유아가 가설을 검증하기 위해 자료를 수집하는 단계다. 무엇을 찾아야 하는지, 찾아야 하는 가장 중요한 증거는 무엇인지, 어디에서 어떻게 찾아야 하는 지 등을 고민하면서 유아는 자료를 찾게 된다(Nelson & Michaelis, 1980). 교사는 동영상이나 인터넷, 동화책 등 다양한 출처에서 자료를 모을 수 있도록 유아에게 충분한 시간을 제공해야 한다.

4단계에서 유아는 수집된 자료를 분석하고 가설을 검증한다. 유아는 자신이나 다른 사람이 수집한 자료의 적절성을 검토하고 부적절한 자료를 제외하는 등 자료를 분석한다. 즉, 유아는 자료가 가설과 직접 연관되는지, 가설을 검증하는 데 적절한지, 객관적으로 증명될 수 있는지, 다른 증거와 일관성이 있는지 등을 검토하면서 자료를 분석한다. 이러한 자료 분석을 토대로 유아는 가설의 진위를 검증하게 된다.

5단계에서 유아는 문제해결방안을 제시하면서 결론을 도출한다. 교사는 모둠별로 도출된 결론을 발표하고 비교한 후 전체적으로 결론을 끌어내도록 한다. 이때 교사는 도출된 결론이 새로운 지식에 의해 바뀔 수 있음을 유아에게 인식시켜 주어야 한다.

4) 의사결정학습모형

(1) 특징

의사결정(decision making)은 여러 가지 대안 중에서 최선의 방안을 선택하는 것으로, 1970년대 이후부터 사회과교육에서 의사결정능력이 강조되기 시작하였다(전숙자, 2007). 당시 미국에서는 베트남전쟁에 대한 반전운동과 인권운동, 여성해방운동 등 사회적·정치적 혼란으로 여러 가지 사회문제가 발생하면서 사회참여가 강조되었다. 사회과교육 역시 사회문제를 해결하는 능력을 기르는 데 주안점을 두어야 한다는 주장이 제기되면서 의사결정능력이 부각되었다. 즉, 사회참여가 강조되면서 공공정책에 대해 반성적이고 책임 있는 결정을 내리는 능력인 의사결정능력이 강조된 것이다(Engle & Ochoa, 1988). 의사결정능력은 매일매일 수많은 선택을 하며 살아갈 수밖에 없는 현대사회에서 그 중요성이 점점 더 커지고 있다. 그래서 사회화교육에서도 의사결정능력의 배양을 중시하고 있다.

사회과교육에서 추구하는 의사결정은 합리적 의사결정이다(최용규 외, 2014). 합리적 의사결정은 정확한 사실(fact)에 기초하면서 과학적이고 도덕적으로 공정해야 한다. 여기서 사실은 거짓이 아니면서 편견에 치우치지 않고 포괄적인 것을, 과학적이라는 것은 권위적이거나 감정적이 아닌 과학적 탐구과정에 의해 의사결정이 이루어져야 함을 의미한다. 또한 합리적 의사결정은 대안이 발생할 가능성이 있고 유용하다는 것을 의미하는데, 왜냐하면 아무리 바람직한 대안일지라도 발생할 가능성이 희박하거나 실행에 어려움이 있으면 실제로 이용할 수가 없기 때문이다(김현경, 2000). 개인이 아닌 집단이 의사결정을 하는 경우에는 결과의 합리성뿐만 아니라 과정의 민주성도 중요하다(임서빈, 1991). 토론과 타협을 통해 서로 다른 의견을 조율하는 등 민주적 절차에 따른 의사결정이 사회과교육에서 추구하는 합리적 의사결정이다.

의사결정학습모형(decision-making learning model)은 학습자가 지식을 활용하여 개인적·사회적 문제를 합리적으로 해결하도록 도와주는 교수-학습 모형이다. 즉, 의사결정학습모형은 학습자가 문제를 해결하기 위해 합리적인 과정에 따라 이성적인 선택을 하도록 도와주는 것이다(문정식, 2016). 의사결정학습모형은 학습자가 의사를 결정하는 것보다 의사를 결정하는 과정 그 자체에 초점을 두기 때문에 학습자에게 의사결정과정을 경험할 기회를 제공하는 데 중점을 둔다(Woolever & Scott, 1988). 학습자는 의사결정과정에 참여함으로써 자신의 지식을 실천하는 경험을 할 수 있으며, 이러한 경험을 통해 의사결정능력과 문제해결능력 등을 향상할 수 있다(박형준, 고은희, 2002). 학습자는 자신이 가진 모든 지식과 가치를 동원하여 문제를 해결하기 때문에 의사결정학습모형은 지식과 가치를 유효하게 연결하기도 한다(최용규 외, 2014).

결국 의사결정학습모형은 사회과학적 지식뿐만 아니라 기술과 태도, 가치 등의 향상에 크게 기여한다. 특히 의사결정학습모형은 유아사회과교육의 교수-학습

모형으로 매우 유용하다. 왜냐하면 태도나 가치는 오랜 시간에 걸쳐 형성되며 한 번 형성되면 바뀌기가 어렵기 때문이다. 또한 의사결정학습모형은 의사결정능력 이나 문제해결능력과 같은 고등정신기능을 발달시키는 데 매우 효과적이기 때문 이다. 유아기에 의사결정능력이 길러지지 않으면 아동기와 청소년기, 성인기를 거 치면서 합리적인 의사결정을 하는 데 어려움을 겪게 된다(최혜로, 1984). 따라서 의 사결정학습모형은 유아에게 의사결정과정을 경험할 기회를 제공함으로써 유아가 고등정신기능을 발달시키고 능동적으로 사회문제의 해결에 참여할 수 있도록 도 와주는 교수-학습 모형이다.

(2) 모형

사회과교육에서 의사결정학습에 대한 관심을 제고시킨 학자는 뱅크스다. 뱅크 스가 제시한 의사결정학습모형은 문제를 확인하고, 사회과학적 지식을 탐구하고, 가치를 명료화하고, 의사를 결정하고, 행동하는 등 5단계로 이루어진다(Banks & McGee-Banks, 1998).

1단계에서 유아는 의사를 결정해야 할 문제를 확인한다. 교사는 유아에게 의사 를 결정해야 할 문제를 제시하는데, 이때 개인적 문제와 사회적 문제로 나누어 분 명히 제시해야 한다.

2단계에서 유아는 문제를 명확히 하고 잠정적 결론인 가설을 설정하며 자료 수 집과 분석을 통해 일반화를 끌어낸다. 즉, 유아는 과학적 방법으로 문제에 대한 가 설을 세우고 자료 수집과 분석을 통해 가설을 검증함으로써 의사결정에 필요한 사 회과학적 지식을 탐구하게 된다.

3단계에서 유아는 문제와 관련된 가치를 명료화한다. 유아는 문제와 관련된 적 절한 행동이나 가치 등을 살펴보고, 자신이 지향하고 있는 가치뿐만 아니라 대안 이 되는 가치의 원천을 확인한다. 그리고 예상되는 결론을 살펴본 후, 자신이 선호 하는 가치를 결정하고 그 이유를 말함으로써 의사결정과 관련된 자신의 가치를 명 료화한다. 이때 교사는 유아가 자유롭게 가치를 탐구할 수 있도록 민주적인 교실 분위기를 조성해 주어야 한다(전숙자, 2007).

4단계에서 유아는 의사를 결정한다. 유아는 여러 가지 대안을 확인하고, 각 대안의 결과를 예측해 보고, 대안의 순서를 결정한 다음, 자신의 가치와 가장 일치하는 대안을 선택한다. 유아는 지금까지 도출된 지식과 명료화된 가치를 종합하여 어떤 대안을 최종적으로 결정하게 된다.

5단계에서 유아는 결정된 대안을 행동으로 옮긴다. 유아는 사회과학적 지식을 토대로 의사결정에서 선택한 가치와 일치하는 방법으로 행동하게 된다(서정석, 2008).

5) 개념학습모형

(1) 특징

개념학습모형(concept learning model)은 학습자가 개념을 명확히 이해하고 획득하게 하는 교수-학습 모형으로, 개념을 통해 사회현상을 분명하게 이해할 수 있기 때문에 사회과교육에서 유용한 교수-학습 모형이다(박상준, 2016). 개념(concept)은 특정한 사물이나 사건, 행위, 관념 등에 있는 공통된 속성을 추상화하여 범주화한 것으로, 사물이나 사건에 대한 심적 표상이다. 개념은 공통된 특성을 기준으로 다양한 대상이나 사건을 유사한 것끼리 묶어 놓기 때문에 세상을 의미 있는 부분집합으로 나누는 기능을 수행한다(윤길복, 2012). 그래서 개념을 알면 다양하고 복잡한 사실이나 현상을 일일이 암기하지 않더라도 간단하게 이해하는 것이 가능하다(박상준, 2016).

사회과교육은 사회과학의 여러 학문을 배경으로 하며, 각 학문의 기초를 이루는 다양한 개념들로 구성된다. 사회과교육의 개념들은 복잡한 사회현상을 더욱 명확히 이해할 수 있도록 도와준다(박상준, 2014). 즉, 사회과교육에서 개념은 복잡한 사회현상을 정확하게 파악할 수 있도록 하는 도구다. 이러한 이유로 사회과교육의 기본은 학습자가 개념을 이해하고 개념을 통해 복잡한 사회현상을 파악할 수 있도록 하는 것이다. 따라서 교사는 새로운 주제나 내용을 소개할 때 그 주제나 내용의

뜻을 학습자가 분명히 파악할 수 있도록 하는 것이 우선적이다(최용규 외, 2014).

유아사회과교육에서 개념학습모형이 효율적으로 이루어지려면 무엇보다도 교사가 핵심 개념을 명확히 파악하는 것이 필요하다. 그렇지 않으면 단순히 사실을 나열하는 수준에 그칠 수 있기 때문이다(최용규 외, 2014). 또한 사회과학적 개념 대부분이 추상적이므로 교사는 개념을 이해하는 데 도움이 되는 사례를 다양하게 제시해 주어야 한다(박상준, 2014). 사례는 추상적 개념을 실제의 대상이나 현상에 적용한 것이어서 유아는 사례를 통해 개념을 쉽고 명확히 이해하게 된다. 가령 변하는 것과 변하지 않는 것의 예를 통해 유아는 변화라는 추상적 개념을 이해할 수 있다. 개념과 연관된 긍정적 사례와 연관되지 않은 부정적 사례를 제시함으로써 교사는 유아의 개념 형성을 효과적으로 도와줄 수 있다(Banks & Clegg, 1990).

결국 개념학습을 통해 유아는 개념을 명확히 이해하고 획득할 뿐만 아니라 개념의 긍정적 사례와 부정적 사례를 구분하여 오랫동안 개념을 기억하게 된다. 또한 유아는 개념 간의 관계를 파악함으로써 사회현상 간의 관계도 이해하게 된다(최용규 외, 2014). 보통 사회과교육의 개념은 복합적으로 연결되어 있어서 유아는 하나의 개념을 획득하면 이 개념을 그다음에 획득하는 개념과 연관 지을 수 있다. 그러나 교사는 유아가 실제로 이해하는 개념이 무엇이고 어느 정도 이해하고 있는지를 파악하는 데 어려움을 겪는다. 왜냐하면 유아가 개념을 말하더라도 반드시 그 개념을 이해하는 것은 아니며 개념을 이해하고도 말하지 않는 경우가 많기 때문이다. 그러므로 성공적인 개념학습이 이루어지려면 교사는 다양한 사례를 제시하면서 유아에게 개념에 대한 질문을 던지는 것이 필요하다.

(2) 모형

개념학습모형은 개념의 구조에 대한 관점에 따라 속성모형(attribute model), 원형모형(prototype model), 상황모형(social context model) 등으로 구분된다. 이 세 가지 모형의 공통점을 추출하여 제시한 개념학습모형은 문제를 확인하고, 속성이나 원형, 상황 등을 생각하고, 속성과 사례를 검토하고, 개념을 분석하고, 적용하는 등

5단계로 이루어진다(최용규 외, 2014).

1단계에서 유아는 교사가 제시한 문제 상황을 보면서 학습할 개념을 확인한다. 교사는 학습할 개념이 사용되는 일상적 사례를 제시함으로써 유아가 개념 형성의 필요성을 느끼도록 한다. 또한 교사는 학습할 개념과 관련하여 유아가 알고 있는 개념이 무엇인지를 확인한다.

2단계에서 유아는 학습할 개념이 가지는 속성이나 그 개념이 사용되는 사례 또는 상황에 대해 생각한다. 교사는 개념과 연관된 속성이나 사례, 상황 등을 담고 있는 사진이나 동영상 등을 제시하여 유아의 개념 형성을 도와준다.

3단계에서 유아는 일상생활 속에서 개념과 관련된 긍정적 사례를 찾고 관련이 없는 부정적 사례와 구분하는 등 속성과 사례를 검토한다. 가령 도시라는 개념을 학습한다면 유아는 도시가 갖는 속성을 살펴보고 도시와 연관된 긍정적 사례와 도시와 상관없는 부정적 사례를 구분할 수 있다.

4단계에서 유아는 습득한 개념과 관련된 다른 개념을 찾아보면서 개념을 분석한다. 예를 들어, 유아는 도시와 연관된 지하철이나 빌딩, 매연 등과 같은 개념을 찾아보고 개념 간의 관계를 파악할 수 있다.

5단계에서 유아는 개념을 다른 사례에 적용해 본다. 유아는 개념이 자신과 어떻게 연관되는지, 개념과 연관된 또 다른 사례는 무엇인지 등을 토의하면서 개념을 다양한 사례에 적용해 본다. 교사는 유아가 미처 생각하지 못하는 사례를 제시함으로써 유아의 사고가 확장될 수 있도록 도와준다.

2. 교수-학습 방법

교수-학습 모형은 특정 교육내용이나 사고과정을 학습자가 습득하도록 하는 데 그 목적을 두는 반면, 교수-학습 방법(teaching-learning methods)은 교실 상황에 일반적으로 적용할 수 있는 방법이라는 점에서 차이가 난다(최용규 외, 2014). 예를 들어, 탐구학습모형은 사회과학자의 연구 과정을 밟아 가면서 특정 분야의 과학적 탐구능력을 기르기 위한 것이지만, 강의는 교사가 학습자에게 언어로 교육내용을 전달하는 방법으로서 특정 분야가 아닌 모든 분야에서 사용된다. 그러므로 교수–학습 방법은 특정한 교수–학습 모형을 적용하면서 중간중간 보조적으로 사용될 수 있다. 사회과교육에서 주로 사용되는 교수–학습 방법으로 강의, 토의, 협동학습, 현장학습, 극놀이, 질문, 이야기 등이 있으며, 이 외에도 지도나 신문을 이용하는 방법, 위인이나 문화재에 중점을 둔 방법 등이 있다. 이러한 교수–학습 방법은 수업이 진행되는 도중에 두세 가지가 동시에 사용되는 등 학습목표와 내용 등에 따라 유연하게 운영될 수 있다. 각각의 교수–학습 방법은 장단점이 있으므로 언제 어디서나 효과적인 교수–학습 방법은 존재하지 않는다. 그러므로 수업의 특성과 유아의 조건이나 상황, 주변 환경 등을 고려하여 가장 적합한 교수–학습 방법을 사용하는 것이 필요하다.

1) 강의

강의(lecture)는 교사가 학습자에게 언어로 지식을 전달하는 교수–학습 방법으로, 많은 비판을 받고 있음에도 여전히 사회과교육에서 가장 많이 사용되고 있다(박상준, 2014). 강의는 교사 중심으로 수업이 진행되는 경향 때문에 비판을 받지만, 사실상 문제는 교사가 강의 준비를 제대로 하지 않을 경우에 내용이 잘 전달되지 못한다는 점이다. 즉, 강의 자체가 아니라 준비 안 된 강의가 문제인 것이다(최용규 외, 2014). 그러므로 많은 양의 정보나 지식을 전달할 때, 사실이나 이론, 개념 등을 설명할 때 강의는 여전히 효과적인 교수–학습 방법이다. 특히 사회현상이나 사회문제에 대한 기본적인 지식에 기초하여 새로운 사회현상이나 사회문제를 탐구하고 토의하면서 해결방안을 마련할 수 있으므로 사회과교육에서 강의는 필수적이다. 강의는 새로운 개념을 소개하거나 여러 가지 복잡한 정보를 체계적으로 설명할 때 효과적인 교수–학습 방법이다.

교사는 강의할 때 다양하고 구체적인 예를 제시하면서 한 번에 한 주제에 대해서만 말하고, 중간중간 유아와 상호작용함으로써 유아의 적극적인 참여를 유도해야 한다. 강의는 유아의 주의집중 시간을 고려하여 10분 정도 지속하고, 질문이나 토의 등 다른 방법과 혼용하여 수업을 진행하는 것이 바람직하다(최용규 외, 2014). 또한 유아의 흥미를 유발하기 위해 교사는 강의 중간에 유머를 사용하거나 목소리의 톤을 변화시키고, 여러 가지 매체를 사용하여 내용을 단계적으로 제시하는 것이 필요하다. 그러나 무엇보다도 성공적인 강의가 되기 위해서 가장 중요한 것은 교사의 열정이다. 왜냐하면 교사 자신이 주제에 대한 열정을 가지고 강의할 때 그 열정이 유아에게 전이되어 유아의 학습동기가 유발되기 때문이다. 결국 성공적인 강의를 위해서 교사는 강의 준비를 철저히 하고, 유아가 수업에 적극적으로 참여할 수 있도록 열정적으로 강의해야 한다(변영계, 김영환, 손미, 2007).

2) 토의

토의(discussion)는 둘 이상의 사람들이 모여서 공통의 문제에 대한 최선의 해결 방안을 찾는 교수-학습 방법으로, 서로의 생각이나 정보, 의견 등을 나누면서 시민의 자질을 기르는 방법이다. 토의는 일정한 규칙과 단계에 따라 언어적 상호작용을 통해 이루어지므로 개방적 의사소통과 협조적 분위기, 민주적 태도 등이 필요하다(변영계 외, 2007). 예를 들어, 다른 사람이 말할 때 갑자기 끼어드는 것이나 주제와 상관없는 말을 하는 것, 아무 말도 하지 않는 것과 같이 토의를 방해하는 행동이 나타나지 않아야 한다. 또한 다른 사람의 생각이 옳을 수 있다는 전제 아래 토의가 이루어져야 한다(최용규 외, 2014). 그렇지 않으면 서로 자신의 주장만 내세우면서 더는 토의가 진행되지 않기 때문이다.

결국 토의를 통해 사회현상에 대한 관심이 증가하고 비판적 사고력이나 의사소통능력이 향상되는 등 토의에 참여하는 그 자체만으로도 사회적 기술과 태도 등이 길러지게 된다. 그래서 토의는 사회과교육에서 매우 유용한 교수–학습 방법이다. 또한 사회과교육의 특성 때문에 토의는 매우 효과적으로 이용되고 있다. 사회과교육에서 다루는 일상생활의 문제는 하나의 정답을 찾기가 어렵거나 불가능한 경우가 많으므로 서로 다른 생각을 주고받으면서 최선의 해결방안을 찾을 수밖에 없다. 이런 이유로 최선의 해결방안을 찾는 교수–학습 방법인 토의가 사회과교육에서 매우 효과적인 것이다.

하지만 유아는 아직 토의하는 방법이나 절차 등에 익숙하지 않아서 지나치게 반응이 없거나 토의가 산만하게 진행될 수 있다. 유아가 자신이 무엇을 하고 있는지, 어떤 문제를 해결해야 하는지 등을 의식하지 못하여 밋밋하거나 겉도는 토의가 될 수 있다. 그래서 교사는 모둠별로 토의가 진행되는 동안 각 유아가 토의의 주제에 대해 자신의 견해나 주장을 말하면서 토의가 원만히 진행될 수 있도록 격려해야 한다. 또한 교사는 주제와 관련된 정보를 제시하거나 질문을 던짐으로써 유아가 토의의 주제에서 벗어나지 않으면서 활발하게 의견을 교환할 수 있도록 도와주어야 한다. 교사가 너무 의도적으로 개입할 경우, 교사의 권위에 의해 유아가 교사의 의견을 무조건 수용하면서 자유롭게 토의가 진행되지 않을 수 있다(박상준, 2014). 그러므로 교사는 자신의 의견을 말하는 것이 아니라 유아의 생각을 질문함으로써 유아의 사고력 신장을 도모할 수 있어야 한다.

3) 협동학습

협동학습(cooperative learning)은 각기 다른 능력을 갖춘 학습자들이 같은 학습 목표를 달성하기 위해 모둠으로 활동하는 교수-학습 방법이다(박은종, 2014). 협동 학습은 서로 격려하고 도와줌으로써 서로의 장점을 살리고 단점을 보완하는 등 긍 정적 상호의존성을 촉진하는 방법이다. 협동학습은 성공적인 결과를 위해 구성원 각자가 자신의 역할을 충실히 해내는 것으로, 전체는 하나를 위하고 하나는 전체 를 위한다는 태도를 가질 수 있는 방법이다(Maxim, 2011). 협동학습을 통해 학습자 는 자신이 집단에 기여하는 구성원임을 깨달을 수 있고, 공통의 목표를 달성하기 위해 자신이 가진 능력을 발휘하면서 새로운 기술과 태도를 배울 수 있다. 즉, 협동 학습을 통해 학습자는 사회생활에 필요한 지식과 기술, 태도 등을 다양하게 기를 수 있는 것이다. 그래서 협동학습은 사회과교육에서 필수적인 교수-학습 방법으 로 간주된다.

특히 국가 간 이주가 활발해짐에 따라 한국 사회가 서로 다른 인종과 민족, 계급 등 여러 집단의 문화가 공존하는 다문화사회가 되면서 협동학습의 중요성은 더 커 지고 있다. 협동학습을 통해 다양한 문화적 배경을 가진 구성원들의 각기 다른 능 력이 발휘될 수 있기 때문이다. 그래서 교사는 모둠을 구성할 때 성별이나 능력, 문 화적 배경 등이 서로 다른 구성원이 포함되도록 세심한 주의를 기울여야 한다. 동 질적인 구성원보다 이질적인 구성원이 모일 때 여러모로 문제를 바라보면서 다양 한 아이디어가 생산될 수 있기 때문에 공통의 목표가 훨씬 더 효과적으로 달성될 수 있다. 이질적인 집단에서 구성원들은 더 많은 의견을 주고받으므로 이해가 깊 어지고, 합리적 사고의 수준이 높아지며, 타인을 배려하게 된다.

협동학습의 단점은 능력이 떨어지거나 한국말이 서툴다는 이유로 소외되는 유아 가 생길 수 있다는 것이다. 소외된 유아는 상호작용의 기회를 잃게 되면서 자신은 모둠에서 필요한 존재가 아니라는 생각을 할 수 있으며, 이는 유아의 수치심을 불러 일으켜 자아존중감을 떨어뜨리는 결과를 초래할 수 있다(변영계 외, 2007). 그러므로 교사는 각 유아의 특성을 고려하여 모둠을 구성하고 유아의 특성에 맞는 역할을 부여하여 모든 유아가 적극적으로 협동학습에 참여할 수 있도록 도와주어야 한다. 또한 교사는 유아가 집단의 구성원으로서 자신의 임무를 충실히 수행하고 그 결과 공통의 목표가 달성된 것에 대해 성취감을 느낄 수 있도록 해야 한다. 가령 칭찬이나 스티커와 같은 보상이 주어지면 유아는 자신감을 느끼고 다른 사람을 돕는 즐거움을 경험하면서 지속적인 학습동기를 가질 수 있다(Maxim, 2011).

4) 현장학습

현장학습(study trip)은 학습자가 사회현상을 생생하게 직면함으로써 일상생활의 경험과 시야를 넓힐 수 있는 교수-학습 방법이다(한면희, 2006). 현장학습은 교실을 벗어나 사회현상이 일어나는 현장에서 수업이 이루어지는 것이므로 학습자가 구체적이고 실제적인 지식을 습득하여 실생활에 적용하도록 하는 데 도움을 준다(박은종, 2014). 또한 학습공간이 확대됨으로써 학습자는 자신의 행동이 타인에게 미치는 영향을 파악할 수 있으며, 타인에 대한 고마움과 존경, 공동체 의식, 봉사 등과 같은 사회적 가치를 깨달을 수 있다. 이 외에도 학습자는 직접 조사하고 관찰하여 정보를 획득함으로써 정보처리능력을 향상할 수 있으며, 교실 밖 생활을 직접 체험해 봄으로써 사회문제에 관심을 가지고 문제 해결에 적극적으로 참여할 수 있다. 이렇게 사회과학적 지식과 기술, 태도, 가치 등을 습득하는 데 효과적이기 때문에 현장학습은 사회과교육에서 매우 강조되는 교수-학습 방법이다(박상준, 2014).

그러나 현장학습은 철저하게 계획되고 충분히 준비되지 않으면 실질적인 효과를 거두기가 어렵다. 특히 학습목표가 분명하지 않으면 단지 실외에서 하는 수업 그 이상의 의미를 찾을 수 없게 된다. 학습목표가 현장학습의 성패를 좌우할 만큼 학습목표를 명확히 설정하는 것은 현장학습에서 매우 중요하다(박은종, 2014). 가령 은행에서 근무하는 직원이 하는 일을 살펴보는 것이 학습목표라면 직원의 언어나 행동, 의복 등을 관찰하는 데 중점을 두게 된다. 반면에 은행 업무를 직접 체험하는 것이 학습목표라면 통장을 만들고 돈을 저금하는 등 다양한 업무를 경험하는 데 초점을 두게 된다. 즉, 학습목표에 따라 현장학습의 내용과 방법, 시기, 장소 등이 달라지는 것이다. 따라서 현장학습을 계획할 때는 유아의 신체적 · 인지적 · 정서적 특성과 참여 동기 등을 고려하여 학습목표를 분명히 설정하는 것이 우선되어야 한다.

현장학습이 성공적으로 이루어지려면 교실 안에서 배운 지식과 교실 밖에서 일어나는 실제 상황이 연결되도록 내용을 구성해야 한다(박상준, 2014). 자신이 알고 있는 지식을 직접 상황에 적용할 수 있도록 내용을 구성할 때 유아의 참여 동기가 유발되면서 능동적 참여가 가능하기 때문이다. 유아는 직접 무언가를 해 보고 그 것에 대한 반성적 사고를 통해 의식의 변화가 일어나면서 학습을 하게 된다. 그러 므로 유아의 경험과 지역사회가 연계되도록 현장학습의 내용을 구성해야 한다. 또한 모든 유아가 참여하면서 성취감과 만족감을 느낄 수 있고, 정적 활동과 동적 활동, 개인 활동과 집단 활동 등이 조화를 이룰 수 있도록 계획해야 한다(박은종, 2014). 현장학습은 치밀하게 계획될수록 교육적 효과가 높게 나타나는 만큼 사전 답사에 근거하여 철저하게 계획을 세운 후 시행해야 한다.

5) 극놀이

극놀이(dramatic play)는 어떤 상황을 극으로 표현하는 것으로, 학습자에게 구 체적인 경험의 기회를 제공하는 교수-학습 방법이다. 극놀이는 역할놀이(role playing)와 인형극(puppet play), 무언극(pantomime) 등의 형태로 진행되며, 이 중 역할놀이가 사회과교육에서 가장 빈번하게 이용되고 있다. 무언극의 경우, 대사 를 만드는 수고 없이도 유아가 자기 생각이나 느낌을 표현할 수 있다는 장점이 있 다(Maxim, 2011). 특히 유아는 흉내 내기를 좋아하기 때문에 대사가 없더라도 무언가를 하거나 만드는 사람을 흉내 내면서 사회과학적 지식을 습득할 수 있다. 가령 삼일절이 주제라면 독립운동가와 이를 잡으려는 일본 순사를 무언극으로 표현하면서 삼일절이라는 역사적 사실과 그 의미에 대해 학습할 수 있다. 한 유아가 그림책에 나오는 등장인물을 흉내 내고 그것이 누구인지를 다른 유아가 맞추는 게임을 하면서도 학습이 이루어질 수 있다. 이때 교사는 "무엇을 보고 그 사람인 줄 알았니?" "그걸 어떻게 알았니?" "그 사람은 어떤 느낌을 받았을까?" "너라면 어떻게 했을까?"와 같은 질문을 던짐으로써 유아의 상상력과 사고력을 자극하는 것이 필요하다.

　역할놀이는 학습자가 가상의 역할을 수행하고 그 과정과 결과를 평가함으로써 사회현상에 대한 지식을 습득하고 사회문제에 대한 해결방안을 모색할 수 있다는 장점이 있다(한면희, 2006). 학습자는 상황에 대한 간접경험을 통해 자기 생각이나 의견을 깨닫고 자신의 가치나 태도가 타인의 행동에 미치는 영향을 이해하게 된다. 또한 학습자는 주어진 역할을 수행하면서 문제나 상황의 핵심을 이해할 수 있으며, 사회적 상호작용에서 요구되는 기술을 습득할 수 있다. 결국 역할놀이를 통해 유아는 자기중심적 사고를 벗어나 타인의 관점에서 문제를 바라볼 수 있으며, 일상생활에서 발생하는 다양한 문제를 해결하는 능력을 기를 수 있다. 역할에 적합한 언어를 구사하면서 유아의 언어능력이 증진되고, 역할에 대한 서로 다른 생각을 조율하면서 유아는 민주적 절차와 방법에 대해 배우게 된다(박은종, 2014).

　이렇듯 역할놀이는 유아가 시민으로서 권리와 의무를 수행하는 데 필요한 능력의 발달에 크게 기여한다. 따라서 역할놀이의 교육적 효과를 극대화하기 위해 교사는 유아가 자유롭게 역할을 수행할 수 있도록 허용적인 분위기를 조성하는 것이 필요하다. 교사는 같은 역할이라도 역할을 수행하는 사람에 따라 다양하게 표현될 수 있음을 강조하면서 유아가 틀에 박힌 사고방식이나 고정관념을 가지지 않도록 도와주어야 한다. "동생은 원래 이러는 거야!" "선생님은 그런 말 하면 안 돼!"와 같은 말을 유아가 할 때, 교사는 다양한 경우가 있음을 설명하면서 유아의 사고가 확장되도록 도와주어야 하는 것이다. 또한 교사는 문제를 해결하는 방법이 여러 가지가 있음을 강조하면서 유아가 여러모로 문제를 바라보고 탐색할 수 있도록 도와주는 것이 필요하다. 결국 역할놀이는 유아가 실생활에서 제기되는 다양한 상황을 간접적으로 경험함으로써 다양한 사회적 기술을 향상하는 데 도움을 주는 교수–학습 방법이다.

제10장

교수–학습 계획

교수(teaching)는 교사 중심의 가르치는 활동을, 학습(learning)은 학습자 중심의 배우는 활동을 말한다. 교수–학습은 가르치고 배우는 활동으로, 교사가 수업목표를 달성하기 위해 학습자의 내·외적 환경에 영향을 미치는 여러 변인을 조작하여 학습자가 무언가를 학습할 수 있도록 도와주는 일련의 활동으로 이루어진다. 수업의 변인은 크게 투입, 과정, 산출 측면으로 구분된다(최용규, 정호범, 김영석, 박남수, 박용조, 2014). 투입 변인은 직접변인인 교사, 학습자, 학습과제 등과 간접변인인 학습자의 가정환경을 포함한다. 과정 변인은 교사와 관련된 것으로 수업방법, 수업설계 등이 있으며, 학습자와 관련된 것으로 학습전략, 학습방법 등이 있다. 산출 변인에는 효과성과 관련된 학업성취도, 효율성과 관련된 합리성, 매력성과 관련된 학습동기 등이 있다. 결국 교사가 투입과 과정, 산출 변인을 논리적으로 연관 지어 수업을 계획하고 전개할 때 성공적인 수업이 이루어진다. 특히 유아사회과교육은 유아의 시민성을 기르는 데 그 목적이 있으므로 유아가 사회현상에 관심을 가지고 과학적으로 인식할 수 있도록 수업이 계획되어야 한다. 즉, 수업의 효과성과 효율성, 매력성 등을 보장하면서 유아가 사회현상의 원리를 파악하고 이를 일상생활에 적용할 수 있도록 수업이 계획되어야 하는 것이다.

1. 교수-학습 과정

교수-학습 과정은 일반적으로 학습목표를 제시하고, 학습동기를 유발하고, 학습결손을 처치하고, 학습내용을 제시하고, 학습활동을 응용하고, 학습결과를 평가하고, 일반화하는 등 일련의 활동으로 이루어진다(변영계, 김영환, 손미, 2007). 이러한 활동이 원만히 진행될 때 교사와 학습자 간 상호작용이 활발히 일어나면서 좋은 수업이 이루어지게 된다. 그러나 각각의 활동이 원만히 이루어지기 위해서는 교사가 각 활동에 대한 계획을 세우고 자료를 마련하는 등 수업 준비를 철저히 하는 것이 요구된다. 교사가 어떻게 수업을 계획하고 준비하느냐에 따라 수업의 질이 결정되기 때문이다. 특히 교과서 없이 진행되는 유아교육의 특성상 유아교육현장에서 수업의 질은 거의 교사에 의해 좌우되고 있다. 그러므로 교사는 유아의 특성을 고려하여 유아의 학습동기를 유발하면서 적극적인 참여를 유도할 수 있는 다양한 교수-학습 방법을 사용해야 한다. 더군다나 유아사회과교육은 유아가 시민성을 기르는 데 필요한 지식과 기술, 태도, 가치 등을 습득하도록 하는 데 그 목적이 있으므로 세심하게 수업을 준비하는 것이 필요하다. 수업 자체가 사회생활의 한 부분이므로 교수-학습 과정에서 이루어지는 모든 상호작용이 시민의 자질을 높이는 데 기여해야 하는 것이다.

1) 학습목표 제시

도입단계에서 유아에게 학습목표를 명확히 알려 주어야 한다. 학습목표를 알려 주는 방법은 구두로 설명하거나 질문하는 것, 그림으로 제시하는 것, 완성된 작품을 보여 주는 것, 교사가 시연하는 것 등 여러 가지가 있다. 완성된 작품을 보여 주는 것은 학습목표가 달성된 후 만들어지는 작품이나 과제의 예를 보여 주는 것으로, 학습목표를 구체적으로 설명하기 어려운 경우에 도움이 되는 방법이다.

학습목표를 알려 준 다음에는 학습목표를 달성하는 절차에 대해 알려 주어야 한다. 이때 교사는 유아가 이해할 수 있는 용어를 사용하여 쉽게 설명해야 한다. 절차가 복잡한 경우에는 순서도를 이용하고, 말로 설명하기 어려운 경우에는 그림이나 사진, 동영상 등을 이용하여 설명하는 것이 필요하다. 발견학습모형으로 수업을 전개한다면 유아 스스로 학습목표에 도달하는 절차를 발견할 수 있도록 암시적인 질문을 던지는 것이 필요하다(변영계 외, 2007).

2) 학습동기 유발

학습동기에 관한 가장 유명한 이론은 켈러(John M. Keller)의 ARCS 모형이다(Reigeluth, 1999). 켈러는 수업의 산출 변인인 효과성, 효율성, 매력성 중에서 매력성을 가장 중요한 변인으로 생각하면서 매력성과 관련하여 학습자의 동기를 유발하고 유지하는 다양한 전략을 제시하였다(Keller, 1987). 켈러는 학습동기를 유발하고 유지하기 위한 요인으로 주의집중(attention), 관련성(relevance), 자신감(confidence), 만족감(satisfaction) 등 네 가지를 언급하였다. 또한 수업의 효과를 극대화하기 위해서는 학습동기에 관한 체계적이고 구체적인 접근이 필요하다고 주장하였다.

먼저 교사는 유아의 주의를 집중시키고 그 주의가 유지될 수 있도록 해야 한다. 주의집중(attention)은 학습을 위해 가장 먼저 이루어져야 하는 조건인데, 왜냐하면 아무리 완벽하게 설계된 수업일지라도 유아가 교사의 말에 귀를 기울이지 않으면 수업 자체가 무의미하기 때문이다. 따라서 교사는 계속해서 유아의 호기심을 자극하는 것이 필요하다. 유아의 주의를 집중시키는 방법으로 학습내용과 관련된 그림이나 도표, 동영상 등을 보여 주는 것, 비유나 은유를 사용하여 유아의 연상작용을 도와주는 것 등이 있다. 또한 학습내용을 효과적으로 전달할 수 있는 다양한 교수-학습 방법을 사용함으로써 유아의 주의를 유지하는 것이 필요하다.

관련성(relevance)은 유아의 사전지식이나 경험에 근거하여 학습목표를 설명함으로써 유아 스스로 학습내용이 자신에게 어떤 의미가 있는지를 파악하게 하는 것이다. 유아는 배워야 하는 이유가 명확히 제시될 때 그 수업을 더 매력적으로 보면서 끌리게 된다. 그러므로 교사는 학습목표가 실제로 어떤 목적과 관련이 있는지를 설명하거나 각 유아의 발달수준에 맞는 학습목표를 제시함으로써 유아의 학습동기를 유발하는 것이 필요하다.

자신감(confidence)은 유아가 학습결과에 대해 어느 정도 기대하는지를 보여 주는 것으로, 유아가 자신의 성공에 대해 얼마만큼 확신하느냐에 따라 자신감이 달라진다. 유아는 성공에 대한 기대감이 높을수록 학습목표를 달성할 수 있다는 자신감이 높아지게 된다. 유아의 자신감을 높이기 위해 교사는 유아의 흥미를 끌면서도 유아의 현재 수준보다 약간 높은 수준의 학습목표를 제시하는 것이 필요하다. 또한 교사는 유아가 스스로 학습을 조절할 수 있다고 느끼도록 학습에 필요한 조건을 구조화하여 학습목표를 분명하게 제시해야 한다.

만족감(satisfaction)은 유아가 자신이 노력한 결과에 대해 만족함으로써 학습동기가 유지되도록 하는 것이다. 특히 만족감은 다음 학습에 대한 기대와 동기를 유발하는 등 또 다른 학습에 긍정적 영향을 미치기 때문에 유아가 만족감을 느끼게 하는 것은 매우 중요하다. 교사는 유아의 만족감을 높이기 위해 학습결과에 대한 적절한 보상이나 피드백을 제공할 수 있다. 또한 모든 유아에게 발표나 질문의 기

회를 동등하게 제공하고 평가의 기준을 엄격하게 적용하는 등 수업을 공정하게 진행함으로써 교사는 유아의 만족감을 높일 수 있다.

3) 학습내용 제시

교사는 유아의 발달수준에 맞는 학습내용을 제시해야 하며, 각 유아의 특성에 맞는 개별화 수업이 진행될 수 있도록 해야 한다. 교사는 학습내용을 제시하기 전에 유아의 사전지식이나 경험에 관한 질문을 던짐으로써 유아의 현재 발달수준을 정확히 파악하는 것이 필요하다. 이러한 평가를 토대로 교사는 각 유아의 발달수준에 맞는 학습내용을 제시해야 한다.

수업이 진행되는 동안 교사는 유아가 학습동기를 적절히 유지하면서 학습활동에 적극적으로 참여할 수 있도록 도와주어야 한다. 교사는 유아에게 수시로 질문하고, 유아의 대답이나 발표 등에 칭찬이나 격려를 아끼지 않으며, 유아 간 상호작용이 활발히 일어날 수 있도록 수업을 진행해야 한다. 같은 연령의 유아라도 발달수준에 있어서 개인차가 크다는 점을 고려하여 교사는 모든 유아와 적극적으로 상호작용하면서 학습활동에 참여할 기회를 공평하게 주어야 한다.

유아가 학습목표를 효과적으로 달성하기 위해서 교사는 학습내용을 단계적으로 제시하는 것이 필요하다. 교사는 쉬운 것에서 어려운 것으로, 단순한 것에서 복잡한 것으로, 대표적인 것에서 덜 대표적인 것으로, 구체적인 것에서 추상적인 것으로 학습내용을 제시해야 한다. 학습내용이 단계적으로 제시됨으로써 유아는 당황하지 않고 학습활동에 참여하면서 학습목표를 손쉽게 달성할 수 있다.

새로운 개념이나 원리에 대한 학습의 경우 유아는 과거에 학습한 내용과 새로운 내용을 연결함으로써 효과적으로 학습할 수 있다. 따라서 교사는 유아가 과거의 경험이나 학습에 대한 기억을 떠올릴 수 있도록 힌트를 제공하거나 질문을 던지는 것이 필요하다. 또한 이전에 학습한 내용과 새롭게 학습한 내용 간의 관계를 보여주는 그림이나 도표를 제시함으로써 유아의 이해를 도모하는 것이 필요하다.

4) 학습활동 응용

교사는 유아에게 자신이 이해한 학습내용을 실제 상황이나 비슷한 상황에 적용해 보는 기회를 제공해야 한다. 이렇게 학습활동을 응용하면서 유아는 새로운 궁금증이 생기고, 자신이 이전에 경험해 보지 못한 새로운 문제를 발견하게 된다. 유아는 문제를 해결하기 위해 다른 유아와 의견을 나누고, 자신이 알고 있는 지식이나 정보를 이용한다. 문제를 해결하면서 유아는 학습한 내용을 좀 더 분명히 이해하고 오랫동안 기억하게 된다. 학습활동을 응용해 보는 기회가 많을수록 학습내용을 잊어버릴 가능성은 줄어드는 것이다.

그러므로 교사는 유아에게 학습내용과 유사한 상황을 다양하게 제시하는 것이 필요하다. 특히 유아의 개인차를 고려하여 교사는 각 유아가 해결할 수 있는 상황을 제시해야 한다. 교사는 유아마다 관심이나 재능, 발달수준 등이 다른 점을 고려하여 그에 맞는 적절한 상황과 학습목표를 제시해야 하는 것이다. 만약 해결할 수 없는 상황에 부딪히면 문제를 해결하려는 의지가 줄어들면서 유아는 급기야 문제해결을 포기할 수 있다. 따라서 교사는 유아가 해결할 수 있는 상황을 제시함으로써 상황을 해결한 후 유아가 성취감을 느낄 수 있도록 도와주어야 한다.

분되며, 이것들은 서로 독립적이지 않고 밀접하게 연관되어 있다(박인현, 2012). 사회과학적 지식은 사회문제를 합리적으로 이해하는 데 중요한 역할을 하므로 유아가 사회과학적 지식을 습득하는 것은 유아사회과교육에서 매우 중요하다. 일반적으로 사실을 바탕으로 개념이 형성되고, 개념 간 연관성에 기초하여 일반화가 도출된다. 하지만 때에 따라 개념으로부터 사실이 발견되고, 일반화에 의해 사실이 확인되거나 새로운 개념이 도출되기도 한다.

기술(skills)은 최근 사회과교육에서 중요시되는 것으로, 목표를 달성하기 위해 자신이 가진 지식이나 경험을 최대한 이용하는 능력을 말한다. 기술은 의사소통능력이나 의사결정능력, 문제해결능력 등을 포함하며, 사회생활에서 부딪히는 문제를 해결하는 데 매우 중요한 역할을 담당한다. 아무리 사회과학적 지식이 풍부해도 구체적인 기술을 가지고 있지 않으면 문제를 해결할 수 없기 때문이다.

태도(attitudes)는 어떤 대상에 대한 개인의 인지적·정서적·행동적 지향으로, 사람이나 사물, 사건 등에 대해 호불호를 표현하는 것이다. 태도는 사람이나 사물, 사건 등을 긍정적 또는 부정적으로 평가하려는 속성을 가지며, 개인과 환경 사이의 지속적인 관계를 통해 후천적으로 학습되는 것이다. 개인의 태도는 과거부터 현재까지의 다양한 경험이나 타인과의 상호작용, 대중매체 등을 통해 형성된다.

가치(values)는 인간의 욕구를 만족시키는 것으로, 어떤 것이 더 좋은지 또는 더 바람직한지 등을 판단하고 평가하는 기준이다(한면희, 2006). 가치는 개인이 어떻게 행동해야 하는지 말아야 하는지 등을 결정하기 때문에 자신과 타인의 행동을 판단하는 지표가 된다. 가치는 개인의 삶에서 매우 중요한데, 왜냐하면 매일매일 직면하는 여러 가지 문제가 가치와 결부된 선택과 의사결정을 요구하기 때문이다.

2) 목표 진술

목적(goals)은 의도된 수업에 의한 학습결과의 광범위하고 보편적인 진술로서, 교사의 수업에 대한 방향을 제시한다. 즉, 목적은 단기간에 달성될 수 있는 것이 아니라 거의 일생에 걸쳐 달성될 수 있는 것이다(Maxim, 2011). 목적 진술에는 주로 '알다' '이해하다' '평가하다' '즐기다' '믿다'와 같이 포괄적인 동사가 사용된다(Seefeldt et al., 2010). 다른 나라에 대해 아는 것, 지역사회 사람들을 이해하는 것, 집단생활을 즐기는 것 등이 목적 진술의 예다.

목표(objectives)는 학습결과에 대한 명백하고 구체적인 진술로서, 수업을 통해 기대되는 학습결과에 대한 상세한 정보를 제공한다. 목적과 다르게 목표는 행위 동사(action verbs)를 사용하여 진술된다(De Melendez et al., 2000). 행위 동사는 가시적 행위를 나타내는 동사로, 기대되는 학습결과를 관찰 가능한 명시적 행동(overt behavior)으로 나타내는 것이다. '쓰다' '그리다' '자르다' '고르다' '비교하다' '구별하다' '말하다' '질문하다' 등이 행위 동사의 예다.

행위 동사를 사용한 목표 진술을 행동목표(behavioral objectives)라고 한다. '유아가 탑을 쌓을 수 있다' '유아가 색연필을 공유할 수 있다' '유아가 액체를 따를 수 있다' 등이 그 예다. 행동목표는 유아가 달성하는 목표를 가시적 행동으로 나타내기 때문에 행동의 변화를 확인하기가 쉽다는 이점이 있다. 또한 행동목표는 유아가 무엇을 학습해야 하는지, 교사가 무엇을 관찰해야 하는지 등에 대한 정보를 구체적으로 제공한다.

행동목표를 사용하면 구체적인 목표에 근거하여 수업을 평가하게 되므로 교사는 유아가 얼마나 발전하고 있는지를 파악할 수 있다는 장점이 있다. 그러나 행동목표에 따른 수업은 구체적으로 명시된 행동에만 관심을 가지고 다른 행동을 무시할 수 있다는 단점이 제기된다. 따라서 교사는 모든 교수–학습 목표를 행동목표로 진술하기보다는 학습내용에 따라 다양하게 교수–학습 목표를 진술하는 융통성을 발휘하는 것이 필요하다(구광현, 이희경, 김보현, 2012).

3. 교수-학습 활동

교수-학습 목표를 달성하기 위해 교사는 다양한 교수-학습 활동을 조직한다. 즉, 교사는 유아가 학습목표를 달성하기 위해 수업에서 무엇을 할지를 구체적으로 결정하고 단계별로 계획하게 된다. 유아사회과교육의 교수-학습 활동은 유아의 사회과학적 지식과 기술, 태도, 가치 등을 기를 수 있는 것으로 구성된다. 가령 친구에게 고마움을 말할 수 있다는 학습목표를 달성하려면 누가 친구인지, 친구가 왜 소중한지, 친구가 도와줄 때 어떻게 말해야 하는지, 친구의 기분을 어떻게 알 수 있는지 등을 학습내용으로 정할 수 있다. 이를 위해 친구에 관한 동화책을 읽거나 친구의 얼굴을 그리는 등 구체적인 학습활동이 단계별로 계획된다. 수업은 보통 도입, 전개, 마무리 등 세 단계로 조직되며, 활동에 따라 적합한 교수-학습 자료가 다양하게 사용된다. 도입단계에는 동화책이나 동영상, 사진 등으로 유아의 주의를 집중시키고 호기심을 자극하는 활동이, 전개단계에는 유아의 흥미를 유지하면서 적극적 참여를 유도하는 활동이 포함된다. 마무리단계에는 유아가 배운 내용을 적용하거나 확장해 보면서 학습내용을 되새길 수 있는 활동이 포함된다. 따라서 교사는 수업이 원만히 진행되면서 학습목표가 달성될 수 있도록 교수-학습 활동을 조직해야 한다.

1) 활동 선정

교수-학습 목표를 설정한 후 교사는 어떤 주제로 무엇을 통해 목표를 달성할지에 대해 계획한다. 그래서 교사가 교과에 대해 잘 알고 있지 못하면 내용을 철저히 탐색하고 수업을 계획하는 것은 불가능하다. 결국 내용에 대한 탐색이 철저히 이루어진 후 수업이 계획되기 위해서는 무엇보다도 교과에 대한 교사의 풍부한 지식과 폭넓은 경험이 중요하다(Maxim, 2011). 교사는 어떤 주제에 대해 자신이 알고 있는 모든 것을 이용하여 수업을 전개함으로써 유아가 그 주제에 대해 발견할 수 있는 모든 것을 찾아낼 수 있도록 수업을 진행해야 한다.

수업의 주제는 교사와 유아 모두 흥미를 느끼면서 주제와 연관된 교수–학습 자료가 풍부한 것으로 선정되어야 한다. 유아가 즐겨 보는 동화책이나 텔레비전 프로그램은 무엇인지, 유아가 무엇에 매력을 느끼는지, 유아가 무엇을 궁금해하는지, 유아가 흥분하는 것은 무엇인지 등을 먼저 고려한 후, 교사는 교수–학습 자료가 풍부한 것으로 선정해야 한다. 따라서 주제를 선정하는 것은 많은 시간과 에너지를 요구하는 매우 어려운 일이다. 그럼에도 주제가 무엇이냐에 따라 교수–학습의 내용과 활동, 평가 등이 달라지기 때문에 교사는 신중하게 주제를 선정해야 한다.

주제를 선정하고 내용을 탐색한 다음에 교사는 유아가 학습내용을 효과적으로 배울 수 있는 다양한 교수–학습 활동을 마련하게 된다. 교수–학습 활동에는 유아가 생각하고, 탐색하고, 질문하고, 발견하고, 실험하는 등 실제적인 활동이 포함된다. 특히 유아사회과교육의 교수–학습 활동에는 사회과학적 지식과 기술, 태도, 가치 등을 기를 수 있는 활동이 포함된다. 활동은 단지 흥미롭다거나 재미있다는 이유로 선정되는 것이 아니라 목표 달성에 도움이 되는 것으로 선정되는 것이다(Maxim, 2011). 또한 활동 선정에는 유아의 연령이나 발달수준, 물리적 환경 등이 고려되어야 한다. 특히 수업의 효과는 물리적 환경에 따라 좌우되므로 교사는 유아의 학습을 촉진하는 최선의 환경인지 아닌지를 고려해야 한다.

2) 활동 계획

(1) 연간계획

연간계획(annual plan)은 1년간의 교수-학습 활동을 계획한 것으로, 1년 동안 이루어지는 활동에 대한 전체적인 흐름을 파악하는 데 효과적이다. 연간계획은 교사가 필요한 교재나 교구를 미리 준비하여 안정적이고 충실한 수업을 진행하는 데 도움을 준다. 연간계획은 유아의 연령, 계절적 특성, 현장학습이나 부모교육과 같은 유아교육기관의 행사 등을 고려하여 작성되어야 한다(이영자, 이기숙, 이정욱, 2009).

유아사회과교육의 연간계획을 수립할 때는 유아에게 친숙하고 구체적인 것에서 시작하여 점차 유아한테서 멀어지면서 추상적인 것으로 확대해야 한다. 예를 들어, 유아 자신으로 시작하여 가족, 또래, 유아교육기관, 지역사회, 우리나라, 세계, 지구 등으로 점차 확장해 나갈 수 있다(구광현 외, 2012).

〈연간계획안〉

월	교수-학습 목표	교수-학습 활동	행사
3			
4			
5			
6			
7			
8			
9			
10			
11			
12			
1			
2			

(2) 월간계획

월간계획(monthly plan)은 한 달간의 교수-학습 활동을 계획한 것으로, 유아의 생일이나 공휴일, 현장학습 등이 반영되어 구체적으로 작성된다. 연간계획은 유아교육기관 차원에서 진행되는 행사를 고려하는 반면, 월간계획은 학급의 상황을 고려하여 교사가 유연하게 계획하기 때문에 학급 간 공통점보다 차이점이 더 많이 나타난다. 교사가 일정을 구체화하여 수업 준비를 철저히 하려면 월간계획은 적어도 전월 둘째 주에는 작성되어야 한다(이영자 외, 2009). 왜냐하면 현장학습이나 부모교육과 같은 행사의 시기와 장소 등을 조정해야 할 경우가 생기기 때문이다.

유아사회과교육의 월간계획은 연간계획을 바탕으로 이루어지며, 주별로 유아의 교수-학습 활동과 그에 필요한 자료 등이 제시된다. 가령 연간계획안의 6월에 '우리 동네 공공기관이 하는 일을 말할 수 있다.'라는 교수-학습 목표를 설정했다면 이를 달성하기 위해 주별로 교수-학습 목표를 설정하고 그에 맞는 교수-학습 활동을 계획할 수 있다. 교수-학습 활동은 유아의 발달수준과 흥미에 적합하면서 실행 가능성이 있는 것으로 선정되어야 한다.

〈월간계획안〉

월	목표		활동		행사	
주	교수-학습 목표		교수-학습 활동		교수-학습 자료	
1						
2						
3						
4						

(3) 주간계획

주간계획(weekly plan)은 일주일 동안의 교수-학습 활동을 계획한 것으로, 일주일 동안에 이루어지는 모든 활동을 한눈에 살펴볼 수 있는 세부적인 내용이 포함된다. 주간계획은 이전 주 활동에 대한 평가를 바탕으로 다음 주 목표를 고려한 후, 유아의 흥미나 상태, 날씨, 요일별 특성 등을 반영하여 그 주의 목표를 달성하는 데 가장 적합한 활동으로 구성된다(구광현 외, 2012). 예를 들어, 2주의 활동에 대한 평가와 4주의 목표를 고려해서 3주의 요일별 활동이 계획되어야 한다. '우체국에서 하는 일을 열거할 수 있다.'가 3주의 목표이면 이를 달성하기 위해 우체국에 관한 동영상 보기나 우체국 방문하기 등이 요일별 활동에 포함될 수 있다.

유아사회과교육의 주간계획은 월간계획에 제시된 행사가 포함되어야 하며, 요일별로 달성할 교수-학습 목표와 진행할 교수-학습 활동이 구체적으로 명시되어야 한다. 특히 주간계획안에는 교수-학습 활동을 전개하면서 나타날 수 있는 위험상황을 고려하여 지도상의 유의점이 포함되어야 한다. 또한 교수-학습 자료를 언제 어떻게 준비하는지, 누가 현장학습을 지도하거나 도와주는지 등이 명시되어야 한다. 즉, 수업을 철저히 준비함으로써 일어날 수 있는 미연의 사고를 예방할 수 있도록 주간계획안이 작성되어야 한다.

〈주간계획안〉

주	목표	활동		행사	비고	이전 주의 목표	다음 주의 목표
요일	교수-학습 목표			교수-학습 활동	유의점	교수-학습 자료	
월							
화							
수							
목							
금							

(4) 일일계획

일일계획(daily plan)은 하루 동안 유아가 경험하는 모든 활동을 순서대로 계획한 것으로, 교육목표를 달성하기 위한 가장 실천적인 활동을 포함한다. 일일계획에는 동적 활동과 정적 활동, 실내 활동과 실외 활동, 개별 활동과 집단 활동, 교사가 제안한 활동과 유아가 제안한 활동 등이 고르게 배치되어야 한다(구광현 외, 2012). 또한 교사-유아, 유아-유아, 유아-환경 간의 상호작용이 활발히 이루어질 수 있도록 다양한 활동이 포함되어야 한다. 유아가 활동을 탐색하고 선택하고 수행하고 평가하는 등 유아 스스로 자신의 학습에 대한 결정을 내릴 기회가 제공되어야 한다.

특히 유아의 연령에 따라 신체적·심리적 상태가 다르므로 이를 고려하여 시간이 적절히 분배되어야 한다(이영자 외, 2009). 예를 들어, 3세 유아는 5세 유아보다 더 활동적이므로 더 많은 신체활동 시간을 가지는 것이 필요하다. 그러므로 일일계획에는 시간의 흐름에 따른 유아의 상태를 고려하여 목표를 가장 효과적으로 달성할 수 있는 활동이 포함되어야 한다. 더불어 활동의 교육적 효과가 극대화되기 위해서는 활동이 원활히 진행될 수 있는 환경이 구성되어야 한다. 가령 우체국에 관한 동화책을 읽는 활동이 원활히 이루어지려면 우체국에 관한 동화책이 여러 권 준비되어야 한다.

유아사회과교육의 일일계획을 수립할 때 특히 고려해야 할 점은 유아가 일상적으로 반복되는 활동을 통해 올바른 생활습관이 형성될 수 있어야 한다는 것이다(구광현 외, 2012). 사회생활에서 요구되는 기본적인 예절이나 질서, 규범 등은 단시간에 습득되지 않으며 장시간에 걸쳐 여러 번의 반복을 통해 서서히 형성된다. 차례를 지키는 것, 음식을 흘리지 않고 먹는 것, 밖에서 들어오면 손을 씻는 것 등은 반복을 통해 서서히 몸에 배는 것이다. 따라서 교사는 매일 반복되는 일상을 통해 유아가 자연스럽게 사회과학적 지식과 기술, 태도, 가치 등을 습득할 수 있도록 일일계획안을 작성해야 한다.

〈일일계획안〉

요일	목표			활동	
시간	교수-학습 목표	교수-학습 활동		유의점	환경 구성
9:00~9:30					
9:30~10:00					
10:00~10:30					
10:30~11:00					
11:30~12:00					
(하략)					

(5) 단위계획

단위계획(unit plan)은 하나의 주제와 연관된 교수-학습 활동을 계획한 것으로, 실제로 유아교육현장에서 많이 시행되고 있는 수업에 대한 계획이다. 단위(unit)는 한 개의 주제를 중심으로 조직화한 것으로, 낱낱의 정보가 아니라 통합적인 전체의 부분을 말한다. 따라서 단위계획에 따른 교수-학습 활동을 통해 유아는 전체적인 맥락에서 개념을 이해하고 그 개념을 실제 상황에 효과적으로 적용하게 된다

(Seefeldt et al., 2010). 더군다나 단위계획에 의한 수업은 유아가 관심이 있는 주제로 전개되기 때문에 학습동기를 유발하고 학습활동에 대한 적극적인 참여를 유도하는 데 매우 효과적이다.

　단위계획에는 유아의 연령과 주제, 대집단 또는 소집단과 같은 집단구성, 학습내용, 단계별로 걸리는 시간 등이 포함된다. 단위계획의 교수-학습 활동은 일반적으로 도입, 전개, 마무리 등 세 단계로 나뉘어 구성된다(변영계 외, 2007). 도입단계에는 유아의 사전지식이나 경험 등을 확인하고, 학습동기를 유발하며, 학습목표를 제시하는 등의 활동이 포함된다. 전개단계에는 유아가 다양한 교수-학습 자료를 이용하여 학습내용을 이해하면서 학습에 대한 흥미가 유지될 수 있도록 도와주는 활동이 포함된다. 마무리단계에는 유아가 학습활동을 반복함으로써 학습내용을 더 정확히 이해하고, 학습활동을 일상생활의 문제에 적용함으로써 문제를 해결할 수 있도록 하는 활동이 포함된다. 마무리단계에서 교사는 이번 시간에 배운 내용과 관련지어 다음 시간에 배울 내용을 제시하게 된다. 이는 다음 수업에 대해 기대를 하게 함으로써 유아의 흥미를 지속시키는 효과를 거둘 수 있다.

〈단위계획안〉

대상연령				
주제				
집단구성				
교수-학습 목표				
교수-학습 자료				
단계	학습내용	교수-학습 활동	유의점	시간
도입				
전개				
마무리				

제11장

교수-학습 평가

평가를 어떻게 하느냐에 따라 교수-학습의 방향이 달라지기 때문에 평가는 교수-학습에서 중요한 역할을 한다. 평가는 그 자체가 목적이 아니라 수단으로서 수업목표가 얼마나 달성되었는지를 파악하고 학습을 촉진하며 수업을 개선하기 위해 활용된다(구광현, 이희경, 김보현, 2012). 평가는 수업에서 현재 나타나는 문제점을 파악하고 개선함으로써 미래의 교수-학습 활동을 계획하기 위해 사용되는 것이다. 평가는 교수-학습 과정 전반에 걸쳐 이루어지며, 교수-학습 목표의 달성뿐만 아니라 교수-학습 내용의 적합성, 교수-학습 활동의 효율성, 교수-학습 평가의 신뢰성 등에 대한 판단을 내리기 위해 실행된다. 특히 수업을 통해 행동의 가시적 측면과 아울러 내면적 측면도 변화하기 때문에 평가는 행동의 모든 측면에서 나타나는 변화를 파악하는 데 초점을 둔다. 평가의 결과는 다음 수업에 반영되어 새롭게 수업의 방향이 설정되는 데 도움을 제공한다. 평가에 의해 다음 수업의 목표나 내용, 방법 등이 다시 설정되면서 수업의 질이 향상되는 것이다. 그러므로 수업의 질적 향상이 지속해서 이루어지려면 평가가 객관적이고 전면적으로 시행되고 평가결과가 수업에 적극적으로 반영되는 것이 필요하다.

1. 평가의 개념

평가(evaluation)는 수집된 자료를 바탕으로 가치판단이나 의사결정을 하는 과정이다(이형행, 2013). 일반적으로 평가는 사람이나 사물 등의 좋고 나쁨을 따져서 갈피를 잡거나 물건의 값어치를 헤아려서 매기는 것을 말한다. 즉, 평가대상의 장점이나 가치 등을 판단한 후 결정하는 과정이 평가다. 그래서 가치판단을 하는 것이 평가의 핵심이 된다. 평가는 평가대상의 양적 · 질적 특성을 파악한 후 가치판단을 통해 미래의 방향을 설정하는 과정까지 포함한다. 평가하는 이유는 여러 가지인데, 가령 학습자의 선발이나 배치, 프로그램의 구성이나 효과 등을 파악하기 위해 평가가 사용된다. 평가의 질을 높이기 위해서는 평가목적에 맞는 평가도구를 사용하는 것이 중요하다. 평가대상을 얼마나 정확하게 측정하고 있는지, 평가대상의 내용 그 자체를 측정하고 있는지 등이 평가도구를 선택하는 기준이 된다. 신뢰도와 타당도, 객관도, 실용도 등이 평가도구를 판단하는 기준이 되는 것이다. 또한 평가는 그 시기에 따라 진단평가, 형성평가, 총괄평가 등으로 구분되며, 그 기준에 따라 규준지향평가와 준거지향평가로 구분된다. 결국 평가는 평가도구를 사용하여 자료를 수집하고 분석한 후 그 결과를 해석하기까지의 전 과정을 가리킨다.

1) 평가의 방향

유아사회과교육의 평가는 유아가 사회생활에 필요한 사회과학적 지식과 기술, 태도, 가치 등을 얼마만큼 형성하고 있는지를 측정하는 데 초점을 둔다(박찬옥, 서동미, 엄은나, 2015). 교사는 유아가 상황에 맞게 자신의 감정이나 행동을 조절하는지, 갈등상황에서 일어나는 문제를 스스로 해결하려고 하는지 등을 평가한다. 즉, 평가는 유아의 개인적 욕구와 흥미, 발달수준 등에 관한 정보를 제공하는 것이다. 평가를 통해 교사는 유아가 기본적인 사회과학적 지식을 획득하고 있는지, 사회적 기술이나 태도를 긍정적으로 형성하고 있는지 등에 관한 정보를 얻을 수 있다. 또한 지속적인 평가를 통해 교사는 유아의 사회적 기술이나 태도가 어떻게 변화하고 있는지, 사회과학적 지식에 대한 이해가 어떻게 확장되고 있는지 등 발달과정에 대한 정보를 얻을 수 있다.

그러므로 유아사회과교육의 평가는 지식 영역에 치우쳐서는 안 되며 기술과 태도, 가치 영역이 균형 있게 평가되어야 한다(박인현, 2012). 지식 영역의 평가는 사회현상에 대한 기본 개념을 알고 있는지, 문제 해결에 필요한 개념을 습득하고 있는지 등을 측정하는 데 중점을 둔다. 기술 영역의 평가는 사회생활에 필요한 정보를 획득하고 활용하는 능력이 있는지, 합리적 의사결정능력과 문제해결능력이 있는지 등의 측정에 주안점을 둔다. 태도 영역에서는 타인을 배려하고 존중하고 있는지, 문제를 함께 해결하기 위해 타인과 협력하는지 등을, 가치 영역에서는 개인적 요구와 사회적 요구에 비추어 바람직한 가치를 내면화하고 있는지 등을 평가한다.

또한 유아사회과교육의 평가는 교수-학습의 목표와 내용, 방법 등과 일관성이 유지되어야 한다. 유아가 교수-학습 목표를 잘 이해하고 교수-학습 활동에 참여하였는지, 활동에 참여함으로써 유아의 사회적 능력이 향상되었는지, 유아가 습득한 지식을 새로운 상황에 적용하려고 하였는지 등을 평가하는 것이다. 이러한 평가를 통해 교수-학습 목표의 적절성이나 교수-학습 방법의 타당성 등이 평가되고 평가결과가 다음 수업에 반영되어 수업이 개선될 수 있다. 이는 궁극적으로 유아의 전인적 발달을 도모하는 것으로, 평가가 각 유아의 학습과정을 이해하고 성취수준을 높이는 데 기여해야 함을 의미한다.

특히 유아사회과교육의 평가는 행동의 인지적·정의적 측면에서 드러나는 모든 변화를 포함하기 때문에 평가의 시기나 방법 등을 다양하게 시행할 필요가 있다. 왜냐하면 특정 시기에 또는 특정 방법으로 시행되는 평가는 유아의 행동에서 나타나는 모든 변화를 파악할 수 없기 때문이다. 더불어 유아의 행동을 정확히 평가하기 위해서 교사는 부모나 또래 등 유아의 주변 사람들과 의견을 교환하는 것이 필요하다. 교실 안과 밖에서 나타나는 유아의 행동이 다를 수 있으므로 교사는 유아의 행동을 정확히 이해하기 위해서 주변 사람들과의 의견 교환이 필요한 것이다. 평가결과는 교사가 각 유아의 성장과 발달을 이해하고 특성에 맞는 활동을 마련하기 위한 기초 자료로 이용될 수 있다.

2) 평가의 유형

(1) 진단평가

진단평가(diagnostic evaluation)는 교수-학습 과정이 시작되기 전에 시행되는 것으로, 유아의 사전지식이나 경험, 적성, 흥미 등을 파악하고 학습결손을 발견하기 위한 것이다. 진단평가를 통해 유아가 수업하려는 내용에 대해 어느 정도 알고 있는지, 유아의 적성이나 흥미는 무엇인지, 유아의 동기 수준은 어느 정도인지 등이 파악된다. 이렇게 유아의 능력과 특성을 사전에 파악하여 그 결과를 수업 목표나 계획을 수립하는 데 참고하려는 평가가 진단평가다.

진단평가를 통해 교사는 각 유아의 발달수준에 맞는 수업을 계획할 수 있으며, 선수학습의 결핍 정도를 판단하고 예상되는 학습 곤란에 대한 대책을 수립할 수 있다(구광현 외, 2012). 만약 모든 유아가 교사의 질문 중 절반 정도에 답을 한다면 이는 최소한의 준비도 수준에 도달했음을 의미하기 때문에 교사는 원래 계획한 수업을 진행할 수 있다. 그러나 이 기준을 충족하지 못하면 수업목표를 바꾸거나 보충학습을 한 후에 본 수업을 진행하는 등 계획을 바꾸는 것이 필요하다(전숙자, 2007). 진단평가의 결과에 따라 수업의 목표나 내용, 방법 등 수업의 방향이 달라질 수 있는 것이다(박인현, 2012).

(2) 형성평가

형성평가(formative evaluation)는 교수-학습 과정이 진행되는 동안에 이루어지며, 유아의 수업에 대한 이해나 참여 정도를 점검하기 위해 시행된다. 형성평가는 수업의 취약 부분과 유아가 잘못 이해하고 있는 부분을 발견하고 수업 도중에 유아에게 피드백을 주는 등 교수–학습을 개선하기 위한 것이다(전숙자, 2007). 형성평가를 통해 교사는 유아가 학습내용을 잘 이해하고 있는지, 학습활동에 대한 참여 정도는 어떠한지, 교수–학습 방법에서 나타나는 문제점은 무엇인지 등을 파악할 수 있다. 형성평가는 수업목표를 달성하는 데 방해가 되는 요소를 발견하고 이를 해결하기 위한 것이므로 필요에 따라 수업이 진행되는 과정에 수시로 시행될 수 있다.

결국 형성평가를 통해 교재나 교구 등의 적절성을 수시로 확인함으로써 교사는 교수–학습 방법을 개선할 수 있다. 형성평가의 또 다른 특징은 교사 스스로 평가 문항을 간단히 작성하여 유아가 학습내용을 제대로 이해하고 있는지를 확인할 수 있다는 점이다(이종승, 2009). 유아가 무엇을 더 학습해야 하는지, 유아가 학습 도중에 무엇을 빠뜨렸는지 등을 발견하고 피드백을 제공함으로써 교사는 유아의 학습결손을 바로 처치할 수 있다. 이렇게 형성평가는 교정이나 보충의 기회를 제공하기 때문에 유아는 형성평가를 통해 자신감이나 만족감을 느낄 수 있으며, 학습결손이 누적되는 것을 피할 수 있다.

(3) 총괄평가

총괄평가(summative evaluation)는 교수–학습 과정이 끝나는 시점에 시행되며, 교수–학습의 전 과정을 통해 유아가 달성한 학습결과를 총괄적으로 측정하고 평가하는 것이다. 형성평가는 학습의 형성을 돕기 위해 교수–학습을 지원하고 개선하는 데 중점을 두는 반면, 총괄평가는 수업목표의 달성 여부를 파악하여 교수–학습의 효과를 알아보는 데 주안점을 둔다. 형성평가는 유아가 수업목표를 달성하기 위해 학습에 집중하도록 도와주기 위한 것이지만, 총괄평가는 수업의 전 과정에 걸쳐 학습결과가 달성된 정도를 파악하려는 것이다. 또한 총괄평가는 유아의 지식이나 기술, 태도, 가치 등을 전반적으로 파악하고 학습 정도를 부모에게 알리기 위해 사용된다(이종승, 2009).

총괄평가의 결과는 특정 프로그램을 더 지속할지 아니면 종료할지, 더 확장할지 아니면 새로운 프로그램으로 바꿀지 등을 판단하고 결정하는 데 활용된다. 더불어 총괄평가의 결과는 이후 학습의 성공을 예측하는 데 사용된다. 예를 들어, 언어능력이 뛰어나 또래와의 상호작용에서 높은 성취수준을 보여 주었던 유아는 이후에도 사회성 발달이 성공적으로 이루어질 것을 예측할 수 있다. 그러므로 교사는 총괄평가의 결과를 이후 수업의 시발점(starting point)을 정하는 데 참고자료로 이용할 수 있다(이종승, 2009). 1년 동안 유아가 달성한 학습결과를 파악함으로써 교사는 다음 연도의 수업을 어디에서 시작해야 하는가를 가늠하게 되는 것이다.

(4) 규준지향평가

규준지향평가(norm-referenced evaluation)는 상대평가로서 유아의 성취수준을 그가 속한 집단의 규준(norm)에 비추어서 판단하는 것이다. 규준지향평가는 다른 유아보다 얼마나 더 성취했느냐 하는 상대적인 비교를 통해 유아의 성취수준을 판단하는 평가다. 규준지향평가는 유아가 속한 집단을 평가의 기준으로 삼고 그 집단 속에서 유아의 지능이나 적성 등의 상대적 위치를 판단한다(이형행, 2013). 즉, 유아가 무엇을 얼마만큼 성취했는가가 아니라 다른 유아에 비해 얼마나 더 잘했는가를 평가하는 것이다.

그래서 규준지향평가는 유아가 목표를 어느 정도 달성하고 있는지에 관한 정보를 주지 못하면서 지나친 경쟁을 유발한다는 문제점이 있다. 가령 어떤 학급의 성취수준이 매우 높아서 모든 유아가 수업목표를 달성해도 일등부터 꼴등까지 순위가 매겨지기 때문에 유아 간 경쟁이 유발될 수 있다. 또한 모든 유아가 수업목표를 달성하지 못해도 상대적으로 더 잘한 유아와 더 못한 유아가 생기면서 위화감이 조성될 수 있다. 이렇게 유아가 실제로 습득한 지식이나 기술 등과 상관없이 순위로만 유아의 수준을 판단하기 때문에 교수–학습의 질이 떨어질 수 있다는 우려가 제기된다(이종승, 2009).

(5) 준거지향평가

준거지향평가(criterion-referenced evaluation)는 절대평가로서 유아가 주어진 수업목표에 얼마만큼 도달했는지를 측정하는 것이다. 준거지향평가는 다른 유아와 비교하여 얼마나 더 잘했는지 못했는지가 아니라 유아가 알아야 할 지식이나 기술 등을 알고 있는지 모르고 있는지를 판단하는 데 주안점을 둔다. 즉, 다른 유아의 학업성취도와 상관없이 유아가 사전에 설정한 수업목표에 얼마나 도달하였는지를 평가하는 것이 준거지향평가다.

준거지향평가는 유아가 무엇을 얼마나 성취했는가에 관심이 있으므로 학습을 진단하고 형성하는 데 도움을 제공한다. 교수–학습이 이상적으로 이루어졌다면 모든 유아가 수업목표에 도달할 수 있지만, 이러한 경우는 현실에서 거의 발생하지 않는다. 그래서 교사는 준거지향평가를 통해 각 유아가 수업목표를 어느 정도 달성하고 있는지를 확인하고 점검한 후 유아의 학습을 도와줄 수 있다.

준거지향평가의 결과는 수업목표의 달성 여부뿐만 아니라 어떤 자격의 유무를 판단할 때 사용된다(이종승, 2009). 그래서 준거지향평가에서는 성취기준이나 자격기준을 합리적이고 타당하게 설정하는 것이 무엇보다 중요하다. 만약 성취기준이나 자격기준이 지나치게 높거나 지나치게 낮게 설정되는 등 기준에 대한 타당성과 합리성이 모자라면 준거지향평가는 단지 임의 평가에 불과하게 된다. 그러므로 교사는 유아의 연령이나 발달수준 등을 고려하여 수업목표의 성취기준을 합리적으로 설정하는 것이 우선적이다.

2. 평가의 방법

평가방법은 무엇을 평가하느냐에 따라 달라진다. 가령 지식과 같은 인지적 영역을 평가하기 위해서는 단답형이나 선다형과 같은 지필 검사가 이용되지만, 태도나 가치와 같은 정의적 영역을 평가하기 위해서는 면접이나 관찰 등의 방법이 이용된다(전숙자, 2007). 반면에 높은 수준의 지적 능력이나 지식의 습득 정도를 평가하기 위해서는 논술이 이용된다. 그러므로 평가방법을 결정하려면 교사는 우선적으로 자신이 무엇을 평가하고자 하는지를 명확히 해야 한다. 또한 교사는 수업에서 다루지 않은 내용을 평가항목에 포함하지 않도록 해야 한다. 평가는 수업목표의 달성 여부를 파악하고 수업을 개선하기 위한 것이므로 평가항목에는 수업에서 다룬 내용이나 기술 등이 포함되어야 한다. 따라서 교사는 수업에서 다룬 모든 것이 평가되도록 다양한 평가방법을 사용하는 것이 중요하다. 한두 가지 방법으로 교수-학습 과정에서 나타나는 모든 것이 평가될 수 없기 때문이다. 특히 유아사회과교육의 평가에서는 지식이나 기술, 태도, 가치 등이 모두 평가되어야 하므로 평가방법의 다양화가 필수적이다. 유아사회과교육에서 사용되는 평가방법으로 관찰법, 면접법, 투사법, 사회성 측정법, 수행평가 등이 있다.

1) 관찰법

관찰법(observation method)은 유아의 행동을 이해하는 가장 기본적인 방법으로, 교사가 오감을 이용하여 직접 유아의 특성을 살피고 분석하는 방법이다. 관찰법은 지금 여기에서 나타나는 유아의 특성에 대한 자료를 교사가 직접 수집할 수 있는 것이 특징이다. 관찰법은 어떤 현상이나 행동을 있는 그대로 관찰하는 비조직적 관찰과 관찰하려는 장면이나 상황을 관찰목표에 따라 조작하여 관찰하는 조직적 관찰로 구분된다(황해익 외, 2015). 관찰법은 유아의 자발적인 행동을 실제 상황에서 살펴볼 수 있다는 장점이 있으나, 한번 일어난 행동을 다시 관찰하기 어렵고 교사의 주관이 개입될 수 있다는 단점이 있다(구광현 외, 2012). 따라서 교사는 관찰 일시나 장소, 관찰기록 방법 등을 신중히 계획한 후 유아가 의식하지 않도록 관찰해야 한다.

유아사회과교육에서 관찰법은 자주 이용되는데, 왜냐하면 관찰법이 태도나 가치의 평가에 유용하기 때문이다. 지식이나 기술과 달리 태도나 가치는 검사나 면접으로 쉽게 파악되지 않으므로 일상생활에서 자연스럽게 드러나는 행동을 통해 평가되어야 한다. 사회문제의 내용과 성격은 사실상 가치판단의 문제나 가치판단의 차이에서 비롯된 경우가 대부분이다(박인현, 2012). 개인의 잘못된 판단 때문에 심각한 사회문제가 야기될 수 있는 것이다. 그래서 유아가 어떤 사건이나 사람, 사물 등에 대해 어떻게 느끼고 판단하며 행동하는가를 평가하는 것은 매우 중요하다. 특히 유아기에 형성된 태도나 가치가 아동기와 청소년기를 거치면서 굳어지므로 교사는 유아의 태도와 가치를 정확히 평가하는 것이 필요하다. 교사는 유아의 구체적인 행동을 상세히 기록하거나 어떤 행동이 나타나는지 아닌지를 점검하는 식으로 유아의 태도나 가치를 평가할 수 있다.

관찰을 계획할 때 교사는 무엇을 관찰할지, 언제 어디서 관찰할지, 어떻게 관찰할지 등을 고려해야 한다(전남련, 황연옥, 이혜배, 강은숙, 권경미, 2010). 교사는 한번에 유아의 모든 행동을 관찰할 수 없으므로 관찰할 행동이 무엇인지를 먼저 명확히 정해야 한다. 다음으로 교사는 관찰할 행동을 언제 어디서 가장 잘 관찰할 수 있는지를 결정해야 한다. 오전인지 오후인지 또는 교실인지 놀이터인지 등을 파악한 후 관찰 일시와 장소를 선택해야 한다. 마지막으로 관찰한 것을 기록하는 방법을 고려해야 한다. 일반적으로 사용되는 관찰기록 방법에는 이야기 형식, 행동목록 형식, 평정척도 형식 등이 있다. 이야기 형식은 일정한 양식 없이 행동이나 사건을 있는 그대로 기술하는 것이고, 행동목록 형식은 사전에 준비된 표를 사용하여 특정 행동이 나타날 때마다 표기하는 것이다. 평정척도에 의한 기록은 특정 영역의 행동에 대한 판단을 한 후 준비된 척도에 표기하는 것이다.

관찰한 것을 기록할 때 교사가 특히 유의해야 할 점은 실제 관찰된 사실과 교사의 해석을 분명히 구분하는 것이다(전남련 외, 2010). 교사의 주관적 생각이나 느낌 등을 포함하지 않고 직접 관찰한 사실만을 기록함으로써 관찰기록의 객관성이 유지될 수 있어야 한다. 또한 관찰과 거의 동시에 관찰기록이 이루어짐으로써 사실이 정확히 기록될 수 있어야 한다. 녹음기나 비디오카메라와 같은 도구를 이용하여 관찰의 정확도를 높이는 것도 필요하다. 관찰기록에 반드시 포함되어야 하는 사항은 관찰자, 관찰 일시와 장소, 관찰 유아의 이름과 성별, 생년월일, 현재 유아의 연령 등이다. 이렇게 관찰한 것을 기록한 다음에 교사는 행동의 원인이나 유아의 감정 등을 추론한 후 유아의 행동을 평가하게 된다. 즉, 교사는 관찰기록에 근거하여 유아의 행동이 바람직한지 아닌지, 긍정적인지 부정적인지, 발달이 정상적인지 아닌지 등을 평가한다.

2) 면접법

면접법(interview method)은 교사가 유아와 직접 이야기를 나누면서 자료를 수집하는 방법으로, 교사의 질문에 대한 유아의 반응을 분석하는 것이다. 면접은 관찰만으로 얻기 어려운 세세한 정보를 직접적인 만남을 통해 얻을 수 있는 것이 특징이다. 면접법은 그 형식에 따라 구조화 면접(structured interview)과 반구조화 면접(semi-structured interview), 비구조화 면접(unstructured interview) 등으로 구분된다.

구조화 면접은 교사가 미리 준비한 질문을 순서대로 모든 유아에게 질문하는 것으로, 준비된 질문에 대한 답 이외의 다른 답을 얻기 어렵다는 단점이 있다. 비구조화 면접은 사전에 준비한 질문지 없이 교사가 질문 내용을 머릿속에 간직한 채 유아의 반응에 따라 자유롭게 질문의 형식과 내용을 조절하는 것으로, 자료를 분석하는 데 시간이 오래 걸린다는 단점이 있다. 반구조화 면접은 구조화 면접과 비구조화 면접의 장단점을 절충한 것으로, 교사가 미리 준비한 질문지를 사용하되 답변 내용에 따라 질문을 추가하거나 순서를 바꾸는 등 질문의 내용이나 형식에 있어서 융통성을 발휘하는 방법이다. 반구조화 면접은 모든 유아에게 공통적인 질문을 던지면서도 유아의 상태에 따라 유연하게 질문의 내용이나 형식을 바꿈으로써 풍부한 자료를 모을 수 있다는 장점이 있다. 그래서 실제로 반구조화 면접이 가장 많이 사용되고 있다(구광현 외, 2012).

면접법은 현재뿐만 아니라 과거의 사실이나 미래의 계획까지 알아볼 수 있으며, 유아의 태도나 표정을 통해 여러 상황을 파악할 수 있다는 장점이 있다(구광현 외, 2012). 예를 들어, 좋아하는 장난감, 좋아하는 음식, 가지고 싶은 것, 하고 싶은 것, 슬펐던 일, 즐거웠던 일 등을 유아에게 질문함으로써 유아에 대한 자료를 수집할 수 있다. 또한 부모와의 면접을 통해 유아의 감정이나 의지, 습관, 가족관계 등에 관한 정보를 모을 수 있다. 면접을 통해 교사는 유아의 사회과학적 지식이나 기술, 태도, 가치 등이 어떻게 얼마나 형성되어 있는지를 파악할 수 있는 것이다.

그러므로 면접이 성공적으로 이루어지려면 무엇보다도 교사와 유아 사이에 심리적 친밀감이 형성되는 것이 중요하다. 왜냐하면 유아는 편안한 분위기 속에서 자유롭게 자기 생각이나 느낌을 말할 수 있기 때문이다. 교사는 유아의 말을 잘 듣고 적절하게 반응하거나 질문을 다양하게 변화시킴으로써 이야기를 지속하게 하는 것이 필요하다. 더불어 유아의 언어능력이나 인지능력 등에 따라 질문을 이해하는 정도가 다를 수 있으므로 교사는 질문을 정확하고 명료하게 던지는 것이 필요하다(박찬옥 외, 2015).

3) 투사법

투사법(projective method)은 직접적 질문이 아니라 단어나 문장, 이야기, 그림과 같은 간접적 자극에 유아의 신념이나 감정 등이 투사되도록 하는 방법이다. 투사(projection)는 무의식적 충동이나 감정, 생각, 태도 등을 다른 대상에 투사시킴으로써 긴장감을 해소하려는 일종의 방어기제다. 투사는 자아가 위협받는 상황에서 자신의 감정이나 동기를 타인에게 전가함으로써 감정적 상처로부터 자신을 보호하려는 심리적 상태나 행동을 말한다. 어떤 사람이 미워서 해치고 싶을 때 자신의 증오심을 그 사람에게 떠넘겨 그 사람이 자신을 미워서 해칠지도 모른다고 생각하는 것이 그 예다. 즉, 투사법은 비구조적 또는 모호한 자극을 제공하고 그에 대한 유아의 반응을 분석함으로써 유아의 잠재적 욕구나 심리적 특성 등을 파악하는 방법이다(구광현 외, 2012).

투사법은 유아의 태도나 동기, 의견, 성격, 행동 등을 파악하는 데 유용하며, 특히 직접적 질문에 대한 유아의 응답이 피상적이거나 왜곡되어서 유아의 심리적 상태나 욕구 등이 정확히 나타나지 않을 때 매우 효과적이다. 왜냐하면 유아가 자유롭고 편안한 분위기에서 부담 없이 즐겁게 반응함으로써 진솔하게 자기 생각이나 느낌을 표현할 수 있기 때문이다. 더군다나 유아는 언어능력이 미숙하여 자신의 의견이나 감정을 말로 표현하기에는 아직 부족한 상태여서 유아의 태도나 가치 등을 평가하는 데 투사법이 매우 효과적이다. 가령 사람이나 집, 나무 등을 그리게 하고, 그림을 분석함으로써 그림에 나타난 유아의 심리적 상태를 파악할 수 있다. 그러나 투사법은 자료 분석을 위해 경험이 풍부한 전문가의 도움을 받아야 하므로 비용이 많이 든다는 단점이 있다.

4) 사회성 측정법

사회성 측정법(sociometry)은 사회적 관계를 양적으로 측정하는 방법으로, 집단 내에서 유아의 사회적 위치나 집단구성원 간의 상호작용 방식, 집단의 응집력 등을 파악하기 위해 사용되는 방법이다. 사회성 측정법은 한 유아가 다른 유아에 의해 어떻게 인식되고 받아들여지는가를 평가하면서 집단 내의 역동적 관계를 이해하고 사회적 관계에 대한 자료를 수집하는 방법이다(황해익, 2010). 이는 모레노 (Jacob L. Moreno)에 의해 개발된 것으로, 집단구성원 사이에 존재하는 보이지 않는 신념이나 동맹, 합의 등 집단의 숨겨진 구조를 파악하는 데 이용된다. 예를 들어, 같이 앉고 싶은 사람, 같이 공부하고 싶은 사람, 같이 일하고 싶은 사람 등을 유아가 선택하게 한 후, 가장 많이 선택된 유아는 중앙에, 가장 적게 선택된 유아는 주변에, 이외의 유아는 선택된 정도에 따라 중앙과 주변 사이에 놓음으로써 집단 내의 사회적 관계를 파악할 수 있다.

사회성은 주로 사회도(sociogram)를 이용하여 분석된다. 사회도는 집단구성원을 표시하는 기하학적 도형과 이 도형을 연결하는 여러 가지 종류의 선으로 이루어지며, 집단구성원 간의 선택과 배척에 대한 정보를 포함한다. 선택의 화살을 많이 받는지, 배척의 화살을 많이 받는지, 어떤 화살도 받지 못하는지 등으로 유아의 사회적 위치나 집단 내 사회적 관계 등을 파악할 수 있다. 사회도는 모레노가 처음 사용한 이후로 여러 연구자에 의해 다양하게 변형되고 있는데, 예컨대 선택과 배척뿐만 아니라 집단의 응집성과 집단 내 개인의 지위와 역할 등을 보여 주는 사회도가 사용되고 있다. 사회도에 의한 사회성 분석은 매우 간단한 도형으로 나타나기 때문에 직관적으로 집단의 구조적 특성이나 관계를 파악할 수 있다는 장점이 있다.

사회성 측정법은 각 유아의 사회성 발달 정도를 파악할 때, 집단에 잘 적응하지 못하는 유아를 발견하고 그 원인과 대책을 마련할 때, 새로운 집단을 조직하거나 기존 집단의 구조를 재구성할 때 효과적으로 사용될 수 있다. 특히 사회성 측정법

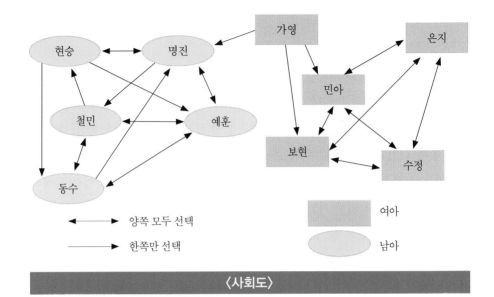

〈사회도〉

은 반사회적 행동을 일삼거나 사회적 기술이 부족한 유아를 조기에 발견하고 바람 직한 사회적 행동을 습득하도록 도와주는 데 효과적인 방법이다. 이런 유아는 또 래와의 상호작용에 주의를 기울이지 않고 사회적으로 적절한 행동양식을 배우지 못해서 또래로부터 싫어한다는 지명을 많이 받기 때문이다. 그러나 사회성 측정법 은 자료를 분석할 때 교사의 주관이 개입될 가능성이 크다는 단점과 유아의 수가 많을 때는 사회도를 만드는 것이 매우 복잡하고 어려워서 사용하기 어렵다는 단점 이 있다.

5) 수행평가

(1) 수행평가의 개념

수행평가(performance assessment)는 유아 스스로 자신의 지식이나 기술 등을 나 타내게 하는 방법으로, 자신이 알고 있는 지식이나 기술로 직접 결과물을 만들거 나 행동으로 표현하도록 한 다음 이를 평가하는 것이다(이종승, 2009). 여기서 행동은 단순히 신체를 움직이는 것이 아니라 말하고, 듣고, 읽고, 쓰고, 만들고, 계획하고, 준비하는 등 자신의 지식이나 기술, 태도, 가치 등을 드러내기 위한 모든 활동을 의미한다. 수행평가는 유아가 습득한 지식이나 기술 등을 실제 상황에서 얼마나 잘 수행하는지, 어떻게 수행하는지 등을 평가함으로써 학습과제를 수행하는 과정뿐만 아니라 그 결과를 통해 드러나는 유아의 지식이나 기술, 태도, 가치 등을 판단하는 방법이다. 그러므로 수행평가는 지식이나 기술 등에 의한 결과물과 아울러 교수-학습 과정에서 보이는 유아의 모든 행동에 초점을 둔다.

수행평가는 구체적인 상황에서 유아가 실제로 행동하는 과정이나 결과를 평가함으로써 유아의 창의력과 문제해결능력 등을 기르기 위한 것이다. 그래서 수행평가는 결과나 성취 중심의 평가가 아니라 과정 중심의 평가를 지향하며(최호성, 2009), 교수-학습 과정에서 일어나는 다양한 상호작용을 중시한다. 수행평가는 교사와 유아, 유아와 유아 간의 역동적 관계를 통해 수업을 개선하고 학습을 증진하는 데 중점을 둔다. 그러므로 수행평가는 단순히 하나의 평가방법이 아니라 정보화·세계화 시대를 맞이하여 과거 교육평가에서 나타났던 문제점을 극복하고 앞으로 나아갈 방향을 제시하는 새로운 관점이다. 즉, 수행평가는 학습자의 선발과 배치에 치중하여 수업의 질적 개선에 기여하지 못했던 과거 교육평가의 문제점을 극복하고, 학습자 스스로 지식을 구성함으로써 전인적 발달을 도모할 수 있도록 도와주는 것이다.

특히 유아사회과교육에서 수행평가는 필수적인데, 왜냐하면 수행평가를 통해 유아의 지식이나 기술, 태도, 가치 등이 전반적으로 평가될 수 있기 때문이다. 사회과교육은 단지 지식을 알고 있는 것이 아니라 지식을 실생활에 응용하여 당면한 문제를 해결하는 것을 강조한다. 따라서 유아사회과교육은 문제를 해결하거나 의사를 결정하는 과정에서 나타나는 유아의 지식이나 기술, 태도, 가치 등을 평가하고자 한다. 예를 들어, 말하는 기술은 여러 사람 앞에서 말하는 것으로, 그리는 기술은 직접 친구의 얼굴을 그려 보는 것으로 평가하는 식이다. 유아사회과교육은 결과보다 과정에 관심이 있으므로 결과나 성취 중심의 기존 평가방법이 아닌 과정

중심의 새로운 평가방법을 요구한다. 결국 수행평가는 유아사회과교육의 요구에 맞는 평가방법으로서 현재 교육현장에서 광범위하게 사용되고 있다.

(2) 수행평가의 유형

수행평가의 유형에는 논술검사, 구술시험, 실기시험, 포트폴리오(portfolio) 평가, 자기평가(self-evaluation), 동료평가(peer evaluation) 등이 포함된다. 이러한 유형은 새롭게 개발된 것이 아니라 과거부터 존재한 것이지만, 창의력이나 문제해결능력 등이 최근에 중요시되면서 다시 강조되고 있다(이종승, 2009). 특히 각 유형은 학습자 개개인의 전인적 발달과 교수-학습 개선에 기여하는 정도에 따라 수행평가에 가깝거나 멀 수가 있다. 가령 실기시험이 자연스러운 상황이 아닌 강압적이거나 통제적인 상황에서 시행되면 수행평가에서의 실기시험이 아니라 기존 실기시험에 지나지 않는 것이다. 즉, 각각의 유형은 어떻게 활용되느냐에 따라 수행평가가 될 수도 있고 그렇지 않을 수도 있다. 유아사회과교육에서는 사회과교육과 유아의 특성을 고려하여 포트폴리오 평가가 가장 광범위하고 빈번하게 이용되고 있다.

포트폴리오는 원래 서류철이나 자료 묶음 등을 뜻하는 것으로, 그림이나 글짓기, 연구보고서, 실험보고서 등이 포함된다. 포트폴리오 평가는 학습자가 직접 쓰거나 만든 작품을 지속해서 모아 놓은 작품집을 이용한 평가방법이다(전숙자, 2007). 포트폴리오에는 장시간에 걸쳐 이룩한 학습자의 경력이나 이력 등이 담겨 있으므로 학습자의 발달과정을 한눈에 살펴볼 수 있는 것이 특징이다. 즉, 포트폴리오는 여러 가지 영역에서 학습자가 어떠한 노력을 했고, 어떻게 발전하였으며, 무엇을 성취하였는지 등을 보여 준다(Maxim, 2011). 포트폴리오를 통해 학습자는 자기 자신의 변화 과정뿐만 아니라 장점이나 단점, 성실성, 가능성 등을 알 수 있으며, 교사는 학습자의 과거와 현재 상태를 파악하고 미래에 대해 조언해 줄 수 있다. 포트폴리오 평가는 단편적이고 일회적이 아니라 종합적이고 지속적으로 학습자를 평가하는 방법이다(최일선, 조윤주, 2010).

포트폴리오 평가는 여러 가지 장점에도 불구하고 많은 시간과 공간이 필요하다는 단점이 있다. 교사가 유아의 작품을 수집하고 분석하는 데 너무 많은 시간과 에너지를 소모한다는 것과 유아의 작품을 보관하는 데 많은 공간이 필요하다는 것이 단점으로 제기된다(최일선, 조윤주, 2010). 또한 자료를 수집하고 분석하는 데 교사의 주관적 판단이 개입됨으로써 같은 유아에 대해서도 교사마다 다른 자료를 수집하여 다르게 평가할 수 있다. 특히 교사가 포트폴리오에 무엇을 넣고 어떤 식으로 조직하며 어떻게 활용할 것인지를 분명히 정하지 않고 자료를 모으면 포트폴리오가 단지 유아의 작품을 모아 놓은 자료 묶음에 머물 수 있다. 즉, 포트폴리오에 포함될 수 있는 자료인 관찰기록이나 면담기록, 건강기록, 유아의 활동과 작품 사진, 평정척도, 작업 표본 등이 단순히 모여 있는 자료 묶음이 될 수 있는 것이다.

따라서 포트폴리오가 단순한 자료 묶음이 아니라 유아의 전인적 발달을 도모하는 평가도구로 사용되려면 교사가 포트폴리오 평가를 하는 이유를 분명히 이해하는 것이 필요하다. 이러한 이해를 바탕으로 포트폴리오 평가를 시행하기 전에 교사는 포트폴리오에 무엇을 넣고 어떤 식으로 조직하며 어떻게 활용할 것인가를 정해야 한다. 왜냐하면 포트폴리오에 포함되는 자료는 유아의 연령이나 발달수준, 평가용도 등에 따라 매우 다양해질 수 있기 때문이다. 또한 포트폴리오는 그 내용이 어떻게 구성되어 있느냐에 따라 그 특성이 달라지기 때문이다. 가령 신체발달, 인지발달, 사회정서발달 등과 같은 발달 영역에 따라 포트폴리오가 구성될 수 있으며, 건강생활이나 사회생활과 같은 생활 영역에 따라 포트폴리오의 내용이 구성될 수 있다. 더불어 포트폴리오 평가의 타당성과 신뢰성을 높이기 위해 교사는 평가의 절차와 방법 등을 체계화하고 객관적으로 평가하는 것이 필요하다(최일선, 조윤주, 2010). 포트폴리오 평가를 하는 이유를 분명히 하고, 평가 기준을 정하고, 자료를 수집할 시기를 정하고, 수집할 자료의 항목을 정하고, 자료를 수집한 후 정리하여 보관하고, 평가 기준에 근거하여 자료를 분석하는 등 절차에 따라 체계적으로 포트폴리오 평가를 시행해야 한다.

유아사회과교육에서 포트폴리오 평가는 유아가 수집한 자료에 의해 시행될 수도 있다. 교사가 유아에 대해 수집한 자료가 아니라 유아 스스로 수집한 자료를 교사가 분석하여 평가할 수 있는 것이다. 예를 들어, 교사는 친구에 관한 수업을 한 후 유아가 자신이 좋아하는 친구와 관련된 자료를 모으고 정리하여 포트폴리오를 만들게 하고 이를 평가할 수 있다. 마찬가지로 교사는 우리 가족, 우리 동네, 우리나라 등에 관한 수업을 한 후 유아가 그에 관한 자료를 모아서 포트폴리오를 만들게 할 수 있다. 교사는 내용이 어떻게 구성되어 있는지, 수집한 자료가 다양한지, 수집한 자료가 조직적으로 묶여 있는지, 다른 사람의 흥미를 유발하는지 등의 평가 기준에 따라 유아의 포트폴리오를 평가할 수 있다.

더 나아가 유아가 만든 포트폴리오를 이용하여 교사는 자기평가를 시행할 수 있다. 자기평가는 학습자 스스로 수업목표에 근거하여 자신의 교수-학습 활동이나 학습결과를 평가하는 것이다. 자기평가는 자신이 사용한 학습방법이나 성실성, 만족도, 성취수준, 성공 가능성 등에 대해 학습자 스스로 생각하고 반성해 보도록 하는 것이 특징이다(전숙자, 2007). 교사는 자신의 평가와 학습자의 자기평가를 비교하고 분석함으로써 자신이 행한 학습자에 대한 평가가 타당한지를 살펴볼 수 있다. 포트폴리오를 이용하여 자기평가를 시행하는 경우, 유아는 자신이 만든 포트폴리오를 보면서 무엇이 더 들어가면 좋은지, 순서를 어떻게 바꾸면 좋은지 등을 자기 자신에게 질문하고 스스로 답을 찾게 된다. 자기평가를 통해 유아는 성취감이나 만족감을 느끼고, 자신의 장단점을 발견하면서 자신을 스스로 조절하는 방법을 배우게 된다. 그러므로 교사는 포트폴리오 평가에 이어서 자기평가를 시행함으로써 평가의 교육적 효과를 극대화할 수 있다.

제4부

유아사회과교육의
실천

제12장

모형에 따른 교수-학습

　교수-학습 모형은 수업목표를 달성하기 위해 가장 적합한 수업 내용과 방법, 자료 등을 체계화하여 설계한 것이다. 따라서 교수-학습 모형에 따라 수업을 전개하는 것은 학습자와 교육환경의 특성을 고려하여 체계적으로 수업이 이루어짐을 의미한다. 교수-학습 모형은 보통 5~6개로 수업의 단계가 세분되어 있으며, 단계에 따른 학습내용과 교수-학습 활동, 자료, 유의점 등으로 구성된다. 각 단계에서 교사가 할 일과 학습자가 할 일이 구분되어 있어서 단계별로 교사와 학습자가 무엇을 어떻게 해야 하는지가 구체적으로 드러나 있다. 교수-학습 모형에 따른 수업의 경우, 교사는 조직적으로 수업을 준비하고 예상되는 문제점을 미리 예방할 수 있어서 시행착오를 줄이고 성공적으로 수업을 진행할 수 있다. 그래서 초·중·고 사회과교육에서는 교수-학습 모형에 따라 수업을 전개하는 것이 일반적이다. 하지만 유아교육현장에서는 아직 교수-학습 모형에 따른 수업이 잘 이루어지지 않고 있다. 왜냐하면 유아교육이 아직 공교육의 범주에 포함되지 못하고 있기 때문이다. 향후 유아교육의 공교육화가 이루어짐에 따라 교수-학습 모형에 따른 수업이 유아교육현장에서 광범위하게 이루어질 것으로 전망된다.

1. 문제해결학습모형

문제해결학습모형은 일상생활에서 제기되는 문제를 해결하는 데 효과적인 교수-학습 모형으로, 경험 중심 교육과정에서 중요시하는 유아의 일상적인 사건이나 경험을 주로 다룬다(박은종, 2014). 문제해결학습모형은 문제를 해결하는 과정을 중시하기 때문에 유아가 지식이나 개념을 단순히 수용하는 것이 아니라 자신의 관점에서 재구성할 수 있도록 기회를 제공하는 데 중점을 둔다. 문제해결학습에서 문제는 학문적인 것이 아니라 일상적인 것이기 때문에 교사는 최소한으로 개입하여 유아 스스로 문제를 해결하도록 도와주어야 한다. 예를 들어, 놀이터에서 시소를 탈 때마다 여러 명의 유아가 몰려들어 오래 기다려야 하는 문제를 유아가 제기하면 교사는 문제해결학습을 통해 유아의 문제 해결을 도와줄 수 있다. 문제해결학습모형은 일상의 문제를 해결하기 위한 것이므로 실생활의 바탕이 되는 경제생활과 밀접하게 연관된다. 생산, 분배, 소비 등의 경제활동 없이 단 하루도 살 수 없으므로 경제생활이 일상생활의 가장 기본이 되는 것이다. 이 외에도 정치생활이나 문화생활 등 일상생활의 다양한 측면에서 제기되는 문제를 해결하는 데 문제해결학습모형이 효과적으로 이용되고 있다.

1) 교수-학습

문제해결학습모형에 따른 수업에서 교사는 유아에게 인지적 갈등을 유발하는 문제 상황을 제시하는 것이 무엇보다도 중요하다. 인지적 갈등은 어떤 사건이나 상황에 대해 기존 도식으로 이해가 되지 않을 때 발생하는 것으로, 인지적 갈등을 통해 평형화에 도달하는 동안이 학습이 일어날 수 있는 최적의 시기가 된다. 왜냐하면 인지구조가 안정되기 위해 상당한 동요가 일어나면서 학습의 효과가 가장 크게 나타나기 때문이다(김승희, 2015). 따라서 교사는 단순히 유아의 관심을 끌기 위해서가 아니라 유아의 인지적 갈등을 유발하기 위해서 교수-학습 자료를 제시하는 것이 필요하다.

또한 교사는 유아가 문제 상황이 벌어진 이유에 대해 자유롭게 이야기하고 문제의 원인에 대한 가설을 수립할 수 있도록 개방적인 분위기를 조성해야 한다. 특히 일상생활에서 부딪히는 문제는 하나의 정답에 의해 쉽게 해결되지 않으며, 문제를 어떻게 바라보느냐에 따라 다양한 해결방안이 제시될 수 있다(최용규, 정호범, 김영석, 박남수, 박용조, 2014). 그러므로 교사는 유아가 여러모로 문제를 바라보면서 가설을 설정하고 다양한 방법으로 자료를 수집할 수 있도록 도와주어야 한다. 모둠별로 문제해결방안을 마련할 때도 교사는 모든 유아가 자신의 의견을 개진하고 다른 유아의 의견을 경청하도록 주의를 기울여야 한다.

문제해결학습모형의 절차와 논리는 탐구학습모형과 비슷하지만, 모형을 적용하는 수업의 주제나 내용 등에서 차이가 난다(박은종, 2014). 탐구학습모형은 학문 중심 교육과정에서 중시하는 학문이나 지식의 구조, 예컨대 이론이나 법칙, 개념 등을 주로 다루지만, 문제해결학습모형은 경험 중심 교육과정에서 중시하는 유아의 일상경험을 주로 다룬다. 따라서 문제해결학습에 따른 수업에서 유아는 문제해결방안을 마련하는 것뿐만 아니라 그 방안을 실천하기 위한 계획을 세우게 된다. 실천하는 과정에서 예상되는 부작용이나 어려움 등을 논의하면서 유아는 실천을 위한 구체적인 계획을 세우는 것이다. 결국 문제해결학습모형은 유아가 일상적으로 자신의 문제를 해결할 수 있도록 하는 데 기여하는 교수-학습 모형이다.

2) 수업 예시

대상연령	3세
주제	음식물 쓰레기
교수-학습 목표	토의를 통해 음식물 쓰레기 줄이는 방안을 마련할 수 있다.
교수-학습 자료	동영상, 사진

단계		학습내용	교수-학습 활동		유의점
			교사	유아	
도입	문제 상황 제시	먹지 않고 버리는 음식물이 많다는 사실을 안다.	급식실의 음식 찌꺼기 통에 담긴 음식물을 사진이나 동영상을 통해 보여 주면서 문제 상황을 제시한다.	먹지 않고 버리는 음식물이 많다는 사실을 알고 자신의 경험에 관해 이야기한다.	음식물을 버린 경험에 대해 솔직하게 이야기할 수 있도록 격려한다.
	문제 공감	음식물 쓰레기가 쌓이는 것이 문제라는 데 공감한다.	음식물 쓰레기가 쌓이면 어떻게 될지 질문한다.	음식물 쓰레기가 계속 쌓이면 어떻게 될지 이야기한다.	음식물 쓰레기가 쌓여 있는 사진이나 동영상을 보여 준다.
전개	문제 확인	음식물 쓰레기가 쌓이는 이유를 생각한다.	음식물 쓰레기가 쌓이는 이유에 대해 질문한다.	음식물 쓰레기가 쌓이는 이유에 관해 이야기한다.	유아가 다양하게 이유를 생각할 수 있도록 도와준다.
	가설설정	음식물 쓰레기가 쌓이는 원인을 파악한다.	음식물 쓰레기가 쌓이는 원인에 대한 가설을 설정할 수 있도록 도와준다.	모둠별로 음식물 쓰레기가 쌓이는 원인에 대한 가설을 설정한다.	많은 가설이 나올 수 있도록 충분한 시간을 제공한다.

	정보수집	가설을 검증하기 위한 정보를 수집한다.	정보를 모을 수 있는 다양한 방법을 소개한다.	친구나 가족, 이웃 등에게 음식물 쓰레기가 쌓이는 원인에 대해 질문하면서 정보를 모은다.	유아의 발달수준에 맞는 정보수집 방법을 제시한다.
	대안제시	음식물 쓰레기를 줄일 방안을 마련한다.	음식물 쓰레기를 줄일 방안에 대해 토의할 수 있도록 개방적인 분위기를 조성한다.	모둠별로 음식물 쓰레기를 줄일 방안에 대해 토의한다.	모든 유아가 토의에 참여할 수 있도록 주의를 기울인다.
마무리	실천계획 수립	음식물 쓰레기를 스스로 줄일 방안을 마련한다.	각자 음식물 쓰레기를 줄이는 방안을 마련하도록 한다.	음식물 쓰레기를 줄이기 위한 실천계획을 세운다.	모든 유아가 나름의 방식으로 계획을 세울 수 있도록 도와준다.
	정리	음식물 쓰레기를 줄일 수 있음을 이해한다.	자신의 실천계획을 발표할 수 있도록 도와준다.	자신의 실천계획에 대해 발표한다.	각 유아가 발표하는 내용이 겹치더라도 끝까지 말할 수 있도록 격려한다.

2. 발견학습모형

발견학습모형은 소크라테스(Socrates)의 문답법(question and answer method)에 기원을 둔 교수-학습 모형으로, 언어적 상호작용을 중시하는 것이 특징이다(권낙원, 김동엽, 2006). 문답법은 교사의 질문과 유아의 응답으로 전개되며, 유아 스스로 원리를 발견하면서 사고를 확장하도록 도와주는 방법이다. 문답법은 어떤 형식에 얽매이지 않고 상황에 따라 적절히 활용할 수 있다는 장점 때문에 여러 형태의 수업에서 부가적으로 사용되고 있다(한면희, 2006). 교사의 질문은 유아가 미처 생각하지 못한 것을 생각하게 함으로써 유아의 사고를 자극하기 때문에 유아의 적극적이고 능동적인 참여를 유도한다. 교사의 질문에 답하고 다시 질문하고 답하는 등 교사와의 활발한 언어적 상호작용을 통해 유아는 스스로 문제를 해결할 수 있게 된다. 이러한 문답법에 기원을 둔 발견학습모형은 1957년에 발사된 스푸트니크에 충격을 받은 미국에서 당시의 경험 중심 교육과정을 비판하면서 등장하게 되었다(이홍우, 2015). 그래서 발견학습모형은 흥미나 경험보다 지식이나 학문을 강조한다. 또한 발견학습모형은 유아가 사물이나 현상의 원리를 스스로 발견할 때 느끼는 발견의 희열에 중점을 둔 교수–학습 모형이다.

1) 교수–학습

발견학습모형에 따른 수업은 언어적 상호작용을 통해 유아 스스로 규칙성이나 원리를 발견하게 하는 데 주안점을 두기 때문에 교사는 상황에 맞는 다양한 질문을 던지는 것이 중요하다. 질문은 사고를 자극하기 때문에 언제 어떻게 질문하느냐에 따라 효과가 달라진다. 따라서 교사는 질문의 목적과 이유를 명확히 하고 수업의 단계에 따라 적절한 질문을 던져야 한다. 도입단계에서는 유아의 주의를 집중하고 흥미를 유발하기 위해서, 전개단계에서는 유아의 사고를 확장하기 위해서, 마무리단계에서는 유아에게 학습내용을 재검토하고 수정할 기회를 주기 위해서 질문한다. 또한 교사는 유아의 창의적 사고를 자극하기 위해서 "지금까지 생각한 것과 어떻게 다르니?" "새로운 것은 무엇이니?" 등의 질문을, 비판적 사고를 자극하기 위해서 "그건 믿을 수 있니?" "서로 이상한 것은 없니?" 등의 질문을 던질 수 있다(박인현, 2012).

발견학습모형에 따른 수업은 유아가 스스로 규칙성이나 원리를 발견하면서 이루어지므로 유아의 적극적이고 능동적인 참여가 요구된다. 즉, 교사가 제시하는 몇 가지 자료로부터 규칙성이나 원리를 스스로 발견하기 위해서는 유아의 적극성과 능동성이 필요한 것이다. 유아는 자료에서 나타나는 이상한 점이나 궁금한 점 등을 수시로 질문함으로써 사고를 확장하고 원리를 발견할 수 있다. 그래서 성공적인 발견학습을 위해서는 유아에게 생각할 수 있는 충분한 시간이 주어져야 한다. 왜냐하면 유아 스스로 원리를 발견하면서 개념을 형성하려면 시간이 오래 걸리기 때문이다. 이렇게 오랜 시간 동안 고민하면서 유아는 개념을 형성하기 때문에 발견학습을 통해 형성된 개념은 장기성과 지속성을 띤다. 또한 발견학습모형에 따른 수업이 성공적이려면 유아의 발달수준에 맞는 자료가 제시되어야 한다. 유아의 발달수준보다 너무 높거나 낮은 수준의 자료는 유아의 지적 호기심을 자극하지 못하여 유아의 학습동기를 유발하지 못하기 때문이다.

2) 수업 예시

대상연령	4세			
주제	문화유산			
교수-학습 목표	우리 동네 문화유산에 관심을 가지고 공통점을 발견할 수 있다.			
교수-학습 자료	동영상, 사진, 동화책			

단계		학습내용	교수-학습 활동		유의점
			교사	유아	
도입	동기유발	우리 동네에 대해 안다.	우리 동네 사진이나 동영상을 보여 주면서 가 본 곳에 대해 질문한다.	자신이 가 본 곳에 관해 이야기한다.	자유롭게 이야기할 수 있는 분위기를 조성한다.
	자료제시	우리 동네 문화유산에 대해 안다.	우리 동네의 문화유산을 사진이나 동영상으로 보여 주면서 공통점에 대해 질문한다.	우리 동네 문화유산에 대해 관심을 가진다.	가장 최근의 사진이나 동영상을 보여 주도록 한다.

전개	가설설정	문화유산의 공통점을 이해한다.	모둠별로 공통점에 대한 가설을 설정할 수 있도록 도와준다.	모둠별로 가설을 설정한다.	유아 수준에서 가설을 설정할 수 있도록 도와준다.
	자료수집	우리 동네 문화유산에 대해 이해한다.	우리 동네 문화유산과 관련된 동화책을 소개한다.	우리 동네 문화유산과 관련된 동화책을 탐색한다.	다양한 동화책을 준비한다.
	탐색	문화유산의 공통점을 발견한다.	문화유산의 공통점을 찾도록 도와준다.	모둠별로 문화유산의 공통점을 찾는다.	활발한 사회적 상호작용을 통해 공통점을 찾도록 도와준다.
	자료제시	다른 동네의 문화유산에 대해 안다.	다른 동네의 문화유산에 관한 자료를 제시한다.	다른 동네의 문화유산을 탐색한다.	다양한 자료를 제시한다.
마무리	일반화	우리 동네와 다른 동네 문화유산의 공통점을 이해한다.	우리 동네와 다른 동네 문화유산의 공통점을 찾도록 도와준다.	우리 동네와 다른 동네 문화유산의 공통점을 발견한다.	질서 있게 자기 의견을 말할 수 있도록 격려한다.
	정리	문화유산의 공통점을 이해한다.	문화유산의 공통점을 자신감 있게 발표하도록 격려한다.	문화유산의 공통점을 말한다.	모든 유아에게 발표할 기회를 제공하고 경청할 수 있도록 한다.

3. 탐구학습모형

탐구학습모형은 학문 중심 교육과정이 등장한 이후로 교수-학습 모형의 대명사로 간주할 만큼 교육현장에서 중요하게 다루어지고 있다(전숙자, 2007). 탐구학습모형은 유아가 문제를 제기하고 객관적 관찰과 판단에 근거하여 문제를 해결하

는 과정으로, 유아가 탐구과정을 통해 비판적 사고력과 문제해결능력을 기르도록
하는 데 초점을 둔다. 탐구학습모형에서 교사는 유아가 문제 제기, 가설설정, 자료
수집, 자료분석, 결론 도출 등의 단계를 거치면서 문제를 해결할 수 있도록 도와주
어야 한다. 따라서 탐구학습모형에 따라 수업을 진행할 때는 교사가 수업의 계획
을 철저히 세우는 것이 무엇보다 중요하다. 교사는 수업목표를 분명히 하고, 수업
목표가 가설을 검증하는 것임을 단계마다 강조함으로써 수업이 일정한 방향으로
진행하도록 해야 한다. 또한 교사는 다양한 질문을 던짐으로써 유아가 가설을 검
증하는 과정에서 수집한 자료를 단편적으로 이해하지 않도록 도와주어야 한다. 교
사는 유아가 충분한 자료를 효과적으로 수집할 수 있도록 다양한 교수–학습 자료
를 제공하고 협동학습이나 현장학습 등 다양한 교수–학습 방법을 사용하는 것이
중요하다. 특히 유아가 어떤 결론을 도출하여도 당당하게 자신의 결론을 발표할
수 있는 분위기를 조성하는 것이 중요하다.

1) 교수–학습

탐구학습모형에 따른 수업은 유아 중심으로 이루어지기 때문에 교사는 유아가
문제를 제기하고 탐구하도록 도와주는 촉진자의 역할을 수행한다. 촉진자로서 교
사는 유아의 지적 호기심을 자극하고 학습동기를 유발할 수 있도록 다양한 질문
을 제공해야 한다. 또한 교사는 유아가 문제 상황에 따라 여러 가지 방법으로 문제
를 해결할 수 있도록 다양한 교수–학습 자료를 제시해야 한다(박은종, 2014). 교사
는 유아가 용어의 의미를 정확히 알고 사용할 수 있도록 용어의 정의를 분명히 하
는 것이 필요하다. 왜냐하면 교사와 유아가 서로 다른 의미로 용어를 사용함으로
써 의사소통이 원활히 이루어지지 않을 수 있기 때문이다. 특히 자료를 분석하는
단계에서 교사는 유아가 유사점이나 차이점을 찾고, 규칙이나 원리를 파악하는 등
논리적으로 가설을 검증할 수 있도록 도와주어야 한다.

탐구학습모형에 따른 수업은 유아의 적극적이고 주도적인 태도를 요구한다. 탐

구학습모형은 유아가 문제를 제기하고 다양한 방법으로 문제를 해결하는 과정이기 때문에 유아가 능동적으로 참여하지 않으면 수업이 제대로 이루어지기 어렵다. 그래서 유아는 궁금증을 해결하기 위해 항상 친구나 교사에게 질문하고 논의하는 자세를 가져야 한다. 자료를 수집할 때는 모둠별로 무엇을 어디에서 어떻게 수집해야 하는지를 충분히 논의하고 계획한 후 각자 자신의 임무를 수행해야 한다. 만약 한 명이라도 자신의 임무를 수행하지 못하면 자료가 충분히 모이지 않기 때문에 과학적으로 가설을 검증하기가 힘들게 된다. 즉, 유아의 주도성과 능동성이 탐구학습모형에 따른 수업의 성공 여부를 가늠하는 가장 중요한 잣대가 되는 것이다.

교수-학습의 평가 역시 유아가 얼마나 수업에 능동적으로 참여하면서 문제를 해결하려고 했는지를 평가한다. 적극적으로 문제를 제기하였는지, 자발적으로 자료를 수집하였는지, 서로 이야기를 주고받으며 자료를 분석하였는지 등이 평가된다. 유아는 결론을 도출한 다음에 자신이 수행한 활동 전체를 되돌아보면서 서로 토의하는 시간을 가지게 된다. 좋았던 점이나 아쉬웠던 점, 개선할 점 등을 이야기하면서 유아는 활동에 대한 종합적인 평가를 하게 된다. 결국 탐구학습모형에 따른 수업에서 평가는 수업이 시작할 때부터 끝날 때까지 계속 진행된다(박은종, 2014). 즉, 교사와 유아 모두 결과가 아니라 과정에 초점을 두고 수업에 대해 평가를 하는 것이다. 수업이 진행되는 과정에 유아를 평가함으로써 교사는 유아의 학습을 촉진하고 적극적인 참여를 유도할 수 있기 때문에 성공적인 교수-학습이 이루어지게 된다.

2) 수업 예시

대상연령	4세
주제	우리 동네
교수–학습 목표	우리 동네 나무의 분포를 탐색하고 설명할 수 있다.
교수–학습 자료	동영상, 사진, 지도

단계		학습내용	교수–학습 활동		유의점
			교사	유아	
도입	동기유발	우리 동네 나무에 관심을 가진다.	우리 동네 나무가 담긴 사진이나 동영상을 보여 준다.	우리 동네에 어떤 나무가 있는지 살펴본다.	유아가 본 적이 있는 나무를 보여 준다.
	문제제기	우리 동네 나무의 종류를 안다.	나무의 이름을 말해 주면서 나무의 종류에 대해 언급한다.	장소에 따라 나무의 종류가 다르다는 문제를 제기한다.	유아에게 낯익은 나무를 언급한다.
전개	가설설정	우리 동네 나무는 장소에 따라 다르다는 가설을 설정한다.	모둠별로 가설을 설정할 수 있도록 도와준다.	모둠별로 가설을 설정한다.	유아가 가설을 설정할 수 있도록 다양한 질문을 던진다.
	탐색	가설을 검증하기 위한 계획을 세운다.	다양한 자료수집 방법에 관해 설명한다.	어디에서 어떻게 자료를 수집할지에 대한 계획을 세운다.	현장학습에 관해 설명하고 준비한다.
	가설검증	우리 동네 나무에 대한 자료를 수집하고 분석한다.	나무의 분포를 파악하기 위한 현장학습을 시행함으로써 유아가 분포도를 완성할 수 있도록 도와준다.	현장학습을 통해 모둠별로 자료를 수집하고, 수집한 자료에 근거하여 분포도를 완성한다.	유아가 나무의 분포를 쉽게 표시할 수 있도록 우리 동네 지도를 준비한다.

	결론 도출	우리 동네 나무의 분포를 안다.	유아가 분포도에 근거하여 결론을 도출할 수 있도록 도와준다.	우리 동네 나무는 장소에 따라 다르다는 결론을 도출한다.	모든 유아가 자기 생각을 말하면서 모둠별로 결론을 도출하도록 한다.
마무리	정리	장소에 따라 나무의 종류가 다르다는 사실을 이해한다.	모둠별로 완성한 분포도를 설명할 수 있도록 도와준다.	모둠별로 분포도를 설명하고 서로 비교한다.	자신 있게 발표할 수 있는 분위기를 조성한다.

4. 의사결정학습모형

의사결정학습모형은 유아가 합리적인 과정과 절차에 따라 의사결정을 내려야 할 문제를 해결하게 하는 교수-학습 모형이다. 특히 의사결정학습모형은 의사결정능력의 향상에 기여하는 교수-학습 모형으로서 유아가 자신의 모든 지식과 가치를 동원하여 문제를 해결할 수 있도록 도와준다. 탐구학습모형에 따른 수업은 가치를 포함해도 지식에 중점을 두고 진행하지만, 의사결정학습모형에 따른 수업은 지식뿐만 아니라 기술과 태도, 가치 등에 중점을 두고 진행한다는 점에서 차이가 난다(박은종, 2014). 그러므로 의사결정학습모형에 따른 수업은 유아의 사회과학적 지식뿐만 아니라 기술과 태도, 가치 등을 발달시키는 데 매우 유용하다. 의사결정학습을 통해 유아는 사회현상을 비판적으로 인식하고 사회생활에 필요한 지식과 기술, 태도, 가치 등을 습득함으로써 사회문제를 해결하는 능력을 기르게 된다. 가령 길에서 우연히 돈을 줍는다면 유아는 그냥 가질지, 경찰서에 가져갈지, 부모나 교사에게 말할지 등 여러 가지 방법 중에서 하나를 선택할 수 있다. 이렇게 의사결정을 해야 하는 순간에 유아가 지식과 가치를 동시에 고려하여 합리적으로 판단할 수 있도록 도와주는 것이 의사결정학습모형이다.

1) 교수-학습

의사결정학습모형에 따른 수업은 지식 자체가 아니라 지식의 활용에 초점을 두고 진행하기 때문에 교사는 의사결정을 해야 하는 상황을 다양하게 제시하는 것이 필요하다. 왜냐하면 의사결정을 해야 하는 다양한 상황을 자주 접할수록 유아는 자기 지식을 활용할 기회가 많아지기 때문이다. 또한 교사는 유아가 사회현상에 대해 수동적으로 관찰하는 것이 아니라 적극적으로 참여함으로써 사회문제를 해결하도록 도와주어야 한다. 이는 유아가 주어진 문제를 꼼꼼히 검토하고 지식과 가치를 연결하여 합리적으로 의사를 결정할 수 있게 하는 것을 의미한다.

교사는 유아의 의사결정능력을 향상하기 위해 유아가 여러 가지 대안을 서열화할 수 있도록 도와주어야 한다(박은종, 2014). 여러 가지 대안이 있을 때, 유아는 보통 첫 번째와 두 번째, 마지막 대안에만 관심이 있고 나머지는 소홀히 하는 경향이 있다. 따라서 교사는 유아가 선호하는 대안부터 차례로 순서를 매긴 후 가장 선호하는 대안을 선택하도록 함으로써 유아가 주어진 대안을 모두 사용할 수 있도록 해야 한다. 만약 첫 번째 대안을 선택하지 못하면 두 번째, 두 번째가 안 되면 세 번째, 세 번째가 안 되면 네 번째 대안을 선택함으로써 유아는 자신의 선택을 순순히 받아들일 수 있다. 따라서 교사는 갖고 싶은 것이나 하고 싶은 것 등을 결정할 때마다 유아에게 순서를 매기게 한 후 선택하게 함으로써 유아의 의사결정능력이 향상할 수 있도록 도와주어야 한다.

의사결정학습을 통해 유아는 여러 가지 조건을 모두 검토한 후 신중하게 결정하고 자신이 포기한 것에 대해 후회하지 않는 태도를 함양할 수 있다. 유아는 아직 정서조절능력이 부족한 상태이기 때문에 합리적인 절차에 따라 선택한 대안도 자신이 처음에 원한 것이 아니라는 이유로 거부할 수 있다. 더군다나 종종 울면서 다른 유아가 선택한 것을 달라며 떼를 쓰는 경우도 발생한다. 그러므로 유아는 얻는 것과 잃는 것, 손해와 이익 등을 따져 보고 신중하게 대안을 선택하고 자신의 선택에 대해서 후회하지 않는 태도를 기르는 것이 필요하다. 즉, 의사결정에 따른 실천이 동반됨으로써 유아의 의사결정능력은 증진될 수 있다.

2) 수업 예시

대상연령	5세			
주제	소비			
교수-학습 목표	필요한 물건을 선택하고 살 수 있다.			
교수-학습 자료	동화책, 가짜 돈, 장바구니			
단계	학습내용	교수-학습 활동		유의점
		교사	유아	
도입	동기유발 물건을 사려면 돈을 주어야 한다는 것을 안다.	물건을 사 본 적이 있는지 질문한다.	물건을 사 본 경험에 관해 이야기한다.	다양한 경험을 이야기할 수 있도록 격려한다.
	문제설정 제한된 돈으로 살 수 있는 물건이 한정되어 있음을 안다.	원하는 물건을 다 살 수 있는지 질문한다.	제한된 돈으로 살 수 있는 물건을 열거한다.	동화책을 통해 원하는 물건을 다 살 수 없음을 깨닫게 한다.

전개	문제해결	시장놀이에 대해 이해한다.	제한된 돈으로 물건을 사 보는 시장놀이를 소개한다.	시장놀이의 성격과 방법 등에 관해 질문한다.	시장놀이를 할 수 있도록 미리 교실환경을 구성한다.
	대안작성	자신이 사고 싶은 물건의 순서를 매긴다.	자신이 사고 싶은 물건을 열거하도록 한다.	자신이 사고 싶은 물건을 순서대로 열거한다.	시장놀이에서 제시된 물건을 직접 보여 준다.
	대안평가	원하는 것과 필요한 것을 구분한다.	유아가 원하는 것과 필요한 것을 구분할 수 있도록 도와준다.	자신에게 꼭 필요한 물건인지를 따져 본다.	유아에게 생각할 수 있는 시간을 충분히 제공한다.
	의사결정	우선순위에 따라 물건을 사 보는 것을 경험한다.	시장놀이의 규칙을 알려 주고 유아가 질서 있게 물건을 살 수 있도록 도와준다.	가짜 돈으로 자신에게 필요한 물건을 산다.	차례를 지켜 물건을 살 수 있도록 도와준다.
마무리	발표	자신의 구매행위를 발표한다.	필요한 물건을 샀는지 질문한다.	자신이 산 물건에 대해 발표한다.	필요한 물건을 사지 못한 이유를 설명할 수 있도록 한다.
	정리	미래의 구매행위를 계획한다.	앞으로 어떻게 물건을 사야 할지 질문한다.	자신의 행위를 되돌아보면서 앞으로의 계획을 발표한다.	아쉬운 점이나 어려운 점에 관해 이야기할 수 있도록 격려한다.

5. 개념학습모형

개념학습모형은 유아 스스로 개념을 이해하게 하는 교수–학습 모형으로, 유아가 다양한 경험을 통해 과학적 방법으로 개념을 획득하도록 도와준다. 개념학습모형은 전적으로 개념에 초점을 두기 때문에 개념을 처음 접하는 경우보다 개념을 심화하는 경우에 더 효과적인 모형이다(이영자, 이기숙, 이정욱, 2009). 즉, 개념학습모형은 개념을 복습하거나 개념 간의 관계를 파악함으로써 개념을 더 깊이 이해하는데 효과적이다. 사회과교육에서 개념을 명확히 이해하는 것은 매우 중요한데, 왜냐하면 개념을 명확히 이해하지 못하면 사회현상을 정확히 파악하지 못할뿐더러 사회문제를 해결할 수도 없기 때문이다. 그래서 개념학습모형은 사회과교육에서 빈번하게 이용되고 있다. 특히 유아는 전조작기 사고의 특성상 한 가지 두드러진 속성으로 대상을 이해하는 경향 때문에 정확한 개념을 형성하기가 어려우므로 유아의 개념 획득에 개념학습모형이 매우 유용하다. 또한 사회과학적 개념 대부분이 추상적이어서 유아가 이해하는 데 한계가 있으므로 유아사회과교육에서 개념학습모형이 자주 이용된다. 개념학습모형을 통해 습득한 개념은 기억과 이해가 쉬워서 오래갈 뿐만 아니라 유아의 고등정신기능 발달에도 기여한다(최용규 외, 2014).

1) 교수–학습

개념학습모형에 따른 수업에서 교사는 유아의 사전지식이나 경험, 발달수준 등을 고려하여 일상생활과 연관된 개념을 제시하는 것이 중요하다. 사회과교육에서 다루는 개념은 대부분 실생활에서 경험할 수 있는 것이므로 교사는 유아가 일상생활에서 접할 수 있는 개념을 제시해야 하는 것이다. 또한 낱낱의 개념에 대한 수업보다 개념 간의 관계를 파악하는 수업을 계획함으로써 교사는 유아가 개념에 대한 이해를 심화할 수 있도록 도와주어야 한다(박은종, 2014). 사회과교육에서 다루는 개념은 사실과 사실을 연결하는 역할을 하므로 유아가 개념 간의 관계를 파악함으로써 사실을 더 명확히 이해할 수 있기 때문이다. 예를 들어, 병원이나 한의원, 보건소, 진료소, 약국 등의 개념을 하나하나 이해하는 것보다 의료기관의 종류로서 각각을 이해함으로써 유아는 각 기관의 정확한 개념을 획득할 수 있다.

교사는 개념이 가장 잘 드러나는 사례를 풍부하게 제시함으로써 유아가 개념을 정확히 파악할 수 있도록 해야 한다. 개념에 대한 긍정적 사례와 부정적 사례를 비교하고 확인하는 과정을 통해 유아는 개념을 명확히 이해할 뿐만 아니라 비판적 사고력을 증진할 수 있다. 그러므로 교사는 개념과 연관된 다양한 사례를 제시함으로써 유아의 개념 형성을 도와주어야 한다. 특히 부정적 사례보다 긍정적 사례를 더 많이 제시하는 것이 유아의 개념 형성에 효과적이다. 왜냐하면 긍정적 사례가 부정적 사례보다 문제 해결에 필요한 정보를 더 많이 제공하기 때문이다(박은종, 2014). 때에 따라 유아는 긍정적 사례와 부정적 사례를 구별하지 못할 수도 있으므로 긍정적 사례를 제시함으로써 문제 해결에 필요한 정보를 제공하는 것이 유아의 개념 형성에 더 효과적이다.

개념학습모형에 따른 수업에서 유아는 의문스러운 점이나 궁금한 점 등에 대해 솔직히 질문하고 경청하는 태도를 가지는 것이 필요하다. 교사는 유아가 무엇을 얼마만큼 이해하고 있는지를 파악하는 데 어려움을 겪으므로 유아는 자신이 어떻게 개념을 이해하고 있는지를 분명히 보여 주어야 한다. 또한 유아는 다른 유아와 활발히 상호작용하는 것이 필요한데, 왜냐하면 자신이 알고 있는 개념일지라도 한 번 더 질문하고 반복함으로써 개념을 더 명확히 이해할 수 있기 때문이다. 유아 스스로 개념과 연관된 사례를 탐색하는 것도 유아의 개념 형성에 도움을 준다. 결국 개념학습이 효과적으로 이루어지려면 다른 유아와 활발하게 상호작용하는 등 유아의 적극적인 자세가 요구된다.

2) 수업 예시

대상연령	5세			
주제	가족			
교수-학습 목표	핵가족과 대가족의 개념을 이해하고 구분할 수 있다.			
교수-학습 자료	사진, 동영상			

단계		학습내용	교수-학습 활동		유의점
			교사	유아	
도입	동기유발	다양한 가족형태가 있음을 안다.	조부모와 함께 살고 있는지를 질문한다.	자신의 가족형태에 관해 이야기한다.	자연스럽게 자신의 가족에 관해 이야기할 수 있도록 격려한다.
	문제제기	과거와 현대 가족의 차이점을 발견한다.	과거와 현대의 가족사진을 제시한다.	과거와 현대의 가족사진을 비교한다.	모든 유아가 볼 수 있도록 큰 사진을 준비한다.
전개	사례제시	가족형태의 변화를 이해한다.	사진이나 동영상을 보여 주면서 가족형태의 변화에 관해 설명한다.	가족형태의 변화를 살펴본다.	과거부터 현대까지 가족형태의 변화를 순서대로 보여 준다.

	사례검토	핵가족과 대가족을 비교한다.	핵가족을 나타내는 긍정적 사례와 핵가족의 부정적 사례로 대가족을 검토하도록 한다.	핵가족과 대가족의 사례를 검토한다.	핵가족과 대가족의 다양한 사례를 제시한다.
	속성검토	핵가족과 대가족의 개념을 형성한다.	핵가족과 대가족의 속성을 검토하도록 한다.	핵가족과 대가족의 속성을 검토한다.	속성을 상세히 검토할 수 있도록 충분한 시간을 제공한다.
	개념분석	다양한 가족형태를 이해한다.	조손가족이나 한부모가족과 같은 다양한 가족형태를 제시한다.	다양한 가족형태를 살펴본다.	핵가족이나 대가족과 연관된 다른 개념을 제시한다.
마무리	적용	습득한 개념을 확장한다.	습득한 개념을 다른 사례에 적용하도록 한다.	습득한 개념을 다른 사례에 적용해 본다.	4대가 모여 사는 경우나 신혼부부 등 유아의 사고가 확장될 수 있는 사례를 제시한다.
	정리	핵가족과 대가족을 구분한다.	유아의 개념 형성을 확인한다.	핵가족과 대가족의 개념을 발표한다.	모든 유아에게 발표할 기회를 제공한다.

제13장

주제에 따른 교수-학습

　주제에 따라 교수-학습 활동을 전개하는 것은 유아교육현장의 일반적인 수업 형태로, 유아의 흥미와 욕구에 맞는 주제를 중심으로 수업이 이루어지는 것이 특징이다. 주제는 유아사회과교육과 연관된 것이면 모두 가능하며, 유아의 연령과 인적·물적 환경, 교수-학습 자료 등을 고려하여 선정된다. 특히 연령에 적합한 주제를 선정하는 것이 중요한데, 왜냐하면 연령에 따라 유아의 사전지식이나 경험, 발달수준 등에서 큰 차이가 나기 때문이다. 따라서 교사는 유아의 연령에 따른 발달수준을 먼저 고려한 후 유아 주변의 환경과 개인차, 교수-학습 자료 등을 파악하여 주제를 선정해야 한다. 주제에 따른 수업은 보통 도입, 전개, 마무리 등 세 단계로 이루어지며, 수업목표에 따라 다양한 교수-학습 방법이 사용된다. 교수-학습 자료와 교수-학습 활동 역시 수업목표에 따라 매우 다양하게 사용된다. 주제에 따른 수업은 한 번에 끝나기도 하고, 수차례에 걸쳐 몇 주 동안 이루어지기도 한다. 때에 따라 계절적·사회적 요인이나 예기치 못한 상황 등으로 수업이 원만히 진행되지 않을 수도 있다. 따라서 교사는 철저히 수업을 계획하되 수업의 내용이나 방법, 기간 등에 대해 유연성을 발휘하는 것이 필요하다.

1. 3세에 적합한 주제

3세경에 유아는 부정문과 복수형에 대한 개념을 획득하는 등 언어발달이 급속히 이루어진다. 또한 같은 성(sex)의 또래와 사회적 관계를 맺는 경향이 두드러지는 등 사회적 상호작용이 활발히 이루어진다. 사회적 상호작용이 활발해짐에 따라 유아는 점점 더 많은 사람과 인간관계를 맺게 되면서 주변 사람들에게 관심을 두게 된다. 자기 자신과 가족에만 머물던 유아의 관심이 점점 더 확대되어 유아는 또래와 지역사회, 우리나라 등에까지 관심을 두는 것이다. 유아는 인간관계의 폭이 넓어지면서 다양한 갈등상황에 직면하기도 한다. 따라서 교사는 유아가 주변 사람들과 활발하게 상호작용하면서 그들과의 관계에서 나타나는 여러 갈등상황을 효과적으로 해결할 수 있는 주제를 선정해야 한다. 예를 들어, 언제 양보해야 하는지, 어떻게 타협해야 하는지, 무엇을 공유해야 하는지 등을 주제로 선정함으로써 교사는 유아가 갈등을 해결할 수 있는 다양한 사회적 기술을 습득하도록 도와줄 수 있다. 특히 3세 유아의 상당수는 아직 규칙에 대한 이해가 부족하므로 교사는 규칙을 주제로 선정하여 유아가 사회규범을 지킬 수 있도록 도와주어야 한다. 결국 3세 유아의 발달수준에서 가장 많이 요구되는 사회과학적 지식과 기술, 태도, 가치 등이 수업의 주제로 선정되어야 한다.

1) 자신

유아기는 자기 자신에 대한 관심이 높은 시기이기 때문에 자신은 항상 유아의 흥미와 관심을 유발하는 주제다. 특히 유아기 동안 언어능력의 급속한 향상과 함께 자아개념이 발달하면서 자신에 대한 유아의 관심은 증폭된다. 자신의 이름이나 외모, 행동, 소유물 등에 대해 자주 언급하며(Watson, 1990), 자신이 느끼는 것이나 좋아하는 것, 원하는 것 등을 분명하게 말한다(Eder & Mangelsdorf, 1997). 따라서 교사는 자신을 주제로 한 수업을 통해 유아가 자신의 능력이나 가치를 긍정적으로 평가하도록 도와주어야 한다. 자신을 주제로 한 수업은 유아의 역사적 개념 습득에도 매우 효과적인데, 왜냐하면 자신의 성장 과정을 보면서 유아는 시간의 흐름과 변화에 대한 개념을 습득할 수 있기 때문이다. 결국 유아가 자신에 관해 관심을 가지는 것은 타인을 비롯하여 지역사회, 우리나라, 세계 등으로 점점 더 관심의 폭을 넓히기 위한 시작점으로서 매우 중요하다.

자신을 주제로 한 수업의 교수-학습 목표로 '자신이 좋아하는 것과 싫어하는 것을 말할 수 있다.' '자신이 하고 싶은 것을 표현할 수 있다.' '자신이 가지고 싶은 것을 열거할 수 있다.' '자신의 물건과 친구의 물건을 구별할 수 있다.' '자신의 느낌이나 감정을 표현할 수 있다.' 등이 있다. 이러한 교수-학습 목표를 달성하기 위해 교사는 그리기나 쌓기, 만들기 등의 교수-학습 활동을 계획할 수 있다. 색연필이나 크레파스, 색종이, 찰흙, 블록 등 다양한 교수-학습 자료를 사용하여 자신의 얼굴이나 몸을 표현하면서 유아는 자신을 탐색하고 자신에 대해 아는 기회를 가질 수 있다. 또한 자신의 작품에 근거하여 자신의 외모나 장점, 취미 등을 친구에게 설명하면서 유아는 자신을 소중히 여기고 의사소통능력을 향상하는 기회를 가질 수 있다. 이러한 경험을 통해 유아는 자신뿐만 아니라 친구에게 관심을 두게 되므로 자신을 주제로 한 수업은 3세 유아에게 필수적이다.

2) 가족

가족(family)은 사회를 구성하는 기본 단위로서 유아의 사회화에 가장 큰 영향을 미친다. 유아는 부모로부터 사회생활에 필요한 지식이나 기술, 가치, 규범 등을 습득하면서 사회구성원으로 성장한다. 그러므로 사회구성원으로서 자신의 권리와 의무를 다하기 위해서 유아는 먼저 가족구성원으로서 자신의 지위와 역할을 깨닫는 것이 필요하다. 이는 부모-자녀 관계나 형제자매 관계와 같이 가족의 테두리 안에서 이루어지는 다양한 인간관계를 통해 가능하다. 딸이나 아들, 형이나 누나,

손자나 손녀 등 여러 인간관계 속에서 자리매김되는 자신의 위치를 깨달으면서 유아는 가족구성원으로서 자신이 무엇을 어떻게 해야 하는가를 깨닫게 되는 것이다. 따라서 교사는 가족을 주제로 한 수업을 통해 유아가 가족구성원으로서 자신의 지위와 역할을 깨닫고 동시에 원만한 가족관계를 위한 사회적 행동을 습득할 수 있도록 도와주어야 한다.

가족을 주제로 한 수업의 교수-학습 목표로 '가족구성원을 소개할 수 있다.' '가족구성원의 역할을 말할 수 있다.' '가족이 중요한 이유를 설명할 수 있다.' '가족을 위해 자신이 할 수 있는 일을 열거할 수 있다.' '가족에게 고마움을 표현할 수 있다.' 등이 있다. 교사는 사진이나 동영상, 동화책, 색연필, 크레파스 등의 교수-학습 자료를 사용하여 이야기를 나누거나 그리기, 만들기, 토의하기 등의 교수-학습 활동을 전개할 수 있다. 특히 역할놀이는 가족을 주제로 한 수업의 교수-학습 방법으로 매우 유용한데, 왜냐하면 유아가 다양한 가족구성원의 역할을 직접 경험함으로써 다른 가족구성원의 생각이나 감정 등을 이해할 수 있기 때문이다. 역할놀이는 보통 여러 단계를 거쳐 정교하게 진행되지만, 3세 유아의 발달수준을 고려하여 교사는 단계를 간소화함으로써 유아가 다양한 가족구성원의 역할을 직접 경험하는 데 초점을 두어야 한다. 또한 모든 유아가 참여할 수 있도록 충분한 시간을 확보하고 여유롭게 진행하는 것이 필요하다.

3) 친구

　친구는 유아가 유아교육기관을 다니기 시작하면서 처음 접하는 타인으로, 유아가 사회적 상호작용을 통해 사회적 행동을 습득하면서 많은 영향을 주고받는 존재다. 유아는 친구와 함께 놀면서 규칙을 만들고 규칙의 준수를 연습하는 등 사회생활에서 요구되는 다양한 규범을 학습한다. 유아는 친구와 이야기하면서 여러 가지 정보를 얻고 의사소통능력을 향상하며, 협동학습을 통해 친구와 함께 문제를 해결하면서 문제해결능력을 증진한다. 또한 유아는 양보나 타협을 통해 친구와의 갈등을 해결하면서 다양한 사회적 기술을 습득하게 된다. 친구의 물건을 소중히 여기고 자신의 물건을 필요한 친구에게 주면서 유아는 공유 개념을 획득하게 된다. 이처럼 친구는 유아가 다양한 사회과학적 지식과 기술, 태도, 가치 등을 학습하는 데 중요한 역할을 한다. 그러므로 교사는 유아 간 상호작용이 활발히 일어날 수 있도록 다양한 교수-학습 활동을 조직하는 것이 필요하다.

　친구를 주제로 한 수업의 교수-학습 목표로 '친구와 사이좋게 놀 수 있다.' '친구의 물건을 존중할 수 있다.' '친구에게 고운 말을 사용할 수 있다.' '친구와 의견이 다름을 인정할 수 있다.' '도움이 필요한 친구를 도와줄 수 있다.' 등이 있다. 이러한 교수-학습 목표를 달성하기 위해 교사는 협동학습이나 현장학습 등의 교수-학습 활동을 전개할 수 있다. 또한 교사는 유아의 놀이에 적극적으로 참여함으로써 유아 간 사회적 상호작용이 활발히 일어날 수 있도록 하는 것이 필요하다. 현장학습은 교실을 벗어나 사회현상이 일어나는 현장에서 수업이 이루어지므로 유아는 불안이나 긴장을 느끼기가 쉽다. 이때 친구끼리 손을 잡고 다니면서 서로서로 도와주는 기회를 가짐으로써 유아는 친구의 고마움을 느끼게 된다. 따라서 교사는 유아끼리 서로 도움을 주고받을 수 있도록 다양한 교수-학습 활동을 제공함으로써 유아가 친구와의 관계를 발전시킬 수 있도록 도와주어야 한다.

4) 규칙

규칙은 여러 사람이 다 같이 지키기 위해 만든 법칙으로, 사회적으로 인정받는 행동의 범위를 결정하는 기준이다. 즉, 규칙을 어떻게 정하느냐에 따라 어떤 행동은 사회적으로 인정을 받을 수도 있고 그렇지 않을 수도 있는 것이다. 따라서 규칙을 따르지 않는 것은 사회적으로 인정받지 못하는 행동을 한다는 것을 의미한다. 특히 규칙은 집단구성원의 합의에 따라 만들어지므로 규칙을 어기는 구성원은 다른 구성원으로부터 비난과 따돌림을 당하게 된다. 규칙을 어기는 것은 집단의 조화와 발전을 저해하면서 궁극적으로 집단의 존속 자체를 위협할 수 있기 때문이다. 그러므로 합의를 통해 규칙을 정하고, 정한 규칙을 따르고, 규칙을 어기면 적절한 제재를 가하고, 제재를 인정하고 수용하는 등 규칙과 연관된 지식과 기술, 태도, 가치 등을 함양하는 것은 매우 중요하다.

규칙을 주제로 한 수업의 교수–학습 목표로 '놀이할 때 지켜야 할 규칙을 만들 수 있다.' '교실에서 지켜야 할 규칙을 만들 수 있다.' '규칙을 지켜야 하는 이유를 설명할 수 있다.' '규칙의 중요성을 말할 수 있다.' '규칙을 지키지 않을 때 생기는 문제점을 열거할 수 있다.' 등이 있다. 특히 유아는 놀이를 통해 규칙의 의미와 중요성을 습득하기가 쉬운데, 왜냐하면 놀이할 때 기존의 규칙을 사용하거나 새롭게 규칙을 만드는 경우가 많기 때문이다. 따라서 교사는 규칙을 주제로 한 수업의 교수-학습 활동으로 모든 종류의 놀이를 이용하고 유아의 놀이에 적극적으로 개입함으로써 수업의 교육적 효과를 높일 수 있다. 교사는 기존의 규칙을 소개하거나 유아 스스로 새로운 규칙을 만들도록 격려함으로써 규칙을 이용한 유아사회과교육을 전개할 수 있다.

5) 지역사회

지역사회는 유아사회과교육의 자원으로서 유아에게 다양한 사회적 경험을 제공하는 원천이다. 유아는 지역사회에 있는 사람들을 만나면서 사람들이 하는 일에 관심을 가지고 관계를 맺으며 교감을 나누게 된다. 지역사회에 있는 여러 기관을 방문하면서 유아는 기관의 특성을 파악하고 기관을 이용하는 방법이나 규칙을 배우게 된다. 마트에서 물건을 사면서 유아는 희소성이나 기회비용, 교환가치와 같은 경제적 개념을 획득하게 된다. 산책을 통해 유아는 어디에 어떤 가게가 있는지, 어디에 가면 무엇이 많은지 등을 파악하면서 공간이나 분포, 지역 등 지리적 개념을 형성하게 된다. 즉, 지역사회에 있는 다양한 사람을 만나고 여러 기관을 방문함으로써 유아는 생생한 사회과학적 지식을 습득하는 것이다. 이렇게 지역사회가 유아사회과교육의 자원으로서 중요한 역할을 담당하기 때문에 교사는 적극적으로 지역사회를 수업의 주제로 활용하는 것이 필요하다.

지역사회를 주제로 한 수업의 교수-학습 목표로 '우리 동네 사람들에게 관심을 가질 수 있다.' '우리 동네 사람들에게 인사할 수 있다.' '우리 동네 사람들이 하는 일을 열거할 수 있다.' '우리 동네에 있는 기관을 말할 수 있다.' '공공기관에서 일하는 사람들에게 고마움을 표현할 수 있다.' 등이 있다. 교사는 교수-학습 활동으로 동네를 산책하는 것, 지역사회의 기관을 방문하는 것, 축제와 같은 지역사회의 행사에 참여하는 것 등을 전개할 수 있다. 강의나 토의, 협동학습, 극놀이 등 모든 종류의 교수-학습 방법이 이용될 수 있으며, 특히 현장학습이 필수적으로 요구된다. 그러나 현장학습은 교사가 사전에 철저한 준비와 계획을 세운 후에야 실행될 수 있어서 자주 이용하기 어렵다는 단점이 있다. 그래서 교사는 소방관이나 경찰관이 유아교육기관을 방문하는 교수-학습 활동을 통해 유아에게 간접경험의 기회를 제공하는 것이 필요하다.

〈지역사회를 주제로 한 수업의 교수–학습 계획안〉

대상연령	3세			
주제	우리 동네 사람들			
집단구성	대집단 → 소집단 → 대집단			
교수–학습 목표	우리 동네 사람들의 모습을 표현할 수 있다.			
교수–학습 자료	동영상, 사진, 도화지, 색연필, 크레파스, 색종이, 풀			
단계	학습내용	교수–학습 활동	유의점	시간
도입	자신이 동네에서 만났던 사람들의 모습을 떠올리며 동네에 다양한 사람들이 있음을 안다.	우리 동네 사람들을 담은 동영상이나 사진을 보고 자신의 경험에 관해 이야기한다.	모든 유아에게 발표할 기회를 제공한다.	5분
전개	사람들의 생김새나 입는 옷, 걸음걸이 등이 다양함을 이해한다.	소집단으로 자신이 만났던 사람들의 모습을 그리거나 색종이를 이용하여 표현한다.	자신만의 방식으로 사람들을 표현할 수 있도록 격려한다.	20분
마무리	다른 유아의 작품을 통해 우리 동네에 있는 다양한 사람들을 파악한다.	자신의 작품을 다른 유아에게 보여 주면서 작품에 관해 설명한다.	발표가 미숙해도 끝까지 말할 수 있도록 격려함으로써 유아가 자신의 작품을 설명할 수 있도록 도와준다.	5분

2. 4세에 적합한 주제

4세는 3세보다 사회적 상호작용이 더 활발해지면서 타인과의 만남이 더 빈번해지고 더 많은 갈등상황에 직면하게 된다. 언어능력이 발달함에 따라 자신의 의사를 더 분명하게 표현하기 때문에 생각이나 의견 차이로 인한 갈등이 더 많이 발생하는 것이다. 따라서 4세 유아는 3세 유아보다 더 세련된 사회적 기술의 습득과 아울러 더 다양한 사회적 행동의 실천이 요구된다. 예를 들어, 타인의 관점에서 타인의 생각이나 감정, 행동 등을 이해하는 조망수용능력이 길러짐으로써 유아는 타인을 자발적으로 도우려는 친사회적 행동을 실천할 수 있다. 그러므로 4세에 적합한 주제는 유아의 사회적 행동을 도모하는 것으로 선정되어야 한다. 집단의 구성원으로서 협동학습을 수행하거나 지역사회의 일원으로서 봉사활동에 참여하는 등의 사회적 행동을 포함하는 주제가 선정되어야 한다. 사회적 행동의 실천은 집단속에서 자신의 지위와 역할에 대한 명확한 이해로부터 비롯된다. 그러므로 교사는유아 스스로 자신이 할 수 있는 일을 모색하고 완수함으로써 성취감을 느낄 수 있는 주제를 선정하는 것이 필요하다. 스스로 할 수 있는 일이 많아질수록 유아는 더분명하게 자신의 가치를 느끼면서 더 적극적으로 사회적 행동을 실천할 수 있다.

1) 자신

자신을 주제로 한 수업은 3세 유아와 마찬가지로 4세 유아에게도 필수적으로 요구된다. 하지만 4세의 수업은 자신과 다른 사람 사이의 차이점을 인정하면서 자신을 탐색하도록 하는 데 중점을 두어야 한다. 왜냐하면 타인과의 차이점을 인정하고 수용하면서 유아의 다양성 개념과 평등 개념이 발달할 수 있기 때문이다. 더불어 4세에게 요구되는 수업은 자신이 할 수 있는 일을 찾고 이를 실천하도록 하는데 주안점을 두어야 한다. 이는 유아의 자조 기술을 증진하기 위한 것으로, 자조 기술을 획득함으로써 유아는 사회생활의 기초가 되는 능력이 발달하게 된다. 자조기술은 신체적 능력을 비롯하여 인지적·언어적·사회적 능력 등 다양한 능력의통합을 요구하기 때문에 자조 기술의 획득으로 유아는 일상생활을 독립적으로 조직하게 된다. 이렇게 스스로 자신의 신변을 돌봄으로써 유아는 독립된 존재로서자신을 인식하고 타인에게 의존하지 않는 동등한 관계를 형성하면서 평등 개념이발달하게 된다.

자신을 주제로 한 수업의 교수–학습 목표로 '자신과 다른 사람의 차이점을 말할 수 있다.' '자신의 장점과 타인의 장점을 비교할 수 있다.' '자신이 할 수 있는 일을 열거할 수 있다.' '자신이 하고 싶은 일을 계획할 수 있다.' '자신이 한 일에 대해 성취감을 느낄 수 있다.' 등이 있다. 교수-학습 활동은 자조 기술을 향상하기 위해서 유아가 직접 경험할 수 있는 활동으로 구성하는 것이 필요하다. 가령 혼자서 옷을 입고 벗는 것, 스스로 자신의 물건을 정리하는 것, 혼자 용변을 보는 것 등이 교수-학습 활동에 포함될 수 있다. 특히 교사는 자조 기술에서 나타나는 유아의 개인차를 고려하여 각 유아가 자신에 맞는 계획을 세우고 실천함으로써 성취감을 느낄 수 있도록 하는 것이 중요하다. 이는 교수-학습 방법의 하나인 개별학습(individual learning)을 통해 가능한데, 왜냐하면 개별학습의 목적이 각 유아의 사회 경제적 배경이나 신체적 조건, 흥미, 적성, 발달수준 등을 고려하여 욕구를 극대화하는 것이기 때문이다.

2) 타인

사회적 상호작용은 항상 타인과의 관계를 통해 이루어지기 때문에 유아는 타인과 원만한 관계를 맺는 데 필요한 사회적 행동을 다양하게 습득하는 것이 필요하다. 타인과의 원만한 관계를 위해 유아는 타인의 생각이나 감정을 파악하고 이해하며 적절히 반응할 수 있어야 한다. 타인과의 효과적인 상호작용을 위한 사회적 행동으로는 타인의 말에 귀를 기울이고 친절히 반응하는 것, 고마움이나 존경을 표현하는 것, 타인의 감정을 살피고 도와주는 것 등이 있다(De Melendez, Beck, & Fletcher, 2000). 이러한 사회적 행동을 통해 유아는 타인과 자신 사이의 차이점을 발견하고 수용하고 존중하는 등 다양성 개념을 획득하게 된다. 또한 타인을 염려하고 보살피고 돌보아 주는 등 배려 개념을 획득하게 된다.

타인을 주제로 한 수업의 교수-학습 목표로 '타인의 말에 귀를 기울일 수 있다.' '타인에게 고마움을 표현할 수 있다.' '타인의 기분을 파악하고 적절히 반응할 수 있다.' '타인의 생각을 인정하고 존중할 수 있다.' '타인에게 도움을 제공할 수 있다.' 등이 있다. 이러한 교수-학습 목표를 달성하기 위한 교수-학습 활동에는 동화책 읽기나 역할놀이 하기, 토의하기 등이 포함된다. 역할놀이는 유아에게 여러 가지 갈등상황에서 드러나는 다양한 생각이나 감정 등을 이해하고 직접경험의 기회를 제공한다. 역할놀이와 다르게 동화책은 간접경험을 통해 타인의 생각이나 감정 등을 이해할 기회를 유아에게 제공한다. 그러므로 동화책을 읽어 줄 때 교사가 적극적으로 유아에게 질문을 던짐으로써 유아가 타인의 처지에서 생각하고 느낄 수 있도록 기회를 제공하는 것이 필요하다.

3) 약속

약속은 타인과 앞으로의 일에 대한 계획을 미리 정하는 것으로, 서로 어떤 일을 정해 놓고 어기지 않기로 다짐하는 것을 말한다. 약속은 유아의 일상이라고 할 만큼 타인과의 관계에서 매우 빈번하게 일어나는 일이다. 유아는 부모나 형제자매, 친구, 교사 등과 무언가를 약속하고 그 약속을 지키기 위해 노력하면서 관계를 맺는다. 또한 유아는 타인이 약속을 지킬 것을 재차 확인하면서 약속이 이루어진 후에 얻을 수 있는 보상에 대해 기대를 한다. 그래서 약속이 지켜지지 않을 때 유아는 엄청난 심리적 고통을 받으며, 이로 인해 타인과의 관계가 악화되는 것을 경험하기도 한다. 즉, 약속은 유아가 타인과 신뢰하는 관계를 맺는 데 매우 중요한 역할을 하는 것이다. 그러므로 약속을 지켜야 하는 이유에 관해 이야기하면서 유아가 약속의 중요성을 깨닫게 하는 것은 유아사회과교육에서 매우 중요하다.

약속을 주제로 한 수업의 교수–학습 목표로 '약속의 의미를 말할 수 있다.' '약속을 지켜야 하는 이유를 설명할 수 있다.' '약속을 지켜서 좋은 점을 열거할 수 있다.' '약속이 지켜지지 않을 때의 기분을 표현할 수 있다.' '약속을 지키는 방법을 마련할 수 있다.' 등이 있다. 이러한 교수–학습 목표를 달성하기 위해 교사는 모둠이 함께 과제를 해결하는 협동학습을 교수–학습 방법으로 이용할 수 있다. 협동학습에서 유아는 각자의 할 일을 정하고, 서로에게 자신이 맡은 일을 충실히 하겠다는 약속을 한 후, 모둠의 과제를 수행하게 된다. 이 과정에서 유아는 종종 자신의 임무를 제대로 수행하지 않는 친구에게 "너 이거 하기로 했는데 왜 안 해?"라고 말하며 질책한다. 이는 유아가 자신의 임무를 제대로 수행하지 않는 것을 서로 간의 약속을 깨트리는 것으로 간주하고 있음을 가리킨다. 협동학습 외에도 동화책을 읽거나 토의를 통해 유아는 약속의 의미와 중요성을 깨달을 수 있다.

4) 지역사회

4세 유아에게 적합한 지역사회를 주제로 한 수업은 유아가 자신과 지역사회의 관계에 대해 관심을 가지고 사회참여의 기회를 가질 수 있도록 하는 데 초점을 두어야 한다. 4세의 수업은 시민의 권리와 의무를 직접 실행할 기회를 갖도록 하는 데 주안점을 두어야 하는 것이다. 유아가 실천할 수 있는 사회참여의 방법으로 공원이나 놀이터의 쓰레기를 줍는 것, 양로원을 방문하여 노래나 춤 등의 재능을 기부하는 것, 지역사회의 문화유산을 지키고 보호하는 것 등이 있다. 유아는 토의를 통해 사회참여의 방법을 결정하면서 의사결정능력을 증진할 수 있으며, 자신과 사회 사이의 관계에 대해 생각하면서 사회문제에 관심을 가질 수 있다. 사회참여는 미래의 시민이 아니라 현재의 시민으로서 유아가 자신의 권리와 의무를 실천할 수 있다는 점에서 매우 중요하다. 따라서 교사는 유아에게 사회참여의 기회를 충분히 제공하는 것이 필요하다.

지역사회를 주제로 한 수업의 교수-학습 목표로 '우리 동네를 가꾸고 보호할 수 있다.' '우리 동네의 문화유산을 열거할 수 있다.' '우리 동네에 대해 자부심을 느낄 수 있다.' '동네 사람들을 위한 봉사활동에 참여할 수 있다.' '문화유산을 지키기 위해 자신이 할 수 있는 일을 탐색할 수 있다.' 등이 있다. 교사는 질문이나 토의, 협동학습, 현장학습 등 모든 교수-학습 방법을 사용하여 수업을 전개할 수 있다. 가령 '우리 동네를 가꾸고 보호할 수 있다.'는 교수-학습 목표를 달성하려면 교사는 먼저 우리 동네에 보호해야 할 것이 무엇인지를 질문하고 어떤 것이 가장 시급하게 보호되어야 하는지를 유아가 토의하도록 해야 한다. 토의를 통해 보호해야 할 것이 정해지면 모둠별로 실천할 수 있는 방법을 모색한 후, 직접 현장에 나가서 실천하는 현장학습을 시행하게 된다. 이러한 교수-학습 과정은 한 번에 이루어지는 것이 아니라 일련의 교수-학습 활동이 연속됨으로써 이루어지게 된다. 따라서 지역사회를 주제로 한 수업은 월간계획이나 주간계획으로 교수-학습 활동이 이루어지는 것이 바람직하다.

5) 우리나라

우리나라를 주제로 한 수업은 유아의 지역사회에 대한 지식과 경험을 바탕으로 유아의 사고가 확장됨으로써 이루어진다. 그러나 우리나라는 지역사회와 다르게 추상적이고 비가시적인 속성을 가지기 때문에 유아가 우리나라를 이해하는 것은 쉬운 일이 아니다. 유아는 자신이 사는 지역에서 벌어지는 일을 직접 눈으로 보면서 지역사회를 이해한다. 하지만 자신이 사는 지역을 벗어난 다른 지역의 일을 직접 확인하는 것은 어려우므로 유아가 우리나라를 이해하기가 쉽지 않은 것이다. 그러므로 우리나라를 주제로 수업을 전개할 때 교사는 우리나라가 구체적으로 유아에게

다가갈 수 있도록 다양한 교수-학습 자료를 사용하는 것이 필요하다. 예를 들어, 지도(map)를 사용하여 우리나라의 전체 모습과 우리나라 주변의 바다, 자신이 사는 지역이 있는 곳 등을 유아가 직접 확인할 수 있도록 도와주어야 한다. 이렇게 구체화한 지식에 기초하여 유아는 우리나라의 전통이나 풍습 등에 관심을 두게 된다.

우리나라를 주제로 한 수업의 교수-학습 목표로 '우리나라의 상징물을 표현할 수 있다.' '우리나라의 전통놀이를 즐길 수 있다.' '우리나라의 전통음식을 말할 수 있다.' '우리나라의 전통의상을 입을 수 있다.' '우리나라의 명절을 열거할 수 있다.' 등이 있다. 이러한 교수-학습 목표는 유아의 지속성 개념과 전통 개념 발달에 기여하면서 유아가 우리나라 문화에 대해 자부심을 가질 수 있도록 도와주는 것이다. 우리나라의 대표적 상징물에는 태극기와 무궁화, 애국가 등이 포함되며, 우리나라의 전통놀이에는 윷놀이, 팽이치기, 제기차기, 널뛰기 등이 포함된다. 교수-학습 활동으로 태극기의 유래를 살펴보고 태극기를 그리는 것, 윷놀이의 규칙을 이해하고 윷놀이를 해 보는 것 등이 있다. 이러한 교수-학습 활동은 부모참여 수업으로 진행될 때 교육적 효과가 극대화하기 때문에 유아교육기관의 행사로서 부모참여 수업을 연간계획안에 포함하는 것이 바람직하다. 또한 전통놀이 대부분이 협동에 근거하여 대집단으로 이루어지므로 여러 학급이 함께 참여하는 교수-학습 활동을 계획하는 것이 필요하다.

〈우리나라를 주제로 한 수업의 교수-학습 계획안〉

대상연령	4세
주제	우리나라의 전통놀이
집단구성	대집단
교수-학습 목표	우리나라의 전통놀이인 강강술래를 즐길 수 있다.
교수-학습 자료	동영상, 동화책

단계	학습내용	교수-학습 활동	유의점	시간
도입	강강술래의 유래와 의미 등을 이해한다.	강강술래에 관한 동화책을 읽고 강강술래의 유래와 의미 등에 관해 이야기한다.	모든 유아가 볼 수 있는 동화책을 준비한다.	5분
전개	강강술래를 직접 체험해 봄으로써 전통놀이의 의의를 파악한다.	강강술래에 관한 동영상을 본 후 강강술래를 따라서 해 본다.	강강술래를 하면서 넘어질 수 있으므로 천천히 움직이도록 지도한다.	20분
마무리	전통놀이의 즐거움을 공유한다.	강강술래를 하면서 느낀 점을 이야기한다.	모든 유아에게 발표할 기회를 제공한다.	5분

3. 5세에 적합한 주제

5세는 조직력과 높은 사회적 성숙을 요구하는 협동놀이를 즐기면서 사회적 능력이 발달하는 시기다. 5세 유아는 인지능력이 발달하고 사회적 경험이 풍부해지면서 빈번하게 사회적 언어를 사용하며, 언어능력이 발달하면서 정서조절능력 역시 크게 향상된다. 또한 우리나라를 벗어나 세계로까지 관심의 폭이 넓어지면서 5세 유아는 우리나라의 역사적 인물뿐만 아니라 다른 나라 사람들에 대해서도 궁금해한다. 즉, 5세는 다양한 능력이 발달하면서 풍부한 사회적 경험을 통해 사회문제에 대한 관심이 증폭하는 시기다. 따라서 교사는 유아의 자율성과 주도성을 극대화하면서 유아가 스스로 자신의 문제를 해결할 수 있도록 도와주어야 한다. 유아사회과교육의 주제 역시 유아의 비판적 사고력과 문제해결능력을 길러 줌으로써 유아가 적극적으로 사회문제 해결에 참여할 수 있는 것으로 선정되어야 한다. 단순한 사실의 나열이 아니라 무엇이 문제이고 어떻게 해결해야 하는가에 대한 문제의식을 불러일으키는 주제가 선정되어야 하는 것이다. 이러한 주제를 선정하려면 무엇보다도 교사 자신이 사회문제에 지속해서 관심을 가지는 것이 필요하다. 사회문제는 끊임없이 변화하므로 지속적인 관심이 없으면 무엇이 문제인지를 파악하기가 어렵기 때문이다.

1) 가족

5세 유아에게 적합한 가족을 주제로 한 수업은 유아가 다양한 가족구조에 관심을 가지고 가족구성원으로서 해야 할 일을 실천하는 데 중점을 두어야 한다. 즉, 가족에 대해 5세 유아가 가지고 있는 사전지식이나 경험 등에 기초하여 유아의 사고를 확장하는 데 수업의 주안점이 두어져야 한다. 가족구조의 경우, 핵가족 외에도 한부모가족이나 조손가족, 다문화가족 등 다양한 가족이 존재함을 알고 이에 대한 편견이나 선입견을 품지 않도록 하는 것이 중요하다. 여러 가지 형태의 가족구조가 있음을 이해함으로써 유아는 가족에 대한 고정관념을 가지지 않고, 있는 그대로 각 가족의 모습을 바라보면서 다양성 개념을 획득하게 된다. 또한 시대가 변화하면서 가족구조뿐만 아니라 가족구성원의 역할이 달라진다는 것을 이해함으로써 유아는 변화 개념을 획득하게 된다. 결국 5세 유아에게 적합한 가족을 주제로 한 수업은 유아가 다양한 개념을 습득할 수 있도록 구성되어야 한다.

가족을 주제로 한 수업의 교수-학습 목표로 '다양한 가족구조를 탐색할 수 있다.' '가족마다 다른 가족구성원의 역할을 표현할 수 있다.' '서로 다른 가족구조 간 차이점과 공통점을 발견할 수 있다.' '시대에 따라 변화하는 가족구성원의 역할을 설명할 수 있다.' '각 가족의 특성을 이해하고 존중할 수 있다.' 등이 있다. 교사는 유아가 다양한 형태의 가족을 비교함으로써 다양한 가족구조를 이해할 수 있도록 여러 가족의 생활모습을 담은 동영상이나 사진, 동화책 등을 교수-학습 자료로 이용할 수 있다. 또한 교사는 질문이나 강의 등 다양한 교수-학습 방법을 사용함으로써 유아가 여러 형태의 가족구조에 대해 가지는 궁금증을 해결할 수 있도록 도와주어야 한다. 왜 엄마나 아빠하고만 사는지, 왜 할머니나 할아버지랑 사는지 등 유아가 가지는 의문이 해소될 수 있도록 교사는 유아에게 상세하고 객관적인 설명을 제공해 주어야 한다.

2) 직업

직업은 살아가는 데 필요한 돈을 벌기 위해 하는 일로서 사람은 각기 자신의 적성과 능력에 따라 직업을 선택하게 된다. 사람이 직업을 가지는 가장 큰 이유는 소득을 얻기 위해서이지만, 자아를 실현하고 삶의 보람을 느끼기 위해서 직업을 가지기도 한다. 어떤 직업을 가지느냐는 어떤 환경에서 사느냐에 따라 많은 영향을 받는다. 예를 들어, 넓은 들이 있는 곳에는 농부가 많고, 바다가 있는 곳에는 어부가 많으며, 금이나 철 등의 광물이 많은 곳에는 광부가 많다. 자연환경이 수려한 곳에는 관광업에 종사하는 사람이 많고, 인구밀도가 높은 도시에는 사무실에서 일하는 사람이 많다. 또한 사회가 변화함에 따라 과거에 없던 직업이 새로 생기거나 과거에 있던 직업이 사라지는 등 직업은 사회변화의 영향을 많이 받는다. 따라서 유아는 광범위한 직업의 세계를 탐색하면서 직업의 중요성을 깨닫고 사회생활의 다양한 측면을 경험할 수 있다.

직업을 주제로 한 수업의 교수-학습 목표로 '다양한 직업에 관심을 가질 수 있다.' '직업의 필요성을 말할 수 있다.' '직업의 종류를 열거할 수 있다.' '미래 자신의 직업을 표현할 수 있다.' '직업의 소중함을 느낄 수 있다.' 등이 있다. 직업을 주제로 한 수업은 유아가 직접 다양한 직업을 체험하도록 하는 데 주안점을 두며, 이를 위해 극놀이나 현장학습 등의 교수-학습 방법이 이용되고 있다. 부모참여 수업으로서 부모가 직접 자신의 직업을 소개하는 것도 유아가 직업을 체험하는 데 효과적인 교수-학습 활동이다. 부모의 직업이 도구를 사용하는 의사나 목수인 경우, 부모가 직접 도구를 사용하여 시연함으로써 유아가 직업의 특성을 쉽게 이해하도록 도와줄 수 있다. 수업에서 체험한 직업을 유아는 병원놀이나 학교놀이의 형태로 빈번하게 응용하면서 직업에 대한 나름의 지식을 구성하게 된다. 교사는 "이런 직업이 없다면 어떻게 될까?"라는 질문을 통해 각각의 직업이 얼마나 중요한지를 유아가 느낄 수 있도록 도와주어야 한다.

3) 시장

시장은 재화나 서비스와 같은 상품이 거래되는 곳으로, 판매자와 소비자가 만나서 가격을 조정하여 교환이 이루어지는 장소다. 시장은 아주 오래전부터 사람들의 삶과 불가분의 관계를 맺고 있으며, 그러한 관계는 앞으로도 변함없이 지속될 것이다. 시장은 사람들이 유용한 결과를 기대하면서 모이는 장소로, 인적 · 물적 · 시간적 · 공간적 요소들이 모여서 자연발생적으로 만들어진 사회적 제도다. 시장에 가면 다양한 사람들을 만나고 그들의 모습에서 드러나는 다양한 문화를 접하고 주고받는 언행을 통해 규범이나 질서를 경험하게 된다. 즉, 시장은 정치, 경제, 문화 등 사회의 모든 분야가 어우러져 있는 곳이다. 시장에서 유아는 사회현상을 직접 경험함으로써 사회과학적 지식이나 기술, 태도, 가치 등을 매우 효과적으로 습득할 수 있다. 그러므로 교사는 유아가 다양한 형태의 시장을 체험하면서 삶의 여러 가지 측면을 탐색할 수 있도록 수업을 계획하는 것이 필요하다.

시장을 주제로 한 수업의 교수–학습 목표로 '돈을 주고 물건을 살 수 있다.' '돈의 쓰임새를 말할 수 있다.' '시장의 다양한 모습을 표현할 수 있다.' '시장에서 본 것을 열거할 수 있다.' '돈을 아껴야 하는 이유를 설명할 수 있다.' 등이 있다. 교수–학습 방법의 하나인 역할놀이를 통해 유아는 판매자와 소비자의 역할을 직접 경험할 수 있으며, 현장학습을 통해 시장에서 이루어지는 사회생활의 다양한 측면을 관찰할 수 있다. 유아교육기관의 행사로 치러지는 바자(bazaar)나 장터의 경우, 유아에게 진짜 돈을 사용하여 물건을 구매하는 기회를 제공하기 때문에 유아가 경제적 개념을 획득하는 데 크게 기여한다. 시장놀이에서 가짜 돈을 사용하는 것과 다르게 진짜 돈을 사용하여 물건을 구매하므로 유아는 자신에게 꼭 필요한 물건만을 사기 위해 합리적인 판단을 하게 된다. 물건을 살 때도 물건의 상태를 살피고, 물건값을 정확히 물어보고, 거스름돈을 확인하는 등 유아는 소비자로서 자신의 권리를 행사한다. 이러한 과정을 통해 유아는 희소성이나 기회비용, 교환가치와 같은 경제적 개념을 더 분명하게 이해하는 것이다.

4) 우리나라

5세에 적합한 우리나라를 주제로 한 수업은 과거와 현재를 비교함으로써 우리나라의 역사와 문화, 풍습 등을 이해하는 데 중점을 두어야 한다. 우리나라의 전통음식이나 놀이, 의상 등에 대한 5세 유아의 사전지식과 경험에 기초하여 유아가 역사적 개념을 획득할 수 있도록 도와주어야 한다. 또한 지도를 적극적으로 활용하여 우리나라에 있는 여러 지역의 위치와 지형, 기후 등에 관한 지식을 쌓도록 도와주어야 한다. 지도를 활용한 수업을 통해 유아는 지리적 개념을 획득할 수 있으며, 다른 나라에 관심을 가지고 탐색하려는 동기가 유발될 수 있다. 예를 들어, 모둠별로 색연필이나 색종이를 이용하여 우리나라의 지도를 그릴 수 있으며, 동물이나 물건 등으로 우리나라의 모습을 형상화하여 자신만의 지도를 완성할 수 있다(송언근, 정혜정, 이관구, 2015). 즉, 교사는 유아가 우리나라의 모습을 전체적으로 이해하고 자신만의 방식으로 표현할 수 있도록 지도를 이용하는 것이 필요하다.

우리나라를 주제로 한 수업의 교수-학습 목표로 '우리나라의 역사에 관심을 가질 수 있다.' '우리나라 전통놀이의 과거와 현재를 비교할 수 있다.' '우리나라 각 지역의 특산물을 구분할 수 있다.' '우리나라의 모습을 그릴 수 있다.' '사라져 가는 우리나라의 전통을 찾을 수 있다.' 등이 있다. 교수-학습 활동으로는 동영상이나 사진을 보고 토의하기, 미술관이나 박물관 방문하기, 지도 그리기, 역사적 인물이나 사건에 관한 동화책을 읽고 이야기하기 등이 있다. 우리나라에 관한 수업을 전개할 때 교사는 사실을 나열하는 수업이 되지 않도록 특별히 주의를 기울여야 한다. 왜냐하면 과거 이러이러한 것이 있었고 현재 이렇게 바뀌었다는 식의 수업은 유아의 문제의식을 불러일으키는 데 도움이 되지 않기 때문이다. 따라서 교사는 과거와 비교하여 현재 나타나는 문제가 무엇이고 이를 해결하기 위해 어떻게 하는 것이 좋을지를 끊임없이 유아에게 질문해야 한다. 즉, 유아가 사회문제에 관심을 가지고 문제를 해결하려는 동기가 유발되도록 교사는 수업을 전개해야 한다.

5) 세계

우리나라에 대한 이해를 바탕으로 유아는 세계 여러 나라의 위치와 문화에 관해 관심을 두게 된다. 지도에서 우리나라의 위치를 확인하면서 유아는 자연스럽게 주변의 다른 나라에 대해 흥미를 보이며 그곳에서 사는 사람들에 대해 질문한다. 사람들의 생김새는 어떠한지, 무엇을 먹고 입는지, 그곳 날씨는 어떤지, 그곳에 가려면 얼마나 걸리는지 등 다양한 질문을 던지면서 유아는 다른 나라에 대해 궁금해한다. 유아는 보통 대중매체를 통해 다른 나라에 대한 정보를 얻지만, 그 정보가 제한적이기 때문에 매우 막연하게 다른 나라를 생각하게 된다. 멀리 떨어져 있어서 다가갈 수 없는 곳에 매우 다른 사람들이 사는 것으로 유아는 이해하는 것이다. 그러므로 교사는 지구본(globe)과 같은 구체적인 교수-학습 자료를 활용하여 유아가 다른 나라에 관한 구체적인 지식을 습득할 수 있도록 도와주어야 한다. 세계에 대한 관심과 이해의 폭을 넓히는 것은 유아가 세계시민의 권리와 의무를 실행하는 데 기초가 된다.

세계를 주제로 한 수업의 교수-학습 목표로 '세계 여러 나라에 관해 관심을 가질 수 있다.' '다양한 민족의 문화를 탐색할 수 있다.' '세계 여러 나라의 특징을 말할 수 있다.' '우리나라와 다른 나라 문화의 유사점과 차이점을 발견할 수 있다.' '다른 나라 문화를 이해하고 존중할 수 있다.' 등이 있다. 이러한 교수-학습 목표는 궁극적으로 유아가 문화 다양성을 수용하고 존중함으로써 세계시민의 자질을 함양하도록 도와주려는 것이다. 따라서 교사는 교수–학습 목표를 달성하기 위해 다양한 교수–학습 방법과 자료를 사용하는 것뿐만 아니라 수용적인 교실 분위기를 조성하는 것이 중요하다. 어떠한 편견이나 선입견 없이 서로를 인정하고 존중하는 분위기 속에서 유아는 다른 나라의 특징을 있는 그대로 수용할 수 있기 때문이다. 또한 유아에게 다른 나라에 관한 생생한 정보를 제공하기 위해서 교사는 외국인이 직접 교실을 방문하여 자기 나라를 소개하는 교수–학습 활동을 전개하는 것이 필요하다.

〈세계를 주제로 한 수업의 교수–학습 계획안〉

대상연령	5세			
주제	세계 여러 나라의 음식			
집단구성	대집단 → 소집단 → 대집단			
교수–학습 목표	나라별 전통음식을 구분할 수 있다.			
교수–학습 자료	사진, 카드			
단계	학습내용	교수–학습 활동	유의점	시간
도입	익숙한 음식 중에 다른 나라의 전통음식이 있음을 안다.	카레(curry)나 피자(pizza)와 같이 다른 나라의 전통음식을 먹어 본 경험에 관해 이야기하면서 나라별 전통음식에 대해 살펴본다.	다른 나라의 음식 중 이미 보편화한 대중적인 음식을 선택하여 모든 유아가 자신의 경험을 이야기할 수 있도록 한다.	5분
전개	사진을 보고 각 나라의 전통음식을 구분한다.	모둠별로 같은 음식의 사진이 있는 카드를 찾는 게임을 한다.	카드를 뒤집어서 같은 음식의 사진이 있는 카드를 찾는 게임이므로 유아가 순서를 지키면서 게임에 참여할 수 있도록 도와준다.	15분

마무리	동영상을 보면서 나라별 전통음식을 이해한다.	카드에 있던 나라별 전통음식에 관해 이야기한다.	전통음식을 먹는 모습이 담긴 동영상을 준비한다.	10분

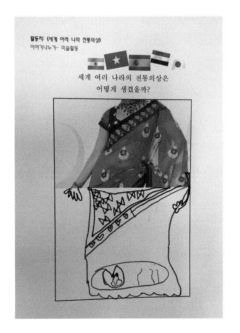

참고문헌

강대현(2005). 사회과의 기반과 내용에 대한 비판적 고찰. **사회과교육, 44**(1), 57-78.

강대현(2015). 한국 사회과 교육과정의 변천과 양상: 교수요목기에서 2009 개정 교육과정까지. **사회과교육, 54**(1), 63-89.

강상, 윤덕순(2008). 향토문화재 현장학습을 활용한 역사교육이 유아의 역사적 사고력에 미치는 효과. **열린유아교육연구, 13**(4), 379-400.

강성화, 김경희(2003). **유아문학교육: 이론과 실제.** 서울: 동문사.

고영복(2000). **사회학사전.** 서울: 사회문화연구소.

구광현, 이희경, 김보현(2012). 유아사회교육의 이해. 서울: 동문사.

구정화, 박윤경, 설규주(2010). **다문화교육의 이해와 실천.** 서울: 동문사.

권낙원, 김동엽(2006). 교수-학습 이론의 이해. 서울: 문음사.

권덕수(2010). 조망중심 유아지리교육 프로그램의 개발 및 적용효과. 중앙대학교 대학원 박사학위논문.

권민균, 석미경(2004). 친사회적 동화를 활용한 소그룹 토의 활동이 유아의 친사회적 행동에 미치는 효과. **미래유아교육학회지, 11**(4), 359-378.

권오정, 김영석(2006). **사회과교육학의 구조와 쟁점.** 경기: 교육과학사.

권용주, 남정희, 이기영, 이효녕, 최경희(2013). **과학교육: 사고에서 학습까지**. 서울: 도서출판 북스힐.

권재술, 김범기, 강남화, 최병순, 김효남, 백성혜, 양일호, 권용주, 차희영, 우종욱, 정진우(2013). **과학교육론**. 경기: 교육과학사.

권호정(2003). **사회과교육학의 구조와 쟁점**. 서울: 교육과학사.

김경숙(2016). 문화다양성정책과 교육의 연계에 관한 고찰. **교육연구, 30**(2), 1-23.

김경후, 김규수(2016). 기하 및 측정과 연계한 지리교육활동이 유아의 지리개념과 수학개념에 미치는 영향. **어린이문학교육연구, 17**(1), 239-261.

김명화, 류혜숙(2011). 극화활동을 통한 역사교육이 유아의 역사적 사고력과 언어능력에 미치는 효과. **유아교육학논집, 15**(5), 403-422.

김미선(2000). 극화놀이가 유아의 공유행동 추론 및 공유행동에 미치는 영향. 한국교원대학교 대학원 석사학위논문.

김민정(2005). 사회과 문제해결학습을 위한 온톨로지 구현. 우석대학교 교육대학원 석사학위논문.

김병욱(2014). **교육사회학**. 서울: 학지사.

김성종(2005). 초등 미술에서 공간 이해를 통한 입체 표현 지도 방안 연구. 경인교육대학교 교육대학원 석사학위논문.

김세정(2016). 극놀이와 연계한 명화감상활동이 유아의 자아존중감과 자기조절능력에 미치는 영향. 중앙대학교 교육대학원 석사학위논문.

김숙자, 이미진(2010). 유아 경제생활 교육의 방향 모색을 위한 선행연구 고찰: 국가고시 유치원 교육과정에 기초한 경험학습 중심의 공동체적 유아 경제생활 교육 프로그램 모형 개발 기초 연구. **열린유아교육연구, 15**(4), 53-86.

김승희(2015). **교수-학습 모형과 방법을 활용한 유아과학교육**. 서울: 학지사.

김시내(2011). 그림책을 활용한 민주시민교육이 유아의 자기조절력 및 사회적 능력에 미치는 영향. 성균관대학교 대학원 석사학위논문.

김연옥, 이혜은(2006). **사회과 지리교육연구**. 서울: 교육과학사.

김영화(2013). **교육사회학**. 경기: 교육과학사.

김영희, 김호중(2003). 인형극활동이 유아의 친사회적 행동에 미치는 영향. **미래유아교육학**

회지, 10(4), 253-279.

김왕근(1995). 시민성의 두 측면: 형식으로 보는 관점과 내용으로 보는 관점. **시민교육연구**, 20(1), 61-72.

김용신(2010). 사회과의 정의와 시대 구분의 재성찰. **글로벌교육연구**, 2(2), 63-92.

김윤모(2007). 교과별·학습과제 유형별 발견학습이 학업성취에 미치는 효과. 한국교원대학교 교육대학원 석사학위논문.

김은미(2014). 만5세 누리과정 사회관계 영역과 초등 1학년 사회과 교육의 연계성 연구. 강남대학교 교육대학원 석사학위논문.

김은혜(2011). 유치원 교육과정 변천에 따른 유아 사회교육 동향 분석. 영남대학교 교육대학원 석사학위논문.

김한종(1993). 미국 사회과 교육의 변천과 역사교육. **역사교육**, 54, 1-39.

김한종(1999). 역사 인식과 역사 교육의 방법. **교원교육**, 15(1), 83-91.

김한종(2008). **역사수업의 원리**. 서울: 책과함께.

김한종, 이명호, 양호환, 최상훈, 양정현, 유용태, 강선주(2006). **역사교육과 역사인식**. 서울: 책과함께.

김현경(2000). 의사결정 수업모형에 관한 연구: 중학교 사회과를 중심으로. 연세대학교 교육대학원 석사학위논문.

김혜금, 송영주, 임양미, 김현자, 김진숙, 박진옥(2013). **유아사회교육**. 서울: 학지사.

김희선(2005). 신체활동이 유아의 공간개념 형성에 미치는 영향. 중앙대학교 교육대학원 석사학위논문.

김희영, 김경숙(2010). 어머니와 유아의 사회적 편견에 대한 연구. **생태유아교육연구**, 9(3), 131-151.

남은경(2007). 향토문화재를 활용한 초등학교 전통미술 지도 방안: 울산 지역을 중심으로. 한국교원대학교 교육대학원 석사학위논문.

류혜숙, 김명화(2009). 위인동화를 활용한 역사교육활동이 유아의 역사적 사고력과 자아존중감에 미치는 영향. 유아교육학논집, 13(5), 331-350.

문정식(2016). 2009 개정 사회과 교육과정에서의 의사결정학습 설계 및 적용. 광주교육대학교 교육대학원 석사학위논문.

문주영(2001). 유아교육기관 교사의 유아 소비자교육 필요성 인식과 수행에 관한 연구. 동국대학교 대학원 석사학위논문.

박나래(2008). 그림 동화를 이용한 역할놀이 활동이 유아의 친사회적 행동에 미치는 영향. 국민대학교 교육대학원 석사학위논문.

박병기, 추병완(2007). 윤리학과 도덕교육 1. 서울: 인간사랑.

박상준(2014). 사회과 교재연구 및 교수법. 경기: 교육과학사.

박상준(2016). 사회과교육의 이해. 경기: 교육과학사.

박성익(1999). 수업방법탐구: 수업모형ㆍ수업전략ㆍ수업평가. 서울: 교육과학사.

박승규(2007). 지리적 몸에 근거한 사회과의 '새로운' 방향 탐색: '거기 그곳'이 아닌 '여기 이곳'의 사회과를 지향하며. 사회과교육, 46(3), 147-160.

박영자(2002). 유치원 교사와 학부모의 반편견 교육에 대한 인식 및 실제. 이화여자대학교 교육대학원 석사학위논문.

박윤경(2006). 민족 및 인종 편견 감소를 위한 초등 다문화교육: 아동 문학을 활용한 간접 접촉. 초등사회과교육, 18(2), 27-45.

박은미(2008). 동화토의 활동이 유아의 공유행동 사고에 미치는 효과. 유아교육ㆍ보육복지연구, 10(3), 203-229.

박은종(2014). 사회과 교육과정과 수업의 탐구. 경기: 한국학술정보(주).

박은주(2012). 건강가정지원센터의 조손가족을 위한 통합지원서비스 효과성 연구: 손자녀 자아존중감과 조부모 양육 스트레스를 중심으로. 목원대학교 대학원 석사학위논문.

박인현(2012). 유능한 교사를 위한 사회과 교육 이해와 실천. 경기: 교육과학사.

박재환(1996). 한국 유치원 교육과정의 변천. 유아교육논총, 6, 1-25.

박준암(2014). 사회과 문화교육을 통한 시민성 함양 방안 연구. 부산대학교 교육대학원 석사학위논문.

박지선(2014). 유아 세계시민교육이 유아의 세계시민의식과 공감능력에 미치는 영향. 이화여자대학교 교육대학원 석사학위논문.

박지영(2007). 갈등상황에 대한 극놀이가 유아의 자아개념과 문제해결사고에 미치는 영향. 전남대학교 교육대학원 석사학위논문.

박찬옥, 서동미, 엄은나(2015). 유아사회교육. 경기: 정민사.

박찬옥, 이경림, 장명림(2007). 유치원 교육과정 사회생활 영역의 개정방향 탐구. 유아교육
　　연구, 27(1), 97-122.

박형준, 고은희(2002). 브레인라이팅 의사결정 모형 개발. 시민교육연구, 34(2), 123-148.

배영민(2013). 다원주의 사회에서 사회과는 무엇을 가르쳐야 하는가?: 쟁점 중심 사회과 교
　　육과정 이론의 전형으로서 법리적 교육과정 이론 논고. 사회과교육연구, 20(4), 27-46.

배진숙(2008). 초등 사회과 의사결정 학습 연구의 변천과 의사결정모형의 비교. 사회과교육
　　연구, 16(1), 25-51.

변길희(2006). 통합적 접근에 의한 소비자교육 프로그램이 유아의 경제 기본개념과 소비자
　　행동 및 사회적 능력에 미치는 영향. 원광대학교 대학원 박사학위논문.

변영계, 김영환, 손미(2007). 교육방법 및 교육공학. 서울: 학지사.

서민경(2010). 역사수업에서의 내러티브의 활용과 학습방안. 단국대학교 교육대학원 석사
　　학위논문.

서용선(2011). 듀이의 프래그마티즘과 사회과교육에서 시민성 개념의 재구성: 인간성, 도덕
　　성, 사회성, 정치성의 유기적 결합. 사회과교육연구, 18(2), 21-32.

서정석(2008). 역사적 판단력 신장을 위한 의사결정 수업 방안 연구. 한국교원대학교 교육
　　대학원 석사학위논문.

서정숙, 남규(2010). 유아문학교육. 서울: 창지사.

서태열(2006). 지리교육학의 이해. 서울: 한울아카데미.

성영란(2016). 유아 경제교육 프로그램 개발 및 적용 효과 연구. 중부대학교 대학원 박사학
　　위논문.

송언근, 정혜정, 이관구(2015). 자료와 활동 중심의 사회과다운 수업하기. 경기: 교육과학사.

송현정(2003). 사회과교육의 목표로서 시민성의 의미에 대한 연구. 시민교육연구, 35(2),
　　45-70.

신주영(2002). 배려 윤리의 도덕 교육적 의의에 관한 연구: 길리간(Carol Gilligan)의 나딩스
　　(Nel Noddings)의 이론을 중심으로. 동국대학교 교육대학원 석사학위논문.

신천숙(2008). 유아교육기관에서의 경제교육 활동이 유아의 경제개념과 구매행동에 미치는
　　영향. 배재대학교 대학원 석사학위논문.

심성보(2011). 인간과 사회의 진보를 위한 민주시민교육. 서울: 살림터.

양미현(1999). 유아가 인식하는 편견의 영역 분석. 이화여자대학교 교육대학원 석사학위논문.

양시내(2014). 유아 시민의식 함양 프로그램 개발 및 적용 효과. 전남대학교 대학원 박사학위논문.

양옥승, 이옥주, 이정란, 손복영(2014). 유아사회교육. 서울: 신정.

양호환, 이영효, 김한종, 정선영, 송상헌(2009). 역사교육의 이론. 서울: 책과함께.

오세진, 김청송, 신맹식, 양계민, 이요행, 이장한, 이재일, 정태연, 조성근, 조수현, 현주석(2015). 인간행동과 심리학. 서울: 학지사.

유네스코한국위원회(2008). 유네스코와 문화 다양성. 서울: 유네스코한국위원회.

유병열(2002). 초등 도덕과교육에서의 정의적 · 행동적 접근의 교수-학습 모형에 관한 연구. 한국초등교육, 14(1), 1-33.

윤기옥(2002). 수업모형의 이론과 실제. 서울: 학문사.

윤길복(2012). 사회과학적 개념, 개념적 은유, 사회과 개념학습. 사회과교육연구, 19(4), 27-43.

윤성운, 성은영(2012). 유아 배려교육의 개념 및 실제에 대한 어린이집 교사들의 인식 탐색. 유아교육학논집, 16(1), 351-374.

윤주현(2010). 현장중심의 통합적 경제교육이 유아의 경제기본개념 및 정서지능에 미치는 영향. 성신여자대학교 대학원 석사학위논문.

이경한(1996). 지리교육의 가치목표와 그 내용에 관한 고찰. 대한지리학회지, 31(1), 38-48.

이경한(2014). 국제이해교육 관점에서 문화다양성 교육의 탐색. 국제이해교육연구, 9(2), 33-57.

이경한(2016). 사회과 지리수업과 평가. 경기: 교육과학사.

이경희(2004). 교육부고시 유치원 교육과정의 변천. 중앙대학교 교육대학원 석사학위논문.

이기숙(1992). 유아교육과정. 서울: 교문사.

이기숙(2008). 유아교육과정(개정3판). 경기: 교문사.

이미경(2001). 학습과제유형에 따라 설명식 수업과 발견식 수업이 학업성취에 미치는 효과. 한국교원대학교 교육대학원 석사학위논문.

이민희, 윤철경, 김안나(1999). 청소년 글로벌 리더십 프로그램 모형 개발. 서울: 한국청소년개발원.

이세영(2012). 나딩스의 배려윤리에 기초한 도덕과 수업모형 구축에 대한 연구: 2007 개정 초등 도덕과 교육과정 5학년 중심으로. 서울시립대학교 교육대학원 석사학위논문.

이숙재, 이방실(2003). **유아경제교육을 위한 극놀이 활용방안 연구: 유아의 경제개념 및 소비자 행동에 기초하여.** 서울: 한국어린이육영회.

이숙재, 이봉선(2004). 창의적 극놀이 활동을 통한 유아 경제 교육 프로그램 개발과 적용에 관한 연구. **유아교육연구,** 24(5), 121-145.

이영자, 이기숙, 이정욱(2009). **유아 교수 · 학습 방법.** 서울: 창지사.

이용재(2011). 다문화사회 갈등 해소를 위한 다문화개념의 전환: 분기하는 다양성과 동의형식의 문화개념. **사회과학연구,** 19(2), 172-204.

이운발(2006). 사회과에서 창의성 신장을 위한 문제 해결 학습 모형 및 수업 구성. **사회과교육,** 45(2), 49-74.

이은실(2010). 그림책을 활용한 극놀이활동이 유아의 사회적 유능감과 언어표현력에 미치는 영향. 전남대학교 교육대학원 석사학위논문.

이은주(2013). 하늘반 유아들의 또래간 나눔에 관한 연구: 맥락적 이해를 중심으로. 숙명여자대학교 교육대학원 석사학위논문.

이은화, 김영옥(2008). **유아사회교육.** 경기: 양서원.

이재정(1999). 어머니의 소비자교육 인식과 유아의 경제개념 발달과의 관계. 이화여자대학교 대학원 석사학위논문.

이종승(2009). **현대교육평가.** 경기: 교육과학사.

이종일(2010). 다문화 교육에서 '다양성'의 의미. **사회화교육연구,** 17(4), 105-120.

이종향(2013). 가치탐구모형에 기초한 유아경제교육 프로그램 개발 및 적용 효과. 중앙대학교 대학원 박사학위논문.

이지현(2013). 다문화 사회에서 열린 시민성 연구. 서울대학교 대학원 석사학위논문.

이진영, 성소영(2013). 생활동화를 활용한 역할극놀이가 유아의 자아존중감과 친사회적 행동에 미치는 영향. **미래유아교육학회지,** 20(2), 135-163.

이형행(2013). **교육학개론.** 경기: 양서원.

이혜경, 박성희(2007). 유아의 공간능력 증진을 위한 이론적 고찰. **유아교육 · 보육복지연구,** 11(1), 69-92.

이홍우(2015). **인지학습의 이론**. 경기: 교육과학사.

임서빈(1991). 사회과 가치수업에 있어서 의사결정 과정 모형의 적용에 관한 연구. 충북대학교 교육대학원 석사학위논문.

장수정(2004). 극놀이를 통한 유아 경제교육에 관한 연구: 구매행동을 중심으로. 이화여자대학교 교육대학원 석사학위논문.

장영미(1998). 유아의 극놀이에 관한 연구: 함께 만들어 가는 각본. 이화여자대학교 대학원 석사학위논문.

장영희, 이숙재, 김혜실, 김정화(1999). 유아의 인종 인식에 대한 연구. **유아교육연구**, 19(1), 95-111.

전남련, 황연옥, 이혜배, 강은숙, 권경미(2010). **아동관찰 및 행동연구**. 경기: 양서원.

전선옥(1997). 한국 유치원 교육과정의 변천과정. 이화여자대학교 대학원 박사학위논문.

전숙자(2007). **고등사고력 함양을 위한 사회과교육의 새로운 이해**. 경기: 교육과학사.

전영순(1989). 유아의 공정한 분배와 평등개념에 관한 연구. 이화여자대학교 교육대학원 석사학위논문.

정문성, 구정화, 설규주(2014). **새 교육과정고시(2011. 8. 9.)에 따른 초등사회과교육**. 경기: 교육과학사.

정성화(2011). 사회과 교육의 방향 설정을 위한 시티즌십 개념의 재검토. 한국교원대학교 대학원 석사학위논문.

정수미(1990). 아동의 경제적 개념 이해에 관한 연구. 중앙대학교 교육대학원 석사학위논문.

정여진(2015). 체험 중심 역사교육 프로그램이 유아의 시간개념과 역사적 사고력 및 역사적 태도에 미치는 영향. 서울여자대학교 교육대학원 석사학위논문.

정재철(2001). 사회과 탐구수업 실태에 관한 연구. 춘천교육대학교 교육대학원 석사학위논문.

조순옥, 이경화, 배인자, 이정숙, 김정원, 민혜영(2013). **유아사회교육**. 서울: 창지사.

조영아(2009). 생활주제와 관련된 지리교육활동이 유아의 지리 개념에 미치는 영향. 이화여자대학교 교육대학원 석사학위논문.

조은진, 안남이(2002). 지리적 체험활동 프로그램이 유아의 지리 개념 형성에 미치는 영향: 지도 이해능력을 중심으로. **아동학회지**, 23(6), 81-101.

차경수(2006). **21세기 사회과 교육과정과 지도법**. 서울: 학문사.

차영숙, 유희정, 곽정인, 강민정(2008). 현장중심의 유아교수·학습방법. 서울: 청목출판사.

최기영(2010). 현대사회와 유아교육. 경기: 교문사.

최기영, 우수경, 양진희, 이학선, 이인원(2008). 유아사회교육. 경기: 교문사.

최소옥(2000). 내러티브를 통한 중학생의 역사 이해. 서울대학교 대학원 석사학위논문.

최신일(2015). 도덕과 다문화교육에 있어서의 다양성 개념. 대구교육대학교 초등교육연구논총, 31(1), 1-18.

최용규(2005). 초등 사회과교육 60년: 변천과 전망. 사회과교육연구, 12(1), 229-256.

최용규, 정호범, 김영석, 박남수, 박용조(2014). 사회과 교육과정에서 수업까지. 경기: 교육과학사.

최유리(2013). 유치원 생활에서 나타나는 유아의 시간개념에 관한 연구. 조선대학교 교육대학원 석사학위논문.

최일선, 조윤주(2010). 유아교육 평가의 이론과 실제. 서울: 창지사.

최정호, 강현두, 오택섭(1997). 매스미디어와 사회. 서울: 나남출판.

최혜로(1984). 유아의 의사결정에 관한 일연구. 중앙대학교 대학원 석사학위논문.

최호성(2009). 교육과정 및 평가: 이해와 응용. 경기: 교육과학사.

하숙현(2000). 다문화 교육에 대한 부모의 인식 및 양육실제 연구조사. 성균관대학교 교육대학원 석사학위논문.

하지유(2016). 그림책을 활용한 신체표현활동이 만3세 유아의 공간개념에 미치는 영향. 동국대학교 교육대학원 석사학위논문.

한면희(2006). 새로운 패러다임에 기초한 사회과 교육. 서울: 교육과학사.

한명숙(2013). 유아의 배려행동에 영향을 미치는 가정환경 관련 변인들의 구조적 관계: 가족건강성, 모자상호작용, 가정환경자극을 중심으로. 중앙대학교 대학원 박사학위논문.

한정선, 김영수, 주영주, 강명희, 정재섭, 박성희(2009). 미래사회를 위한 교육방법 및 교육공학. 경기: 교육과학사.

허영식(2011). 다문화·세계화시대의 시민생활과 교육. 서울: 강현출판사.

허영주(2011). 보편성과 다양성의 관계 정립을 통한 다문화교육의 방향 탐색. 한국교육학연구, 17(3), 205-235.

현성용, 김교헌, 김미리혜, 김아영, 김현택, 박동건, 성한기, 유태용, 윤병수, 이봉건, 이순묵,

이영호, 이재호, 이주일, 진영선, 채규만, 한광희, 황상민(2015). 현대 심리학의 이해. 서울: 학지사.

홍은영(2012). 다양성에 대한 독일 교육학 연구동향의 비판적 개관. 교육의 이론과 실천, 17(3), 153-179.

황해익(2010). 아동연구방법. 경기: 정민사.

황해익, 최미현, 천희영, 서현아, 최혜진, 오경녀(2015). 유아사회교육. 경기: 양서원.

Amato, P. R., & Fowler, F. (2002). Parental practices, child adjustment, and family diversity. *Journal of Marriage and the Family, 64*(3), 703-716.

American Anthropological Association (2016, October 10). *What is anthropology?* Retrieved from http://www.americananthro.org/AdvanceYourCareer/Content. aspx?ItemNumber=2150.

Andrews, A. G. (1996). Developing spatial sense–a moving experience! *Teaching Children Mathematics, 2*(5), 290-293.

Armento, B. J. (1982, March). *Awareness of economic knowledge: A developmental study.* Paper presented at the annual meeting of the American Educational Research Association, New York, NY.

Avenevoli, S., & Steinberg, L. (2001). The continuity of depression across the adolescent transition. *Advances in Child Development and Behavior, 28*, 139-173.

Bandura, A. (1971). *Social learning theory.* New York, NY: General Learning Corporation.

Banks, J. A. (2008). *An introduction to multicultural education* (4th ed.). Needham Heights, MA: Allyn & Bacon.

Banks, J. A. (2009). 다문화 시민교육론(김용신, 김형기 공역). 경기: 교육과학사.

Banks, J. A., & Clegg, A. A. (1977). *Teaching strategies for the social studies: Inquiry, valuing, and decision-making* (2nd ed.). Reading, MA: Addison-Wesley Publishing Company.

Banks, J. A., & Clegg, A. A. (1990). *Teaching strategies for the social studies: Inquiry, valuing, and decision-making* (4th ed.). White Plains, NY: Longman.

Banks, J. A., & McGee-Banks, C. A. (1998). *Teaching strategies for the social studies: Decision-making and citizen action* (5th ed.). Boston, MA: Addison Wesley Longman.

Barbara, C., & Elizabeth, D. (1996). *The anti-bias approach in early childhood.* New York, NY: Harper Education Publishers.

Barr, R., Barth, J. L., & Shermis, S. S. (1978). *The nature of the social studies.* Palm Springs, CA: ETC Publications.

Barton, K. C. (2002). "Oh, that's a tricky piece!": Children, mediated action, and the tools of historical time. *The Elementary School Journal, 103*(2), 161-185.

Berger, E., & Winters, B. A. (1973). *Social studies in the open classroom: A practical guide.* New York, NY: Teachers College Press.

Berk, L. E. (2012). **아동발달**(이종숙, 이옥, 신은수, 안선희, 이경옥 공역). 서울: 시그마프레스.

Berti, A. E., & Bombi, A. S. (1981). The development of the concept of money and its value: A longitudinal study. *Child Development, 52*(4), 1179-1182.

Berti, A. E., & Bombi, A. S. (1988). *The child's construction of economics(European monographs in social psychology).* Cambridge, UK: Cambridge University Press.

Bowles, S., & Gintis, H. (1976). *Schooling in capitalist America: Educational reform and the contradictions of economic life.* New York, NY: Basic Books.

Bredekamp, S., & Rosegrant, T. (1995). *Reaching potentials: Transforming early childhood curriculum and assessment, Volume 2.* Washington, DC: National Association for the Education of Young Children.

Brophy, J., & Alleman, J. (2002). Learning and teaching about cultural universals in primary-grade social studies. *The Elementary School Journal, 103*(2), 99-114.

Brophy, J., & Alleman, J. (2003). History is alive: Teaching young children about changes over time. *Social Studies, 94*(3), 107-110.

Brown, J. R., & Dunn, J. (1992). Talk with your mother or your sibling? Developmental changes in early family conversations about feelings. *Child Development, 63*(2), 336-

349.

Bruner, J. S. (1961). The act of discovery. *Harvard Educational Review, 31*, 21-32.

Byford, J., & Russell, W. (2007). The new social studies: A historical examination of curriculum reform. *Social Studies Research and Practice, 2*(1), 38-48.

Calvert, S. L. (2008). Children as consumers: Advertising and marketing. *The Future of Children, 18*(1), 205-234.

Center for Civic Education (2014). *National standards for civics and government.* Calabasas, CA: Center for Civic Education.

Chiappetta, E. L., & Koballa, T. R. (2014). *Science instruction in the middle and secondary schools: Developing fundamental knowledge and skills* (8th ed.). Upper Saddle River, NJ: Prentice Hall.

Colon, L., Rubin, E., & Sprung, B. (1985). *Including all of us: An early childhood curriculum about disability.* Boston, MA: Gryphon House.

Conley, D. (2013). *You may ask yourself: An introduction to thinking like a sociologist* (3rd ed.). New York, NY: W. W. Norton & Company, Inc.

Damon, W. (1977). *The social world of the child.* San Francisco, CA: Jossey-Bass Publishers.

De Melendez, W. R., Beck, V., & Fletcher, M. (2000). *Teaching social studies in early education.* Belmont, CA: Delmar, Cengage Learning.

Derman-Sparks, L. (1993). Empowering children to create a culture in a world of differences. *Childhood Education, 70*(2), 66-71.

Derman-Sparks, L., & The A.B.C. Task Force (1989). *Anti-bias curriculum: Tools for empowering young children.* Washington, DC: National Association for the Education of Young Children.

Dewey, J. (1966). *Lectures on the philosophy of education.* New York, NY: Archambault/ Random House.

Dunn, J., Slomkowski, C., & Beardsall, L. (1994). Sibling relationships from the preschool period through middle childhood and early adolescence. *Developmental*

Psychology, 30(3), 315-324.

Eder, R. A., & Mangelsdorf, S. C. (1997). The emotional basis of early personality development: Implications for the emergent self-concept. In R. Hogan, J. A. Johnson, & S. R. Briggs (Eds.), *Handbook of personality psychology* (pp. 209-240). San Diego, CA: Academic Press.

Ellis, A. K. (1995). *Teaching and learning elementary social studies* (5th ed.). Old Tappan, NJ: Allyn & Bacon.

Engle, S. H., & Ochoa, A. S. (1988). *Education for democratic citizenship: Decision making in the social studies*. New York, NY: Teachers College Press.

Felder, R. M., & Brent, R. (2007). Cooperative learning. In P. A. Mabrouk (Ed.), *Active learning: Models from the analytical sciences(ACS symposium series 970)* (pp. 34-53). Washington, DC: American Chemical Society.

Fenton, E. (1967). *The new social studies*. New York, NY: Holt, Rinehart and Winston.

Fien, J., Gerber, R., & Wilson, P. (1999). 열린 지리수업의 이론과 실제(이경한 역). 서울: 형설출판사.

Finlinson, A. R., Austin, A. M. B., & Pfister, R. (2000). Cooperative games and children's positive behaviors. *Early Child Development and Care, 164*(1), 29-40.

Gallahue, D. L. (1982). *Understanding motor development in children*. Hoboken, NJ: John Wiley & Sons, Inc.

Garcia, J., & Michaelis, J. U. (2001). *Social studies for children: A guide to basic instruction* (12th ed.). Boston, MA: Allyn & Bacon.

Gartrell, D. (2004). *The power of guidance: Teaching social-emotional skills in early childhood classrooms*. Belmont, CA: Delmar, Cengage Learning.

Giddens, A. (2006). *Sociology* (5th ed.). Cambridge, UK: Polity Press.

Gordon, A. (1979). *The nature of prejudice*. New York, NY: Basic Books.

Gray, S. W., Ramsey, B. K., & Klaus, R. A. (1982). *From 3 to 20: The early training project*. Baltimore, MA: Park University Press.

Greenfield, P. M., & Cocking, R. R. (1994). *Cross-cultural roots of minority child development.* New York, NY: Psychology Press.

Haas, J. D. (1977). *The era of the new social studies.* Boulder, CO: ERIC Clearinghouse for Social Studies/Social Science Education.

Hamer, L. (1982). Talking about the past and the future. In W. J. Friedman (Ed.), *The developmental psychology of time* (pp. 141–169). New York, NY: Academic Press.

Haubrich, H., Kirchberg, G., Brucker, A., Engelhard, K., Hausmann, W., & Richter, D. (2006). 지리교수법의 이론과 실제(김재완 역). 경기: 도서출판 한울.

Hohmann, M., & Weikart, D. P. (2002). *Educating young children: Active learning practices for preschool and child care programs* (2nd ed.). Ypsilanti, MI: High/Scope Press.

Illich, I. (1970). *Deschooling society.* New York, NY: Harper & Row.

Jones, E., & Derman-Sparks, L. (1992). Meeting the challenge of diversity. *Young Children, 47*(2), 12–18.

Keller, J. M. (1987). Development and use of the ARCS model of instructional design. *Journal of instructional development, 10*(3), 2–10.

Kourilsky, M. L. (1987). Children's learning of economics: The imperative and the hurdles. *Theory into Practice, 26*(3), 198–205.

Levstik, L. S. (2002). Introduction. *The Elementary School Journal, 103*(2), 93–97.

Mahood, W., Biemer, L., & Lowe, W. T. (1991). *Teaching social studies in middle and senior high schools: Decisions! Decisions!* New York, NY: Macmillan.

Martorella, P. H. (1991). Harnessing new technologies to the social studies curriculum. *Social Education, 55*(1), 55–57.

Martorella, P. H. (1998). *Social studies for elementary school children: Developing young citizens* (2nd ed.). Upper Saddle River, NJ: Prentice-Hall, Inc.

Maxim, G. W. (2011). 살아 있는 사회과 교육(최용규, 이동원, 민윤, 정길용, 안재경, 오희진, 한춘희, 장혜정 공역). 서울: 학지사.

McNeil, J. (1997). *Curriculum: A comprehensive introduction* (5th ed.). Boston, MA: Addison-Wesley Publishing.

Meltzer, B. N. (1966). *The social psychology of George Herbert Mead*. Kalamazoo, MI: Center for Sociological Research Western Michigan University.

Michaelis, J. U. (1980). *Social studies for children: A guide to basic instruction* (7th ed.). Upper Saddle River, NJ: Prentice-Hall, Inc.

Moreland, R. L., & Levine, J. M. (1982). Socialization in small group: Temporal changes in individual-group relations. *Advances in experimental social psychology, 15*, 137-192.

Myers, D. G. (2016). 마이어스의 심리학 탐구(민윤기, 전우영, 권선중 공역). 서울: 시그마프레스.

National Council for the Social Studies (1988). *Social studies for early childhood and elementary school children: Preparing for the 21st century*. Washington, DC: National Council for the Social Studies.

National Council for the Social Studies (1994). *Expectations of excellence: Curriculum standards for social studies*. Washington, DC: National Council for the Social Studies.

National Council for the Social Studies (2011). Creating effective citizens: A position statement of National Council for the Social Studies. *Social Education, 65*(5), 319.

Nelson, J. L., & Michaelis, J. U. (1980). *Secondary social studies: Instruction, curriculum, evaluation*. Upper Saddle River, NJ: Prentice-Hall, Inc.

Noddings, N. (2003). *Caring: A feminine approach to ethics and moral education*. Los Angeles, CA: University of California Press.

Noddings, N. (2005). *The challenge to care in schools: An alternative approach to education* (2nd ed.). New York, NY: Teachers College Press.

Parker, W. C. (2012). *Social studies in elementary education* (14th ed.). Boston, MA: Pearson Education, Inc.

Parker, W. C., & Jarolimek, J. (1997). *Social studies in elementary education* (10th ed.). Upper Saddle River, NJ: Prentice-Hall, Inc.

Parsons, T. (1951). *The social system*. New York, NY: The Free Press of Glencoe.

Parsons, T. (1959). The school class as social system: Some of its functions in American society. *Harvard Educational Review, 29*, 297-318.

Piaget, J. (1950). *The psychology of intelligence*. San Diego, CA: Harcourt Brace Jovanovich.

Proctor, R. E. (1988). *Education's great amnesia: Reconsidering the humanities from Petrarch to Freud with a curriculum for today's students*. Bloomington, IN: Indiana University Press.

Ramsey, P. C. (1995). Growing up with the contradictions of race and class: Research in review. *Young Children, 50*(6), 18-22.

Reigeluth, C. M. (1999). *Instructional design theories and models: A new paradigm of instructional theory*. Mahwah, NJ: Lawrence Erlbaum Associates.

Ross, J. A., & Smyth, E. (1995). Differentiating cooperative learning to meet the needs of gifted learners: A case for transformational leadership. *Journal for the Education of the Gifted, 19*(1), 63-82.

Santrock, J. W. (1994). *Child development* (6th ed.). Dubuque, IA: Wm. C. Brown Communications, Inc.

Scheurman, G. (1998). From behaviorist to Constructivist teaching. *Social Education, 62*(1), 6-9.

Schug, M. C. (1983). The development of economic thinking in children and adolescents. *Social Education, 47*(2), 141-145.

Seefeldt, C. (1997). *Social studies for the preschool-primary child* (5th ed.). Upper Saddle River, NJ: Merrill Publishing Company.

Seefeldt, C., Castle, S., & Falconer, R. C. (2010). *Social studies for the preschool/primary child* (8th ed.). Boston, MA: Merrill.

Settlage, J., & Southerland, S. A. (2007). *Teaching science to every child: Using culture as a starting point*. New York, NY: Routledge.

Shaftel, F. R., & Shaftel, G. (1967). *Role-playing for social values: Decision-making in the social studies*. Englewood Cliffs, NJ: Prentice-Hall.

Siegler, R., DeLoache, J. S., & Eisenberg, N. (2005). *How children develop* (2nd ed.).

New York, NY: Worth Publishers.

Silk, J. S., Morris, A. S., Kanaya, T., & Steinberg, L. (2003). Psychological control and autonomy granting: Opposite ends of a continuum or distinct constructs? *Journal of Research on Adolescence, 13*(1), 113-128.

Simmel, G. (2005). 짐멜의 모더니티 읽기(김덕영, 윤미애 공역). 서울: 새물결.

Singer, D. G., & Singer, J. L. (2007). *Imagination and play in the electronic age.* Cambridge, MA: Harvard University Press.

Slavin, R. E. (1994). *Cooperative learning: Theory, research and practice* (2nd ed.). Upper Saddle River, NJ: Pearson Prentice Hall.

Souto-Manning, M. (2013). *Multicultural teaching in the early childhood classroom: Approaches, strategies, and tools, Preschool-2nd grade.* New York, NY: Teachers College Press.

Staub, E. (1971). The use of role playing and induction in children's learning of helping and sharing behavior. *Child Development, 42*(3), 805-816.

Stryker, S., & Serpe, R. T. (1983). Toward a theory of family influence in the socialization of children. In A. C. Kerckhoff (Ed.), *Research in sociology of education and socialization: Personal change over the life course* (pp. 47-71). Greenwich, CT: JAI Press.

Sunal, C. S. (1990). *Early childhood social studies.* Upper Saddle River, NJ: Pearson Prentice Hall.

Tepper, C. A., & Cassidy, K. W. (1999). Gender differences in emotional language in children's picture books. *Sex Roles, 40*(3/4), 265-280.

Thorndike, E. L. (1898). Animal intelligence: An experimental study of the associate processes in animals. *Psychological review monograph supplement, 2*(4), 1-8.

Van Ments, M. (1999). *The effective use of role play* (2nd ed.). London, UK: Kogan Page.

Vygotsky, L. S. (1978). *Mind in society.* Cambridge, MA: Harvard University Press.

Wallace, M. (2006). *Social studies: All day, every day in the early childhood classroom.* Belmont, CA: Delmar Cengage Learning.

Watson, M. W. (1990). Aspects of self development as reflected in children's role playing. In D. Cicchetti & M. Beeghly (Eds.), *The self in transition: Infancy in childhood* (pp. 265–280). Chicago, IL: University of Chicago Press.

Weber, M. (1978). *Weber: Selections in translation*. Cambridge, UK: Cambridge University Press.

Wesley, E. B. (1937). *Teaching the social studies: Theory and practice*. Lexington, MA: D. C. Heath and Company.

Woolever, R. M., & Scott, K. P. (1988). *Active learning in social studies: Promoting cognitive and social growth*. Glenview, IL: Scott Foresman & Co.

Wronski, S. P., & Bragaw, D. H. (1998). 사회과교육과 사회과학(윤덕중, 최병모 공역). 서울: 교육과학사.

Ziegler, E. F., & Child, I. L. (1973). *Socialization and personality development*. Boston, MA: Addison-Wesley Publishing Company.

찾아보기

인 명

내 용

저자 소개

김승희(Kim Seunghee)

서울대학교 지구과학교육과를 졸업한 후, 유아교육 전공으로 미국 Indiana University에서 교육학석사, University of Florida에서 철학박사 학위를 취득하였다. 현재 광주대학교 유아교육과 교수로 재직 중이며, 광주가정법원 가사조정위원과 여성가족부 다문화가족포럼 교육문화분과 위원, 사단법인 환경교육센터 이사, 한국유아교육 · 보육복지학회 이사 등으로 활동하고 있다. 다문화가족과 맞벌이가족, 조손가족 등 다양한 가족의 자녀교육 문제에 관심이 있으며, 과학교육과 다문화교육, 영재교육 등에 관한 다수의 논문을 발표하였다. 저서로『교수-학습 모형과 방법을 활용한 유아과학교육』(학지사, 2015),『내 아이가 공부 못하는 25가지 이유』(책피는 봄, 2016),『영유아발달』(정민사, 2016) 등이 있다.

유아사회과교육
Social Studies Education for Young Children

2017년 3월 10일 1판 1쇄 인쇄
2017년 3월 20일 1판 1쇄 발행

지은이 • 김승희
펴낸이 • 김진환
펴낸곳 • (주)**학지사**

　　　　　04031 서울특별시 마포구 양화로 15길 20 마인드월드빌딩
대표전화 • 02-330-5114　　팩스 • 02-324-2345
등록번호 • 제313-2006-000265호

홈페이지 • http://www.hakjisa.co.kr
페이스북 • https://www.facebook.com/hakjisabook

ISBN 978-89-997-1209-8　93370

정가 20,000원

이 도서의 국립중앙도서관 출판시도서목록(CIP)은 서지정보유통지
원시스템 홈페이지(http://seoji.nl.go.kr)와 국가자료공동목록시스템
(http://www.nl.go.kr/kolisnet)에서 이용하실 수 있습니다.
(CIP 제어번호: CIP2017005192)

교육문화출판미디어그룹 **학지사**

심리검사연구소 **인싸이트** www.inpsyt.co.kr
원격교육연수원 **카운피아** www.counpia.com
학술논문서비스 **뉴논문** www.newnonmun.com